城市与社会译丛

出租车！
纽约市出租车司机社会史

〔美〕格雷厄姆·郝吉思 著

王 旭 等译

2010年·北京

GRAHAM RUSSELL GAO HODGES
TAXI!
A Social History of the New York City Cabdriver
© 2007 The Johns Hopkins University Press
All rights reserved. Published by agreement with The Johns Hopkins University Press,
Baltimore, Maryland

中文本根据约翰·霍普金斯大学出版社 2007 年版翻译

本译丛为

教育部人文社科重点研究基地上海师范大学都市文化研究中心
上海高校都市文化 E – 研究院　　**规划项目**

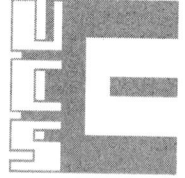 

主 编：孙 逊　杨剑龙　陈 恒(执行)

编 委：薛毅　詹 丹　宋莉华　刘旭光　洪庆明

《城市与社会译丛》弁言

一、城市研究(Urban Studies)是一门新兴的前沿学科,主要研究城市的起源、发展、嬗变以及这一进程中出现的各类问题。目前已出现了众多与这一领域相关的学科,如城市社会学、城市历史学、城市政治学、城市人类学、城市地理学、城市生态学、城市气象学等。从广义上讲,上述学科都可以归入城市文化研究(Urban Culture Studies)这一范畴。可见城市文化研究的一个重要特点是跨学科性,它综合各门人文科学的优势,吸收不同的观念与方法,以独特的视角研究城市文化的历史、现状与未来。而当代中国正处于急剧转型时期,城市化的速度越来越快,伴随这一进程也出现了一系列问题,因此这一研究不但有着重要的学术价值,而且有着现实关怀的实际意义。因此,翻译一套城市文化研究丛书实属必要之举。

二、城市是一个个不断发展的文化载体,城市一经出现,其内涵也就在不断地发生变化,就这个意义而言,城市的诞生也就意味着城市文化的诞生,城市文化随着时代的嬗变也呈现出不同的面貌,流光四射,因而研究的方法也多种多样,切入的角度也各不相同。放眼城市研究,比较成熟的研究属于城市社会学、城市历史学、城市人类学这三大学科,三者自然也就成为城市研究的三大支柱,这也是我们这套丛书选题所特别关注的。

三、根据我国城市研究的现状,拟将本丛书分为两个系列,即大学教材和专题研究,便于实际教学和深入研究。为了给广大读者奉献一套国内一流的城市与社会译丛,我们既定的编辑出版方针是"定评的著作,最佳的译者",以期经受得住时间的检验。在此,我们恳请各位专家学者，为中国城市研究长远发展和学术进步计，能抽出宝贵的时间鼎力襄助。同时，我们也希望本译丛的刊行，能为推动我国的城市研究和学术薪火的绵延传承略尽微薄之力。

编　者

2009 年 10 月 30 日

目　录

鸣谢 …………………………………………………… 1
中文版序言 …………………………………………… 3
序言 …………………………………………………… 7
第一章　出租车司机的产生:1907—1920 年 ……… 15
第二章　爵士乐时代的出租车司机:1920—1930 年 … 36
第三章　大萧条时期寻求秩序:1930—1940 年 …… 56
第四章　战时繁荣:1940—1950 年 ………………… 91
第五章　经典出租车司机的形成:1950—1960 年 … 120
第六章　组建工会的努力与困境:1960—1980 年 … 144
第七章　承租司机和无产阶级:1980—2006 年 …… 175
后记 …………………………………………………… 209
附录(数据表) ………………………………………… 212
注释 …………………………………………………… 220
推荐阅读书目 ………………………………………… 250
索引 …………………………………………………… 254

繁华都市里的百年孤独(译者序)

自1907年第一个使用计程表的出租车出现在纽约市街头以来,至今已整整100年。百年来,纽约市的出租车司机换了一批又一批,但出租车却永不停息地穿行在纽约的大街小巷,与纽约人的生活如影相随,俨然成为纽约和其他大城市生活中的恒定现象。今天,仅仅在曼哈顿岛上就有1.2万个有执照的出租车司机,光顾出租车的人数仅次于乘地铁的数量,是一种重要的交通工具。但与出租车的无所不在相反,每日被禁锢在方向盘后的出租车司机却在纽约这个繁华的大都市中忍受着难以言状的孤独;他们的所思所想以及他们的历史也很少受人关注,成为纽约市历史上被遗忘的社会群体。事实上,出租车司机在付出巨大牺牲的同时,也为纽约市的社会经济发展乃至文化传播方面都做出了不可替代的贡献,为纽约这个国际性城市和民族大熔炉增添了光彩,是其最大的文化融合力之一,在历史上应有其必要的地位。

《出租车!纽约市出租车司机社会史》(*Taxi! A Social History of the New York City Cabdrivers*, The Johns Hopkins University Press, 2007)的问世填补了这段空白,弥补了这一缺憾。这部著作全方位地为我们展示了近百年来纽约市出租车司机及其社会群体的历史。全书分为7章,分别是:出租车司机的产生,1907—1920年;爵士乐时代的出租车,1920—1930年;大萧条时期寻求秩序,1930—1940年;战时繁荣,1940—1950年;经典出租车司机的形成,1950—1960年;组建工会的努力与困境,1960—1980年;承租司机和无产阶级,1980—2006年。作者在纵向梳理出租车司机发展历史的同时,对每一个阶段又有横向的深入分析。内容涉及出租车行业的总体变化,出租车司机队伍的构成及其内部矛盾,种族关系对出租车行业的影响,现实生活中的出租车司机与媒体中描述的联系与区别,出租车司机与下层阶级移民和黑人的天然联系,出租车司机试图实现美国梦的可能与障碍。所引用的原始资料既包括政府文献、报刊杂志、出租车司机自身的回忆,也有行业和工会的账目等,资料翔实,信息量大,结论也很令人信服。从作者的论述中可以看出,出租车行业的变化与时代结合得极其紧密,从本书的这个视角,我们还可以进一步透视纽约劳工史、纽约种族关系史、纽约公共交通史或广义上的纽约社会史。

作者格雷厄姆·R. G. 郝吉思(Graham Russell Gao Hodges)教授,现任教于美国科尔盖特大学历史系,是纽约社会史研究领域的权威性学者,曾著有《根源与分支:纽约与新泽西东部的非洲裔美国人》等5部专著。其中,他撰写的《1667—1850年纽约市的出租车车夫》,对于纽约早期历史上畜力车时代的出租车行业做过系统的探讨,可以看成本书的姊妹篇。更值得一提的是,他在年轻时曾有5年开出租车的经历,对出租车司机的生活有切身体验,能深入出租车司机的内心世界进行剖析。因此,书中的描述非常生动逼真,有些问题和观点是常人注意不到的。可以说,郝吉思教授是撰写出租车司机历史的理想人选。尽管他的部分描述带有一定的同情出租车司机的感情色彩,但其基调是准确的、稳妥的、可信的。

游客们往往把自由女神像、帝国大厦、中央公园、时代广场等视为纽约的象征,但穿梭在人海中的出租车也是纽约靓丽的人文景观之一,是其流动的风景线,在纽约公共文化中别具魅力。任何一部有纽约街头场景的电影或电视剧如果没有出现出租车都是不完整的。在有关城市的戏剧中,出租车司机几乎无所不在,有时作为主角,有时是配角。在出租车的狭小空间内,影片中的司机和乘客演绎着人生百态。早期电影中刚愎的、语速很快的出租车司机往往是恋爱故事的好角色。小说家和诗人们也是如此,都在他们的作品中对出租车司机有所描述,出租车司机往往和侦探人物联系在一起。在儿童书刊中，出租车司机成为语言技巧能手和城市生活的导游。当然，新闻媒体、电影乃至文学作品中对出租车司机的描述未必客观准确。郝吉思在前言中就开宗明义地指出要防止被这些描述所误导。他评论说，好莱坞有意识地为所有的美国人、包括那些可能从未去过纽约的美国人勾画一种"曼哈顿印象"。在这样的语境中，出租车司机的形象是不全面的，有时甚至是扭曲的，有些作家甚至对出租车司机讽刺挖苦，认为他们野蛮驾车，言辞冷酷。郝吉思认为，这些负面描述只是出租车司机的一个次要层面而已。事实上，出租车司机是最受压抑、最孤独的群体。种族、族裔和宗教等因素其实还是次要的，压抑更多地来自其工作性质。出租车司机每天在美国市内交通最繁忙的这座城市中捱12个小时左右，拥挤不堪的街道，水泄不通的车辆，有时还受到开大卡车的司机的挤兑和新泽西州本地的开车人的刁难，不得不忍气吞声。他们经常要面对很多其他令人难堪的问题，并时刻要提防各种不测：乘客中可能有醉汉、抢劫犯、讨价还价的、精神病，甚至生小孩在车上。例如，在美国历史上动荡的年份，出租车抢劫案从1963年的438宗上升到1979年的3208宗。出租车司机们一次又一次地希望下一个乘客不是从中城到布鲁克林或昆斯区的边缘地带，因为这些地区是中下层居住区，危险系数高。他们希望有正常的小费，希望活着看到半夜街灯。上百年来，出租车司机在美国这个人口密度最高的城市里忍受着孤独，默默地工作，独自穿行在街头，小心翼翼。环境变幻莫测，收入没有保障，没有退休金。在纽约市，几乎没有什么工作比这种工作更危险、更乏味、更孤独，令人精神高度紧张。他们与顾客都是陌生人，短暂接触，可能不会再次碰上。可以说，出租车司机是个很特殊的职业。

那么，这种特殊性除了表现在出租车司机的工作形式上，也表现在其独特的工作性质，与其他行业有很多不同。对此，郝吉思的分析很有道理：出租车司机可能认为他的出租车就是他的店铺，他是一个在轮子上经营小店铺的生意人，与顾客打交道的时间就是金钱；但与店铺老板不同的是，出租车司机很难第二次碰上同一个乘客，他与客户的金钱关系主要在于计程表所显示的里程和时间，加上小费。期待小费进一步限定了司机的阶层属性，也是与店铺老板的主要区别之一。在这个意义上，出租车司机又接近于更广义的服务业工人。独立工作者和服务人员这两种双重属性每一天上百次地在出租车司机身上交替演绎着。尽管出租车司机需要对街道情况了如指掌，但很少有人把他们看成是有技术的行业，人物的个性、而不是驾驶技巧对于出租车司机是非常重要的。在街道上，出租车司机自然而然地把自己看成是特殊形式的老板，但往往很多乘客一进了出租车，就会反客为主，觉得他们有权决定指挥司机开车的方向。因为很多乘客都会开车，也与出租车司机一样知道目的地的走法，他们通常无视司机的存在。

郝吉思指出，开出租车要面临多种矛盾和冲突。姑且不论出租车司机与乘客的关系，在出租车司机队伍内部就有合作或相互竞争，存在阶级差异。出租车司机可以分为两大类。一类是车主兼司机。他们拥有证章和车，是出租车司机中的精英阶层，在社会上则可以看成是中产阶级下层。所谓证章，就是一个小的铅封打在发动机上授权车主运行。这些车主兼司机构成社会团体来推进他们共同的利益，维护他们证章的法律地位，换句话说，是保护他们的既得利益，因为这些证章现在价值数十万美元。这些车主兼司机具有很强的独立性。他们多半排斥或歧视其他司机和租车司机，与他们保持一定的距离，有时甚至破坏出租车司机工会所发起的罢工活动，在罢工期间照常出车，挣黑心钱。另一类是车行司机或租车司机，属于工人阶级的中下层。这些司机往往受雇于某家出租车公司，获取佣金。但很多司机没有稳定的保证，而且几十年里都没有退休金。1979年后，纽约市出台法律容许按天出租，出租车司机成为独立签约人，每天承租出租车，或者签长期租赁合同，但不拥有证章，必须在获得收入之前先支付公司或经纪人一笔钱。这两类司机之间的不同经济利益和社会经验使他们很难产生共同的阶级意识。只有他们的劳动形式和公众的认定才使我们可以把他们理解为一个单一的阶级。当然，无论是车主兼司机还是车行司机抑或是承租司机，他们都有共同的负担：缺少工作安全感，工作环境不好，需要拼命工作。每天在车水马龙般街道上穿行除了交通安全，还有人身安全问题。而且，出租车司机与其乘客经常发生矛盾冲突。乘客群的定位大致是常数，大部分都来自居住在曼哈顿岛九十六街以南上下班的生意人。

再从出租车司机外部关系看，直接制约出租车司机的有三类人：车行老板，经纪人、市政官员。出租车车行规模从几辆车到几百辆车不等。车行老板通常是冷酷、难缠、无情的生意人。他们熟悉纽约街头生存的技能，他们坚定地反工会，用尽可能少的关爱去榨取更多的利润。近年来又出现专职经纪人与他们为伍共同剥削出租车司机。他们专门经营此类事务，从车主兼司机那里租用证章，再把车租给司机，从中赚取差价。经纪人还组成经纪人公司，统一处理此类事务。至于市政官员，则主要是制定针对出租车司机的某些规则。出租车司机需要联合起来应付这三类人。他们多次设法组成工会，但都为时不长，并且即使组建，所发起的活动也鲜有成功，工会组织的分散的罢工几乎全部是失败的。他们也曾多次组织罢工等非常规手段，抗议政府的相关政策或联合抵制出租车行老板剥削。本书英文原版封面就是1973年著名的纽约市出租车司机大罢工的一幅照片。20世纪80年代以后，工会的力量日益式微。

就纽约市政府的政策而言，郝吉思强调，有两个法律影响很大。一个是1937年的《哈斯法》（Haas Act），该法将纽约发放出租车证章的限额固定在13595个，以限制出租汽车的总量。法律颁布后，出租车管理更加规范，同时也更加严格。由于对发放证章的总量做了限定，在市场需求的带动下，其价格并不断上升。1937年时，不过10美元而已，但1960年上涨到约2万美元。1990年代总限额数略有增加，但价格上涨的趋势仍无法遏制，到今天更增长到25万美元。随着证章价值提升，拥有一辆出租车成为一个稳定同时又有利可图的企业，得到一辆自己的出租车成为出租车司机普遍的期望。拥有自己的出租车,可灵活安排自己的时间,工作有保障,退休时也有所依托,终生受益。而且,出租车和证章可以让渡或出租。

另一个影响很大的法律是1979年《租车法》(Lease Act)。这个法律对整个出租车行业产生的影响更为深远。该《租车法》允许按日租用出租车,车行主可以将其车出租给司机。一旦租用,所有的收入和开支都是承租司机的。这种方式看上去简单,但对出租车行业影响很大。出租车实行日租制对车行主有好处,因为这种方法保证他们每天的收入是固定的、有保证的。承租人成为独立的签约人,每天为使用车支付租金、汽油、修理费,当然也要承受油价变化的负担。此前承租人每天获取固定的佣金,而且,可以累计公司退休金。此法实施后,几十年形成的集体讨价还价的方式消失了。工会仍然存在,但只是个外壳而已。由于受到高工资的吸引或被管理推动,司机都被迫退出工会以便适应新的体系。这种出租方式也使零星开出租车的人减少了。这个《租车法》的另一个后果是,此后,租车的费用在不断上涨。20世纪80年代每天租金是白天50美元,晚间70美元,到90年代初,增长20%。结果,在这种新体制下,司机工作时间更长,压力更大,却挣得更少,也意味着没有退休金。同时,租用制也催生了一批经纪人,他们与证章所有者、出租车行共同榨取出租车司机的现金。结果,拥有证章的出租车司机越来越少了,从1937年的42%到20世纪末的30%。该法令使出租车司机维持在勉强维持温饱水平。在租用制下,占有证章意味着拥有者不必自己驾驶出租车,而是与经纪人一起,保证稳定的收入,甚至本人可以不在这座城市。

相形之下,1979年《租车法》最重要的影响是出租车司机队伍构成的变化。由于涉及太多不稳定因素,所以很多出租车司机不再把开出租车当作终生职业,而是临时开开而已,作为过渡,这就意味着从事出租车行业的人将经常发生变化,被更新的、更少经验和知识的工人取代,而不像以前那样有一个稳定的司机队伍。结果,本地生人从事出租车行业的人日益减少,取而代之的是新移民。2004年,高达90%车主兼司机是外国出生的。在纽约,除了传统上的爱尔兰人、俄罗斯人、法国人、中国人和意大利人外,50%的出租车司机来自穆斯林国家如孟加拉、巴基斯坦、埃及、摩洛哥、尼日利亚或来自穆斯林影响很深的印度。开出租车本来是实现美国梦的第一步或入门,或者是这些移民为子女做的奉献,但1979年《租车法》妨碍这些希望的实现,把这些新移民投入到国际"无产阶级"的地位。到20世纪末,这种趋势更加明显了。美国社会趋向于保守,种族化政治和本土主义有所抬头,出租车司机融入美国社会的难度增加了,他们开始调整工作目标:"他们开出租车,是为了不让他们的孩子开出租车。一旦他们的孩子们读完大学,他们干脆就把出租车封存起来"。几乎没有哪一个出租车司机会指望把开出租车作为终生的职业。

　　郝吉思还注意到,上述变化对司机与乘客的关系也产生了微妙的影响。当年轻的郝吉思当出租车司机时,大多数出租车司机都采用一种办法来摆脱孤独:短暂亲近他们的乘客,与其搭讪。这是一个出租车司机作为哲学家或戏剧演员的时代,或者调侃女人和其他秘密。在出租车内部有限的空间,乘客和司机之间产生短暂的亲密,生活问题,政治观点,生命与爱情哲学,个人问题都很快地在不到十几分钟的行车过程中浮上表面。这种"表演"艺术有两个目的:人际交往、解决孤独和更多的小费。有些出租车司机(大部分是爱尔兰人、犹太人或意大利人)非常精明,有些非常风趣,有些则不讨人喜欢。现在,"9·11"后,一方面种族之间隔阂增加,司机与乘客间各自防范,交流大为减少,另一方面,出租车司机可以随时与世界联系,与后座乘客的交流却变少了。在出租车里可能谈话少了,但出租车司机总能找到某种方式告诉他们的故事,通过互联网,书籍或歌声。大多数的驾驶员不再能以肤色拒载。根据郝吉思的经验,今天的出租汽车司机的大部分是沉默的少数,"哲学"时代一去不复返了,笑话也不见了,但仍需要小费。

总之，这是一部值得我们细细品读的专著。此书甫一面世，即受到各界高度关注，就很说明问题。《华尔街日报》的评论是：这部著作是鲜活、博学的社会史，可能是有关出租车司机最佳论著。有郝吉思用社会学的诗一样的语言记载出租车司机的历史，他们是幸运的。《纽约市百科全书》主编、著名的城市史学者肯尼思·杰克逊教授认为，居住在纽约，就必须知道出租车如何使这座大都市区运转起来，这是非常关键的。普利策奖获得者、《1898年前纽约城市史》的作者迈克尔·华莱士这样评论：搭上这辆出租车！它的历史车夫将带着你在城里兜风，回顾戏剧般的事件，展现大量出租车司机的过去与今天（包括大量在银幕上扮演出租车司机的演员）。此后，你对乘坐出租车的感觉以及对纽约市的感觉都将不一样了。约翰·霍普金斯大学出版社的评价是：大苹果纽约市的出租车司机在美国民俗文化中占有特殊的地位。《出租车！》对纽约这些最有特色的使者们提供了一个令人痴迷的新视角。应该说，这些评价都是很贴切的。

我们有幸成为此书最早的读者之一，并承担翻译工作。鸣谢、中文版和英文版序言、后记、图片说明等由王旭翻译；第一、二、三章和推荐阅读书目、索引由郭巧华翻译；第四、五章和附录（数据表）由康丽颖翻译；第六、七章由刘敏翻译；全书由王旭校译。

厦门大学美国史研究所
王 旭
2009年10月

鸣　　谢

在撰写本书的几年时间里,我欠下了数不清的人情债。首先是肯尼思·科布(Kenneth Cobb)和他在纽约市政档案馆的档案工作人员以及纽约公共图书馆流通部的工作人员,另外还有林肯中心比利·李·罗斯馆藏部,哥伦比亚大学图书馆善本书和手稿部等。

我有幸得到科尔盖特大学一大批学生助理的帮助。其中,斯科特·米尔滕伯格(Scott Miltenberger)把1851至1997年间《纽约时报》刊登的有关出租车的故事编成一个索引。金伯利·哈罗德(Kimberly Harrold)则分析整理出租车司机的回忆录,并编制一个好莱坞关于出租车司机的电影的索引。帮助我完成这本书的其他学生是:纳撒尼尔·尤伦娜(Nathaniel Urena),梅甘·里昂斯(Megan Lyons),蕾贝卡·萨多斯基(Rebecca Sadowsky),南希·恩加(Nancy Ng)。

很多学者为本书提供了有价值的资料信息。他们包括密执安大学的艾伦·沃尔德(Alan M. Wald),费尔菲尔德大学的史蒂夫·巴彻勒(Steve Bachelor)。也感谢北京大学的牛大勇教授和我在北京大学时的其他同事,他们在本书的定稿阶段提供了帮助。尤其重要的是,芝加哥罗约拉大学的蒂莫西·吉尔弗约尔(Timothy Gilfoyle)和纽约市立大学的乔舒亚·弗里曼(Joshua Freeman)拨冗认真审读整个书稿并提出非常有价值的建议,从这些建议中我获益匪浅。如果我没有吸取他们的忠告,那么所有的瑕疵都是我的而不是他们的问题。别具特色的《出租车》作者比尤·马修(Biju Mathew)对于出租行业工人联盟提出很多好的见解,并向我讲述了很多他熟悉的出租车朋友的故事。纽约大学的卡尔·普林斯(Carl Prince)多年耐心地等待我的许诺兑现,我也感激现代艺术博物馆的查尔斯·西尔弗(Charles Silver)对于电影中所反映的出租车司机的很多建议。

我也非常感激约翰·霍普金斯大学出版社的资深编辑罗伯特·布鲁格(Robert J. Brugger)。10年前他第一个在这个项目上与我签约,之后耐心等待,很有分寸地促使我完成初稿。他对本书的价值从未有过丝毫动摇,这使我信心大增。约翰·霍普金斯大学出版社的苏珊·兰兹(Susan Lantz)做了非常漂亮的文字编辑。

我的妻子高云翔总是以极大的热情看待这个项目,我对她的爱和感激是无以言表的。谨以本书纪念我的双亲,我敬爱的格雷厄姆·拉欣·郝吉思(Graham Rushing Hodges)和埃尔茜·拉塞尔·郝吉思(Elsie Russell Hodges),他们总是使我对我自己和这个项目充满信心,他们是我、这个出租车司机曾载过的最好的乘客。

中文版序言

回顾纽约市出租车司机的历史,对中国读者来说,似乎是在谈论一桩发生在身边习以为常的事情。在中国的一些主要城市,特别是北京、广州和上海,人们对出租车司机是再熟悉不过了,对出租车司机娴熟的开车技巧、独特的工作文化和乐于聊天的秉性都耳熟能详,而这些都可在其纽约同行们的身上找到共同点。纽约市的黄色和黑色出租车世界闻名,而开出租的司机更是无人不晓,他们似乎知识渊博,善于高谈阔论但又有几分孤傲。翻阅任何一部与纽约有关的广告、电视节目、电影或图书,都会有出租车司机的形象如影随形。往往一个出租车的形象就足以反映出这个事物笃定发生在纽约,舍此无他。如果想勾画一下纽约市出租车司机的面孔,一个活灵活现的普通纽约老客的形象立即在脑海中浮现出来:满嘴俏皮话、能言善辩、往往很粗鲁但信息灵通,姑且不论其信息的好与坏、准确与否。若再认真想一想,北京、上海、厦门或其他任一个中国大城市最具代表性的居民应该是什么样子,人们也立即就会联想到出租车司机。

尽管每一个城市都有出租车司机,但纽约市是世界最具多样化的地方,其出租车司机也有典型的国际化特征。纽约市 95% 的出租车司机都在美国以外出生,来自 60 多个国度。其中,数量最多的要数孟加拉、巴基斯坦、印度、海地等国,不过在司机座位上看到世界其他国家的司机也不足为奇,例如很多寻求在纽约扎根立足的华人。还有少量司机是纽约本地人,他们可能因时运不济,暂时开出租以支付账单,以免沦入贫困的境地。这种多样性和在一个偌大的城市里寻求一席之地的渴求使得纽约出租车司机的经历带有普遍性意义,值得中国读者关注。

开出租是一个全球性行业。运送乘客及其财物的简单任务在世界的很多城市、乡镇乃至村庄周而复始地进行。但出租车司机一般在城市市区内运行，尽管他们有时也往返于城市与乡村之间。在20世纪，世界很多地方仍在使用马车和驴车，不过出租车司机一般都开汽车。只要有使用出租车的地方，开出租通常都是寻求更好生活的重要的过渡性职业，可以使他们从略高于体力劳动的一般工人提升到小业主或某出租车车行的雇员的地位。由于开出租获得现金收益似乎很快，容易给人一种快速致富的幻象，当然这其中充满艰辛并难以持久。在世界范围内，开出租依然是男人的工作，但并非男性独有的专利。在很多国家的部分城市里，尤其是中国，妻子经常与丈夫分担开出租的负担。当然，无论开的是什么样的车、谁开车，有一个特质都是共性的，即：在世界各国，出租车行业普遍是由政府控制的，政府控制出租的价格、运营方式和质量。无论是在小城镇还是世界性大都市，政府都会设法掌控是哪些人、在开什么样的出租车，并要保证在该行业所获取的税收。因为每个人都试图在社会中寻求立足点，开出租是一个最普遍而常见的立足方式。

通过本书的具体论述，读者将了解到自1907年装备计程器的汽油动力车引入、纽约市出现出租车司机以来的历史。1907年，从法国引入的50辆强力车神奇地出现在纽约市的大街上，此后，出租车很快就成为纽约市中产阶级出行的主要交通工具之一。有了出租车，纽约人发现他们可以很容易地带上他们在中城店铺买的东西搭上出租车，或者带着他们的行李去火车站。很多生意人喜欢享受出租车的舒适和私密性，而不是去挤地铁。在兴隆的1920年代，出租车拉着一些寻欢作乐的人去夜总会、舞厅和地下酒馆（当时美国实施禁酒。——译者注）消遣。在经济大萧条期间，开出租是那些千方百计要挣钱以养家糊口的人的不得已选择。在第二次世界大战期间，很多出租车司机参军奔赴战场，女性取代他们开上了出租。二战后，获得开出租许可并购买一辆出租车成为保证小康生活的必要手段。到1960年代，境况变得艰难,出租车司机为实现其美国梦寻求联合起来。

如果说纽约人希望得到舒适而便捷的交通,那么出租车司机寻求的则是安全就业、更高的工资和像样的工作环境。从1910年至今,出租车司机都在设法组织起来,但在出租这个天然的带有无政府特征的行业里是徒劳的,相应地,罢工成为劳资关系不睦的典型特征。两个坐在车行板凳上等候租车的司机一旦开车上路就成了竞争对手。正如本书所描述的,试图组织罢工或表达不满的努力都容易演化成冲突。到1960年代出租车司机方组成一个工会,但不过10年时间就分崩离析了,今天,纽约市出租业工人联盟是出租车司机的一个主要组织。

出租车司机的形象和名声历来是一个颇受争议的话题。出租车司机把自己看成是勤奋工作、值得信赖的人,是为城市居民和来访者提供一种必不可少服务的专业人员,这些乘客为了能够享受快速、安全的服务,是不吝惜小费的。当然,乘客们希望出租车司机礼貌待客,规范行车,周到服务,但这个梦想往往难以实现。更使出租车司机形象变得复杂的是印刷品、电影和艺术品中难以计数的对出租车司机五花八门的刻画。

中国读者对于纽约出租车司机的某些做法可能感到不解,并且希望会看到纽约出租车司机在爱恋与金钱这两个生活大目标方面是否成功。如读者所看到的,出租车司机确实有其独特的表达梦想与经历的方式。尽管中国出租车司机从未像纽约那样多样化,但中国大城市不乏那些从乡村到城市的司机,他们身上展现着中国巨变的印记。我于1998年第一次访问中国时,大多数北京的出租车司机都是城里人,10年后,北京和上海的出租车司机十有八九是从农村来的,设法在中国这些大城市里闯荡谋生。如果说纽约的出租车司机来自世界各地,那么中国城市的出租车司机则来自这个巨大国度的各个角落。

中国和纽约出租车司机都不幸地拥有的一个共同特征:他们大多数是囿于一个不尽人意的出租车租用体制内的穷人。在纽约市,数以千计的出租车司机必须支付一笔可观的租车费,每天达100多美元,还不包括汽油以及从出租车行或公司借贷出租车的费用。这就意味着司机不得不额外工作很长时间来偿付他每天的投资。在中国,没有出租许可的司机也不得不向拥有这种出租许可的所有者支付大笔费用,这种体制是近日来重庆和汕头出租车司机大规模抗议的一个原因。在此过程中,出租车司机们采用的是纽约市出租车司机以往曾多次使用过的老办法。尽管有文化上的差异,但共同面对艰辛的工作环境还是可以在出租车司机中唤起共鸣的,这是一个经常在出租车司机文学和公共媒体中有所表述的相同点。在本书中,我使用了30多部出租车司机本人的著述,并讨论了很多关于出租车司机的影片、小说和报纸上的新闻报道。这些资料是纽约市和世界上其他很多地方存在的非常丰富的出租车文化的一小部分而已。我希望中国的出租车司机和所有那些靠其劳动生存的人可以从本书中认知某些事理,来书写他们各具特色的历史。

格雷厄姆·郝吉思
2008年11月于纽约州汉密尔顿市

序　言

纽约市出租车司机是这座世界首屈一指的大都市能量和热情的化身。造访纽约的游客和当地居民往往把自由女神像、时代广场和中央公园看成是这座城市的代表性景观，但若论纽约市历史上最具人性化的元素，则首推出租车司机。尽管我们对临危不惧的纽约市消防队员钦佩不已，特别是2001年"9·11"以来更是如此，对威风八面的纽约市警察也心存几分敬畏，但相形之下，纽约市出租车司机这个群体对人们的吸引力恐怕更加持久而普遍。他们在几代纽约居民和游客心目中的印象就是野蛮驾车，言辞冷酷，似乎整个纽约都是如此，他们对美国人精神上造成的这一传统印象似乎怎样估计也不过高。任何一部电影或电视节目，只要有纽约街头的镜头，如果没有出现出租车和出租车司机，那就是不完整的。在拉斯维加斯的纽约大赌场里的很多楼层上，都有一幅巨大的出租车喷漆装饰画。通过互联网进行拍卖业务的eBay公司，也总有难以计数的来自不同国家和时代的大量与出租车有关的配饰出售，如饼干盒、自来水笔、别针、T恤、衬衣、电影图片，甚至指甲油。虽然作为一种交通工具，光顾出租车的乘客的数量少于地铁，但重要的是，他们在纽约公共文化上的地位使人痴迷。[1]

纽约市出租车的历史，从1907年开始在汽油驱动的轿车上使用计程表到今天，几乎与所有纽约人都有关。在车库里，在机场的旅客乘车点，在市内街道的车流中穿行的出租车，在出租车司机他们自身的心目中，都浸润着出租车司机文化。每一个钻进车后座的人，每一位躲闪超速行驶车的人，每一位被拒载、对着疾驶而过出租车愤愤不平的人，都是公共交通承载者出租车司机打交道的对象。这些问题在本书中均有所描述。

　　直到近来,出租车司机在纽约人和访客心目中还是占有特殊的位置。在出租车紧凑局促的空间内,的哥和乘客间发生了短暂的亲密接触,往往在不到10分钟的时间里,人生经历、政治观点、生活哲学和爱情故事甚至个人问题都可能被谈及。正如《纽约人》周刊最近一期封面展示的,[2]的哥俨然成了心理医生,纽约人往往把他们内心深处的想法和盘托出,向的哥们倾诉。在一个人际交流短暂而无实质意义的城市里,出租车司机至少提供了一种双向交流的同志式的场景。机智诙谐的调侃往往换来的是可观的小费。小费经常是出自中产阶级,是为了他或她享受了一次有意义的人性接触的报答,是与"工人阶级家庭"的某位成员的交流。某种阶级层面上的怀旧心理影响了公众对几代出租车司机的态度。诗人凯特·丹尼尔斯(Kate Daniels)在一个出租车后座上陷入沉思之时,注意到这个司机脸上的皱纹和消沉的声音,她说,"他用力讲话,但很疲惫,""他是有一份卑贱工作的又一个人,又一个普通得不能再普通的父亲,"像她自己的父亲一样。但她也学会了宽容:

　　　　此种情感,我心知肚明;
　　　　你在强打精神,勉力工作,
　　　　埋首于他人胸前小憩,是你的最高奢望。[3]

　　在纽约,几乎没有其他生意人能具有丹尼尔斯所勾画的这种个人和文化的迷恋力。当然,出租车司机像工作在车轮上的店铺生意人一样,把他们与乘客打交道的时间看成是金钱。车开到大街上,的哥可能把他(几乎所有的哥都是男性)自己看成是老板,但每一天不下三四十次的时间里,乘客一进入出租车,就认定他们有权按自己的意愿指挥出租车司机。的哥可能认为他的出租车是他的店铺,不理睬任何有轻蔑意味的提议,但是,他们又不像店铺老板,他们很难能再次碰上同一个乘客,他与乘客的短暂关系依赖于咪表显示的距离和时间,加上已成为最终价格不可分割一部分的小费。个人风格,而不是娴熟的驾驶技术在成就出租车司机时尤为重要。对小费的期待进一步使界定出租车司机的阶级属性复杂化。几乎没有任何店铺老板会指望在其商品价格之外还有小费,那么,这种制度化的惯例就使出租车司机更接近广义上的服务业工人。的哥们可能非常反对这种归类,但他们与乘客的内在关系和争取更好小费而进行调侃的做法使他们确实更像服务人员。[4]

独立性和服务性这种双重身份每一天在出租车司机身上数十次地演绎着。这种转换包括一连串的和他几乎很难再见面的陌生人之间的短暂接触。他的顾客是偶然相遇的,彼此根本不了解。为他们提供服务往往使出租车司机暴露在难以计数的危险和紧急境况之中,他们要对付抢劫者、寻衅闹事的酒鬼、赖付车费的人、精神变态者,耍泼无赖之徒,甚至会有小孩生在出租车上。尽管出租车司机对街道情况必须了然于心,但没人把他们看成是熟练职业,事实上,很多顾客会开车,像出租车司机一样知晓他们目的地的方向,他们通常无视出租车司机的存在。有一次一位出租车司机克兰西·西格尔评价说,作为一个出租车司机,他更深刻体会拉尔夫·埃利森(Ralph Ellison)所说的"隐形人"是什么意思:这个人"能看到,能与之交谈,但一眼就看透了"。正如我们将看到的,出租车司机和乘客的关系疏远,而不是传统的怀旧心理之下的共鸣。[5]

这样的态度常常来源于某些差异。开出租车倾向于淡化种族和民族的界限,但这些区分在的哥和乘客之间的关系上还是有意义的。近来,一些的哥拒载非洲裔美国人就引发了潮水般的争议。的哥的阶级地位与种族和民族混淆起来。总之,出租车司机的经历可以展示很多他们这些城市工人的挫折经历。

在本书中,笔者考察了出租车司机与市政府的关系,与雇主和工会的关系,与出租车费的关系,与其他的哥的关系。在某种程度上,出租车司机的经历中也有联合起来的尝试,以应付管理出租车行业的各类管理规定，或对付大车行的老板，或对付新近出现的雇佣司机作为独立承约人的中间商，但在实践中每每受挫。的哥们千方百计地设法组建有效的工会组织，但为时很短。他们与市政府的关系、与雇主的关系、与工会的关系形成了一个框架，在这个框架内，出租车司机可以作为一个阶级来讨论。在本书中，我具体描述了的哥和寻求控制他们的代理机构之间非同寻常的关系。在此过程中，我也讨论了的哥们彼此之间如何合作与竞争。同样重要的是的哥与乘客之间往往是急风暴雨式的相互关系。乘坐出租车的乘客身份多半是个常数，就是说绝大多数乘客是居住在曼哈顿岛九十六街以南、上下班的生意人，当然在某些时候可能有其他不速之客钻进出租车后座。在出租车司机中也存在明显的阶级差异。自有车司机拥有准驾证章（市政府颁发的可以在市内街道上或机场承载顾客的授权许可，为一苹果形徽章），属于社会上的中产阶级下层，但在出租车司机中却属于上层精英。这些自有车司机组建协会组织以便推进他们的共同利益，保护准驾证章的法律地位，这些准驾证章现在已价值千百万美元，并要经过长时间的分期付款才能得到。自有车司机一般将自己视为独立司机，不屑与车行司机为伍，他们有时甚至还充当罢工的破坏者。他们集中体现了中产阶级下层即小资产阶级的典型特征，而车行司机和租车司机则相当于工人阶级的中层或下层，是否能够组织起来，对他们的地位有很大影响，但实际上他们往往很难组织起来。

车行司机不同于自有车司机，车行司机历史上是出租车公司的委员会系统管理下获得报酬的雇员，这些公司规模有大有小，从几辆出租车到几百辆不等。正规的车行司机被称为"稳定的男人"，依靠公司每一天给他们提供出租车，只要他们每天乘客量（车费总量）保持在足够额度。很多车行司机整个工作就是这样，工作的保证就是第二天的收入，几十年来，根本没有退休金。1979年后，城市法律允许"租马"（horse hiring）方式或逐日出租，出租车司机成为独立签约人，失去了集体讨价还价的权力。承租的司机每天租车或签长期合同，他们没有准驾证章,在自己挣到钱之前必须支付车行或中间商一笔钱。自有车司机与车行司机和承租司机之间不同的社会、经济经历使得他们很难形成共同的阶级意识。只有他们的劳动和公众的印象方面的相似性才使我们会把他们看成一个单一的阶级。

在大多数出租车司机头上称王称霸的是车行老板,他们是苛刻、霸道、无情的生意人。他们熟悉在纽约街头这个大千世界如何生存,他们坚定地反对工会,尽可能像小公司里家长式统治来榨取利润。近年来,又出现很多中间商,与这些始终被看成是老板的车行主盘剥出租车司机,他们主要为那些拥有准驾证章并试图出租该证章盈利的人做中介。

第三种老板式人物是市政选任官员和聘任官员,他们制定规则约束出租车司机。自有车司机和车行司机都是在市政府所制定的管理体系内运行。本书中的出租车司机多指拥有准驾证章的司机及黄色的士司机(自有车司机和车行雇员),虽然出租车司机这个词也可用于某些用车把顾客送往目的地、获取报酬的车,诸如机场车站接送旅客的专车或"黑车",无证章驾驶的出租车和"吉普赛"车。机场车站接送旅客的专车和无证章驾驶的出租车由出租车和专车委员会发放执照,多半通过收音机应召接送旅客。"吉普赛"车在纽约市较穷的地方出没,没有任何许可或执照。在本书中,我提及这些司机,主要考虑到他们与徽章司机的交互关系,或作为出租车司机的替代者。按市政部门的规定和种族关系,他们与黄色的士司机是有区别的。[6]

无论是作为自有车司机,还是车行司机,还是承租司机,的哥们都有其共同的负担。几十年前,《出租车时代》杂志在编辑评论栏目曾这样谈论到车行司机挥之不去的烦恼:

> 缺少工作安全保证和难以启齿的工作环境,不断拼命为糊口、为那点可怜巴巴的佣金而奔忙;每天穿梭在车水马龙的道路上,对傲慢的乘客唯命是从;面对逐日租用的使出租车司机地位无形中降低的体制和在车行里难缠的老板无可奈何;近50年来,在这个

行业执法机构或代理人的股掌之间,出租车司机们遭受着各种冷嘲热讽和难堪。凡此种种,导致了"的哥焦虑症"(cabbyitis),即出租车司机的职业病:长期焦虑,精力过度集中,神经高度紧张。这种状况,耗尽了的哥的活力,摧残了的哥的体力,弱化了的哥的耐力,最终损毁、侵蚀了他们的尊严和自尊。[7]

这位未署名的作者一语中的,触及了困扰出租车司机的无尽无休的挫折和失败的情感。不论是否有意,作家、诗人、制片人、记者都唤起了人们对"的哥病"的注意,这是一种独特的职业病,影响的哥与世界以及他们之间的关系。很多美国人是通过好莱坞电影中的映像认识出租车司机的。好莱坞有意识地为美国观众精巧地编织了曼哈顿岛的图景,可能很多美国观众从未闯荡过这个大城市。在城市的舞台上,从电影的产生到今天,出租车司机无时不在,有时作为主角,有时是配角。在出租车狭小空间里,出租车司机和乘客演绎着人间百态。[8]

此书会令人想到美国公众痴迷的电影或电视中出租车司机的形象,其部分原因是美国人对道路有一种特殊感情。出租车司机像大货车司机一样,继承了牛仔、淘金客、伐木人身上的躁动不安、游移不定、若即若离的传统,是美国公众熟悉的偶像式人物。美国人和世界其他地方的人都把出租车司机看成是无拘无束、工作在社会边缘但又天生对人性特征有入木三分敏锐体察能力的人。在大众心目中,的哥的智慧带有几分诙谐,令人发笑。公众把的哥看成是"luftmenchen",这个词从字面上可以翻译成"自负、虚幻、若即若离的人"。他们集诸多特质于一身:像孤独的狼,个人主义,没有技术和社会联系,或者是没有稳定收入的与现实有脱节的人的混合体。[9]

小说家和诗人的作品里对出租车司机的描述也广为人知。他们作为城市的探路者和导引者,往往是某些侦探小说里的英雄人物。在儿童读物里,的哥成为语言大师和城市生活的导游。[10]小说家和短篇小说的作者们把的哥作为城市生活描述的典型人物。的哥是一个特定群体。在历史上,的哥和知识分子彼此警惕地审视对方。作家们乐此不疲地挖苦的哥但又对他们无师自通的广博知识面不得不心存敬意。的哥型知识分子和哲学家都是传奇。公众推崇的哥们强有力的自我表达能力、善于开玩笑、传播小道政治新闻,对纽约市的历史能娓娓道来。自诩为出租车哲学家的戴夫·贝茨(Dave Betts)宣称,"是,我讨厌开出租,但我喜爱我的这帮弟兄们。我愿意听他们笑、聊天,欣赏他们的穿着。我喜欢看他们开心的样子,不愿意看到他们凄凄惨惨的样子。"他相信,心地善良者给的小费也高,他注意到往往最穷的乘客给的"小费远远超出他们的实际能力"。[11]

关于出租车司机的历史,目前还没有专门的著述。学者们更多的是考察对出租车准驾证章和出租行业财务的管理。[12]我利用这些研究来铺陈出租车司机的经历。出租车司机的历史可视为纽约市劳工历史的一部分。乔舒亚·弗里曼在其两个关于1930年代以来纽约市工人阶级的研究成果中对纽约市劳工史有较充分的论述。虽然他几乎没有提及出租车司机,但他的著作为笔者的研究提供了非常有意义的比照和背景资料。[13]

本书中很多表述来自于出租车司机自身。在回忆录、访谈、笑话小册子、餐馆大全指南、录音和文献电影片里,的哥展示了他们的故事,他们对车费、经历、政治与社会观点、生活的意义等都有绘声绘色的描述。人们喜欢听他们自己讲的话。在本书中,我利用了30本以上已出版的出租车司机自传,这些自传详细地描述了他们如何进入这一行,他们如何经历纽约,他们的工作经历,与女人交往的烦恼,从驾驶出租车中他们学到了什么。总之,我尽可能地让出租车司机本人来陈述他们自己的历史,这些历史除了小说中略有描写外,人们还是很陌生的。

开出租车当然是一个世界各国城市都很实用而普及的行业。在巴黎、莫斯科、北京、东京和全球每一个相似规模的城市,的哥都是民间英雄似的人物。伦敦的出租车司机一般被看成是纽约出租车司机的近亲,但是纽约出租车司机更看重两种文化之间的区别。多样化是一个重要的特质。在今天的纽约,土生美国人只是来自不同国籍的出租车司机中的一部分。出租车司机有爱尔兰人、俄罗斯人、法兰西人、中国人、意大利人,50%以上的纽约出租车司机来自穆斯林国家如孟加拉国、巴基斯坦、埃及、摩洛哥、尼日利亚或穆斯林影响很深的印度。这种大规模的社会变化深远地影响了出租车司机和乘客之间的关系。

纽约市是一个不断进步的城市,出租车司机是城市社会变革的公共形象。[14]各地的出租车司机都可能写回忆录,保留政府管理文献,与他们的乘客有着复杂而微妙的关系。他们常常把他们本国出租车的理念带到纽约市的街道上来,融入一个新的全球文化之中。开出租车历史上被看成是美国社会里最强大的一种融合力。今天,族裔已成为一种强大的力量,出租车司机把他们母国的文化和他们所看到的纽约文化结合起来。[15]

跨越已过去的一个世纪,纽约市出租车司机的历史有助于我们超越以往纠缠于如何对他们进行属性认定等感情上的迂腐做法,来发现他们如何在一个曾经对出租车行业百般推崇、之后又把他们推到就业群体最底层的城市里不平坦的斗争道路,如何组织起来、生存下去。本书是描述这些艰辛奋斗的故事,是记者斯坦利·沃克(Stanley Walker)早前曾定位的"危险而令人心碎"的行业的历史。[16]

第一章 出租车司机的产生： 1907—1920 年

现代计程车行业的产生源自一场纠纷。1907 年初，一位名叫哈里·艾伦(Harry N. Allen)的 30 岁纽约商人，和女友乘双轮出租马车从曼哈顿的一家餐厅回家，不过 0.75 英里的路程，竟被车夫索要了 5 美元，这简直是敲诈！愤怒之余，艾伦决定自己创建一种新的计程车服务。他后来回忆说："我整个晚上都在想这件事，我决定在纽约开创一种新的服务，每英里索价这么多。"艾伦提前几个月就开始宣传他的计划，到 1907 年 3 月 27 日，第一篇关于艾伦计划的报道开始出现。40 年后，艾伦在接受采访时回忆到他如何去法国搜寻比美国马车(被讥讽为冒烟的马车)更可靠、更先进的汽车。在欧洲，他从一个法国实业家拉扎罗·韦勒(Lazarre Weiller)和一个英国铁路运营商戴维森·卢泽尔(Davison Lulziell)那里获得 800 多万美元的认购基金。有了充足的外国资本，他又从他父亲查尔斯·艾伦(Charles C. Allen)(一个股票经纪人)和他父亲的朋友那里得到了一揽子财务资助。其他出资赞助的还有出版商威廉姆·赫斯特(William Randolph Hearst)和职业政客"大提姆·沙利文"(Big Tim Sullivan)。市议会治安委员许诺给予"道义支持"。赫斯特还告诉艾伦不要理会批评的声音，因为"他们迟早都会乘坐你的出租车"。[1]

1907 年 10 月 1 日，艾伦实现了这一计划，65 辆全新的法国红色汽油动力达拉克牌(Darracq)出租车，配备计程器，浩浩荡荡、吹吹打打地从纽约第五大街出发，穿过中央公园的东南角，到达他们的目的地——第五十九街全新的广场酒店(Plaza Hotel)前的一个出租车停靠站。他

9 们仿效西点军校,每个司机都穿着统一制服。艾伦要求他的雇员要有礼貌地和乘客互动,以化解公众存在几十年的积怨,因为由出租马车车夫的粗鲁行为和价格欺诈导致的冲突已经司空见惯。有欧洲债权人的承保,加上公众对这种新的交通工具的热情,艾伦的纽约出租车公司日益兴盛。第一年年末,艾伦奖励那些忠实的司机一块金表,并宣称他将开始筹划退休养老基金方案。到1908年,他的麾下已有700辆计程车穿梭在纽约市的大街小巷。就连原来对艾伦计划表示怀疑的体育界百万富翁戴蒙德·布兰迪(Diamond Jim Brady),也购买了价值500美元的出租车折扣券以供乘车。现代计程车服务和其新式的哥们很快为纽约人所接受,而马拉出租车被扫进了历史的垃圾箱。[2]

哈里·艾伦的成功是暂时的,虽然到1908年的中期,需求仍超过供应,但艾伦遇到了严重的劳工问题。是年秋天,由出租车司机组织的第一次大规模罢工摧毁了他的帝国。1908年10月8日,尽管艾伦颁布了养老金计划,并给那些忠实的司机分发金表,但还是有500名司机在一场工资纠纷中开始罢工。他们声称一天单花费的汽油钱就超过80美分,要求免费提供汽油,每天的固定工资为2.50美元。他们还有其他一些不满,例如:除了维修和燃料费用之外,艾伦还要求司机们每天交纳0.25美元的着装费和0.1美元的擦拭汽车费。这些费用使他们日收入不足1美元。艾伦回绝了司机们的要求,他振振有词地说在所有这些扣除掉之后,能干的司机一个月能拿到112美元,因此这是一个能生活得很好的工资待遇。

后来,出租车司机和卡车司机工会(Teamsters Union)一道反对艾伦。双方的谈判破裂了。随着破坏罢工者的介入,暴力升级。在一次冲突中,狂怒的出租车司机为搜查一个工贼强行进入贝尔维尤,结果是后者为了躲避出租车司机跳进河里,并游到了一所医院的后面。艾伦雇佣带枪的"特警"保护他的出租车,但罢工的出租车司机继续他们的袭击。纽约市警察试图在街道上维持秩序,但罢工者在广场酒店附近发现了艾伦,接二连三地向他扔石头。愤怒的出租车司机还向广场酒店、尼克博克酒店以及其他上西部酒店的大厚玻璃板窗户投掷石块。市警方人员乘坐艾伦的出租车驱逐骚乱者,而这些骚乱者反过来把工贼引诱到黑暗的胡同殴打他们。10月15日在东72街一名男子被殴致死,随后被雇佣的破坏罢工者在街上无意中开枪打死一名男孩。罢工者把这些人乘坐的出租车烧毁并推入东河中。后来,艾伦索性雇佣了一个破坏罢工的公司即沃德尔-马洪公司(Waddell and Mahon),指示他们粉碎这次罢工。罢工者的答复是给他们送去了一份说明,声称除非撤去该公司的私人武装,否则将用炸弹还以颜色。艾伦表示拒绝后,罢工者向艾伦停放出租车的地方投掷了一枚炸弹,还好未伤及大量行人。罢工者继续袭击出租车,在哈莱姆的一起事件中,同情罢工者殴打了沃德尔-马洪公司的两名雇员,令几名女乘客惊恐不安。[3]

暴力活动持续了近一个月。到11月7日,卡车司机工会突然中止了罢工,放弃了它的要求,并且认可纽约出租车公司成为一个"自由雇佣企业"(open shop)的要求,即公司的雇员不仅仅局限于工会成员。然而,第二天其他罢工者一致投票反对该协议,继续罢工。罢工者否定了卡车司机工会谈判委员会的努力,转而寻求卡车工会其他分支的支持。几天后,有些罢工者看到当地财政出现严重枯竭的报道,只好悄悄地回去工作,在公司和普通司机之间的谈判出现对峙局面,进入漫漫长夜。由于缺乏资金和卡车司机工会拒绝支付罢工费用、人们已不对其抱有任何幻想,11月16日,很多司机回到了原来的工作岗位。表面上看起来好像是艾伦胜利了,但这个胜利并未延续多久,由于这次大罢工高昂的法律诉讼费,使得他破产结业。[4]

劳工的和平是暂时的。不出一个月,三千多名长途车司机和计程车司机代表组成一个新的工会——自由曙光联合会(the Liberty Dawn Association),继续进行罢工,反对诸如1907年组建的莫里斯-西门公司(Morris Seaman Company)"自由雇佣"的主张。出租车司机很快加入其中,这也意味着技术创新不能分化运输工人的利益。沃德尔-马洪公司一千多名破坏罢工者的私人武装再次出现。罢工阻断了大酒店和主要街道的所有交通。《纽约时报》警告说罢工将带来诸多不便并引起市民反感。罢工者向特警投掷石块,但几天后罢工就消散了。从1908年10月开始一直延续到12月的罢工,迫使长途汽车和出租车公司不得不雇佣更多打手阻止罢工,也显示了出租车司机内部深度的不安和动荡。[5]

劳工的动荡折射出在城市环境中新式出租车的非凡影响。为中产阶级提供可靠的运输,人们寻找了几十年,现在终于出现了出租车。计算运费当然不是困难的事情,1869年计程器就在巴黎出现了,在同一时间纽约的报纸就曾加以报道,但是以汽油为动力的交通工具的革新依然是新鲜的。汽车得以迅速扩展的原因之一,是公众希望以此可以代替马拉出租车。很多纽约人对于取代马拉车期待已久。其原因不难想象:行人要格外小心马匹,马不可预知、有臭味且带有危险性;车夫们都知道,马不易控制,它们可能会跑掉,伤害行人,或者被盗;马拉出租车需要专业的人,通常是有经验的车夫。马拉车种种的不便和高昂的费用只有富人才能承担得起。此外,城市生活环境对于饲养动物也很艰难,有关饲养场的丑闻很多,特别是饲养场容易引起可怕的火灾,危及商务活动和居民安全。马匹通常对于疾病的预防能力很低,而且它们的工作时间大概只有四年。有时马会死在大街上,这就需要其他的马将之拉走,以防堵塞道路。当曼哈顿的商业繁荣时,马拉车增多,导致道路堵塞。当专门的货车装运较大的货物时,户主往往使用较大的牲畜,通常还使用好几个,将他们连在一起。但这是一种很不可靠的方法,一匹马受惊就会使所有的马跟着受惊。再就是臭气熏天,马粪一天就可超过100万磅,成堆地堆放在马路上以作为肥料,即使有很多清洁工人的打扫,也难以掩盖这些难闻的气味。[6]

虽然取代马拉出租车的呼声很高,但最初的改革还是失败了。1889年自行车的发明给人们带来了希望。自行车当然很难满足公共交通的普遍需求,但它还是吸引了大量喜欢享受街道自由的妇女的注意。后来又出现以蒸汽为动力的车辆,这是一种更干净的交通方式,不过它们还是没能让城市消费者放弃马拉车。[7]

马拉出租车的运营可以追溯到19世纪早期。随着城市在内战前就已迅速扩展到曼哈顿岛北部和布鲁克林地区,纽约人不再把他们的城市看成是一个"步行城市"。马拉车和后来的蒸汽动力车由于速度缓慢、拥挤和不可靠,渐渐被淘汰出主要的街道。为避免交通挤塞和疾病及暴力发生,纽约的新中产阶层加速向曼哈顿岛北部更远的地方迁移或向附近城镇扩散。公共交通有两种,在曼哈顿下半部,马拉汽车和马拉火车很盛行;在曼哈顿上半部,蒸汽动力火车比较普遍,直到内战前每年大概有100万通勤乘客乘坐蒸汽动力火车到达曼哈顿上城和温彻斯特县。然后,在中央总站(Grand Central Station)转乘马拉出租车到曼哈顿下城。这种路线本是为防止交通堵塞,但实际上却加重了交通状况,因为纽约人更乐于乘坐私人交通工具。在殖民地和建国初期,马车仅供少数精英乘坐;而到内战时期,扩及到了中产阶级。大量的手推车和专用货车和以蒸汽或马力为动力的火车交织在一起,对行人造成一种很危险的局面;在其内部,对于女性乘客来说,小型汽车和有轨车展现给她们一种"现代的痛苦",她们要小心翼翼地警惕着城市恶棍的手。[8]

对于那些无力或不愿供养马匹、购置马车和马厩的中产阶级乘客来说,做出租车车夫也是不错的选择。起初,大部分出租车车夫都是19世纪初就获得许可证的非洲裔美国人。到19世纪40年代,像在其他半熟练和非熟练行业发生的经历一样,爱尔兰移民也逐渐将非洲裔美国人挤出了这一出租车行业。这种早期职业方面的种族更替的例子比后来的转换带有更多的暴力性质,不过它也确立了一个传统,即移民群体将出租车职业作为一个可靠的收入来源及在经济流动的阶梯上向上流动的重要一步。车夫们辛苦之余希望他们的下一代能找到更好的工作。另一个新动向是它的组织性。非洲裔美国人车夫大都是小企业主,而新加入的爱尔兰车夫由于没有自己的设备或马匹,主要是为有一定规模的车行工作以获取工资。1855年统计显示,有805名爱尔兰裔四轮公共马车和出租马车车夫,而德裔和英裔美国人车夫仅有57名,其他民族的车夫就更少了,而且零散。整个19世纪,爱尔兰裔美国人主导了出租车行业及其他相关街道服务行业。[9]

到内战前,在纽约街头上运营的车行大都有数百辆出租马车。出租马车车夫的名声很不好。1880年代,晚上穿梭在纽约街头的出租马车和四轮公共马车被称为"夜鹰"(nighthawks),以宰客而臭名昭著。这种坏名声来自于欺骗性价格和提供夜服务。当然,对于该行业的经营方法也存在一些争议,一些大酒店对出租马车的垄断性行为更是有着长期的争论,不过纽约人已经习惯了票价按路程长短付费的方式,这在19世纪中叶时就已经采用了。[10]

以汽油为动力并不是出租车的第一个创新。先前以蒸汽为动力的出租车没有赢得消费者的认同,电动出租车显示出些许希望。1897年7月以后,12辆两轮电动出租车(兼顾速度和安全的早期创新)开始穿梭在纽约街头。在电力车－货车公司(the Electric Carriage and Wagon Company)的管理下,这些新颖的计程车开始和马拉出租车一决高下。尽管这些技术创新被1909年《科学美国人》(Scientific American)杂志的一篇文章称为"城市交通史上最重大事件之一",但电动出租车和马拉出租车在性能和外观上没有多大区别。《科学杂志》(Scientific Magazine)推崇电动车,也主要是看中了这种车噪音小,没有异味。尽管电动车公司在1898年将其规模扩大到62辆电动车,次年又扩充到100辆,但它的成功仍很短暂。使用电动出租车很麻烦,它的时速不能超过15英里,每运行25英里左右就要充电,每次充电需8个小时才能充满。这个问题把电动出租车限制在单线运行,巡回运行几乎不可能。而更换电池需要使用一种桥式吊车和一个宽敞的车库,更换轮胎需要拿掉所有的车轮圆盘,这将进一步耗费时间。尽管运行时清洁和无噪音,但乘客的舒适度还是有限的。乘客坐在出租车前排敞开式的座位上,司机坐在上面,并且是前刹车,在紧急情况下,整辆车可能向前倾覆。所以,毫不奇怪,电动出租车没有流行开来也是在所难免。一位当代的作家写道,很多人在乘坐了一次电动出租车后,不愿再坐第二次,而是改乘马拉出租车。后来,一场火灾结束了这个问题:1907年1月,电力车-货车公司遭遇一次车库失火,三百余辆车被焚毁,该公司破产。[11]

以汽油为动力的出租车在起步阶段和原有的车相比,改进也不明显。除了安全性不够确定外,两缸式的汽油出租车还有不少的限制。一种名为麦克斯韦牌(Maxwell)的普通车型不仅很嘈杂,而且不到五英里就会有机油弄脏控制放电装置的火花塞。驾驶室摇摇晃晃的车灯也弱不禁风,随时有破碎的可能。皮尔森牌(Pierson)的出租车也有类似的问题。一位资深的出租车司机回忆说:"我不得不在腿上裹一条毛毯取暖,还要经常戴上护目镜来避免灰尘进入眼中。好家伙,天气热时,太阳好像从车的顶部射出一个洞,大烤活人。"出租车司机埃米尔·亨德里克森(Emil Hendrickson)则很留恋昔日当出租马车车夫的美好时光。"那时,车夫可以得到较多小费,也不必非得工作16个小时;他没有必要为追赶前面的出租车让自己精疲力竭;街道也没有挤得水泄不通的卡车和出租车。"亨德里克森还认为皮尔森牌出租车不可靠。有一次,老板让他把车擦亮,送5个乘客。他们过了曼哈顿大桥,之后在第四十二街与第五大道交汇处车就抛了锚。亨德里克森和另外两名男士不得不下来推车。结果他们中的一个被汽车的冷却水皮带打了一下,雪白的衬衫变成了红色。从布鲁克林驾车到河畔大道整整走了9个小时,当聚会的客人吃完饭出来后,车的轴承都烧坏了,直到凌晨三点才叫来一辆拖车将之拖走。即使这样,老板还是向乘客索要了25美元。亨德里克森写道,假如这些乘客不给钱,他也不会责怪他们。

亨德里克森还回忆了他与镇里的交通警察斗智斗勇的故事。有一次,在布鲁克林,他开的斯蒂默牌(Steamer)出租车在一条小路上因为冒烟而收到一张罚款单,交警说之所以开罚单是因为冒出的尾气挡住了牌照号码。后来在交通法庭上,亨德里克森辩解说烟雾是水蒸气,是"白色的而且很快会消失的",结果这个案件就被驳回不予受理了。

在艾伦出租车公司成立之前,正如一位观察者所言,纽约的出租车司机已经展开了非常激烈的竞争。记者温斯·汤普森(Vince Thompson)记述了出租车司机们在大街上超车狂奔以显示他们强烈的自尊。他认为出租车行业过于散漫,毫无章法,并建议有抱负的年轻人去学开车——在开车中学习如何不择手段地实现生活目标。他的揶揄和抱怨不无道理。尽管市政府颁发了很多执照,但还有数以千计的无照出租车在大街上横冲直撞,争拉乘客。获得执照一点也不难,从监狱里出来的人,只要交两封推荐信,没有任何背景调查就可获得执照。汤普森认为纽约的出租车司机是世界上最邋遢慵懒的。[12]

并非仅仅是汤普森做出如此刻薄的评价,很多作家们经常拿纽约的出租车司机和伦敦、巴黎的出租车同行司机作比较。尽管纽约和伦敦的出租车司机是近亲,但他们实际发展大不相同。伦敦出租车司机被组织成一个公司,很像中世纪的行会,使他们能够保护他们的行业利益和培养独立性、甚至中产阶级的归属感。在获得许可证之前,伦敦的出租车司机需要花几年时间熟悉了解城市地形,并通过严格的考试,以证明他们具备了相关城市地理知识。只有这样,申请人才获准得到许可证和购买昂贵的出租车。相反,纽约的出租车司机大都在工作中积累经验,并经常驾驶破旧的、不入流的汽车。[13]多年来,纽约出租车的质量已经有了很大的改进,然而在组织和维护方面两者仍有明显的不同。

伦敦和纽约出租车司机的历史还有其他不同。首先,内战前车行的引进使得大部分纽约出租车司机都是雇佣工人,而不是业主。他们卑微的身份,偏低的收入,使得出租车司机这个职业成为偶然的、临时的工作。纽约出租车司机无法掌控他们的命运,最终形成与伦敦出租车司机不同的文化。虽然纽约市政府有关出租车司机的管理源于英国和荷兰法律,但在该行业中,移民更替模式使得纽约出租车司机从一开始就带有国际性。

在出租车行业中,英美法和移民文化的激烈碰撞使得开出租车成为检验移民是否变成美国人的最明显的方式之一。正如哈里·艾伦要求其司机统一着装所显示的,纽约中产阶级和上层精英将他们视为服务性工人。随着在1910年代乘坐出租变得日益普遍,出租车成为城市中产阶级出行的方便交通工具。城市资产阶级乘坐出租车主要是从家去工作地点或从事娱乐活动,人们对出租车的等级态度在它世俗性特征的影响下很快由家里扩展到出租车内部。

如同我们所见到的,出租车司机对此类描述不以为然,但开出租毕竟使得新移民能在纽约市有一个新的开始。在美国经济和社会生活中,成为美国人就意味着文化上的同化,开出租车就成为新移民入门的行业,并是通向下一代成功的职业。再后来,到20世纪后期,随着种族身份政治化和本土主义的回归,出租车司机被认为难以同化进美国生活之中。

出租车行业后来被普遍认为是典型的移民职业,在20世纪初被局限于第二代及其后数代移民。爱尔兰裔纽约人自19世纪50年代车行创建以来,长期垄断这一行业。1900年以来的统计资料显示第二代爱尔兰裔移民比他们的父辈更可能成为出租车司机。尽管很少有移民带着特定的目的——做出租车司机去纽约,但与非熟练计日工和他们能够找到的街道工作相比,出租车工作是一大进步,也是他们下一代较好的工作。东欧犹太裔和意大利裔的下一代就比他们的父辈更多地从事这一行业。从事出租车行业的意大利裔人大多是无技术,被迫从事工资较低的人。犹太裔移民虽然进入美国时有一些技艺,但在找工作时往往受到歧视。他们或者寻求在纺织业之类兴盛的行业求职,或者在设限较少的职业部门工作。开出租对犹太移民第二代来说具有一定的稳定性。在1910年代纽约将近17%的东欧犹太移民的第二代是出租车司机。到1920年,犹太裔出租车司机占半数以上。《出租车周刊》(*Taxi Weekly*)引述《犹太人前进日报》(*Jewish Daily Forward*)的统计,在1920年代,纽约大概有3.5万出租车司机,其中2万是犹太裔。[14]

尽管犹太裔、爱尔兰裔和意大利裔人还不能被看作正宗美国人

（虽然爱尔兰裔正在争取美国公民身份），但纽约人毫无疑问地想乘坐他们开的出租车。尽管出租车这个行业本身动荡不安，但出租车行业逐渐在纽约市社会经济生活稳固了下来。到 1910 年，"出租车"一词被广泛使用，不过司机还沿用"hack men、hackeys 或 hacks"。马拉出租车的最后一搏发生在沃尔多夫·阿斯托里亚酒店前面，是达拉克牌出租车取代了他们。都市里鳞次栉比的新高楼大厦也刺激了公众使用出租车。宾夕法尼亚车站和中央总站建成，道路被铁轨覆盖、很多城市街区被创建，纽约的中部地区成为密集的网格与大量跨城市交通的地区。纽约市扩张为银行业、保险业、新闻媒体、百货公司，以及配套的餐厅、剧院、及酒店业的中心，这也为舒适的出租车创造了需求。地铁和路面电车为市民的流动提供了方便，但地铁线之间的距离及有限的行李空间限制了他们作用的发挥。富有的纽约人需要出租车把他们笨重的行李从家里运到酒店或火车站。出租车的使用不局限于上层，乘坐出租车也渐渐成为那些认为地铁不方便的中产阶级的一种习惯。匆忙的商人和纽约中产阶级，使用出租车前往新兴的商业区工作或休闲。旅游业也带来了更多出租车乘客。出租车也吸引了很多放荡不羁的或喜好猎奇的纽约人造访唐人街贫民区或到时代广场附近游荡。[15]

到 1910 年，纽约街头已难以见到出租马车了，汽车出租车司机和他们的雇主之间的矛盾开始凸显。1908 年罢工只不过是 1909 年秋天和 1910 年大罢工的前奏。这意味着私人警察"打手队"的事情多起来了，也促使出租车公司在 1909 年春天聚会谈论公司间合并和组建托拉斯的计划。市政府将出租车公司看作是公共事业机构，其相应措施是拟定计划来对这一新行业进行规范管理。独立司机，第一次作为一支力量，质疑出租行业走向垄断的趋向。很多新组建的出租车公司都计划降低票价，价格战随即迅速拉开，票价从最初的 70 美分降至 35 美分，之后又有公司承诺还要降至 20 美分。1908 年到 1910 年这两年的罢工也有新进展，暴力减少了，但时间延长，比如 1910 年罢工就出现了很多骚乱。罢工一天将使市财政损失 4500 美元，因此市长威廉姆·盖纳（William Gaynor）比他的前任在谈判中更强硬,并在压制罢工过程中更多地使用警力,对此,出租车公司举双手赞成。

1910年是独立出租车司机对罢工产生重大影响的第一次罢工。当车行司机一次次地罢工希望公司只雇用他们这些工会的会员时,独立出租车司机巧妙地加以利用。有报道说,独立出租车司机在一年一度的赛马表演和歌剧开幕节赚了数月的薪酬,时间恰好在1910年的11月初。许多独立司机在他们的出租车上挂上鱼目混珠的标志,显示他们似乎是"工会的出租车"。这种移花接木的做法使他们骗到了车费,但也造成更大的混乱,并使得出租车司机试图组织工会的努力难度加大。这也是车行和独立出租车司机之间激烈竞争的第一个实例。[16]

1911年司机和施助者工会再次试图组织出租车司机的工会,并使出租车司机有固定的日工资和固定的工作时间。比如,最初的合同就提出司机一天工作11个小时,工资2.53美元。1913年市政府取消了私人车停靠点,将之变为公共场地,这进一步促使了车行司机变为自有车司机。成为此类独立司机要比在车行工作和成为工会成员有利得多,工会失去了与雇主讨价还价的有利地位和扩充工会成员的机会。[17]

这些罢工失败后,组建工会的努力由于自有车司机的竞争压力而流产了。更多的注意力投放到对出租车管理上。最初,出租车管理沿用上个世纪管理出租马车的惯例。1909年5月,纽约市政府通过条例,授权执照局监察出租车计程器,小幅降低运价,并要求统一票价。车行老板们抗议这一条例,并将市政府告上了法庭。纽约最高法院宣判将所有交通工具置于单一法律之下是违宪的,市政府的这一努力归于失败。不久之后,运费再次反弹到起步价为1.50美元,否则就拒载。市参议员考夫特·尼科尔（Courtland Nicoll）是理查德·尼科尔（Richard Nicoll）的后代,也是第一位英裔纽约州长,他领导改革派推动立法,反对车行通过控股和有限合作的方法,规避事故责任。尼科尔还针对虚假区分公营出租车和"特殊"车辆,指出若不加以管制,那么城市街道中的私人停靠点将以高价竞标,结果势必造成交通堵塞和腐败。经过尼科尔引导的改革,市政府在主街道、酒店、餐厅门前及其他主要商务站点建立了开放式的出租车停靠点。[18]

另一个普遍关注的问题是私人垄断出租车公司的权力。1907年,莫里斯·西曼公司组建。到1912年3月11日,该公司就已经拥有市内正在运行的2000辆出租车中的60%。莫里斯·西曼大肆收购其他小车行以获得优势,通过这种扩张性控制,莫里斯·西曼公司每年为酒店、俱乐部及餐馆前停车的特权支付11万美元。司机不再在街道上巡回拉人,而是返回他们公司的停靠点。司机获取的不再是佣金,而是固定工资,另加小费。1913年,在没有许可证的特殊要求下,每天的工资是2.50美元。拥有好的停靠点是成功的关键,这些停靠点较高的成本意味着较多的乘客量。[19]

低工资、对有利可图的停靠点的激烈竞争,以及与酒店员工的联系,使得出租车司机把小费作为收入的补充。小费制度在美国人的生活中还是比较新奇的。富有的美国人在欧洲旅行时将付小费的习惯带回美国,这些富人在"巡游"时向来都摆阔,给很多小费。到1910年,付小费已成为纽约服务业工人预期的一部分工资。美国人一般将纽约市看作是小费最盛行的地方。随着小费的迅速普及,从酒店员工到其他服务业的劳动者,出租车司机也很快学会了索要小费,进而与乘客造成紧张关系。许多美国人认为,给小费破坏了社会平等,甚至举行各种活动反对将小费作为工资的补充。

威廉姆·斯科特(William Rufus Scott)在他1916年的《贪婪的手:美国小费习惯调查》一书中说,小费助长了人们的奴役思想,有损民主精神。斯科特来自美国的农村,认为出租车司机是贪财的例证。他认为,为计程器提供的服务付费、出租车司机索要小费,这些都是不正当所得。在斯科特看来,小费灌输的是奴性和奴役心态。在乘客中,小费导致恐惧、自大和贪婪,唯一受惠的是那些给予工人较低工资的雇主即车行老板。不过,出租车司机很快了解到小费意味着好的和差的付费的区别,而且他们经常记得付较低小费的乘客。在1920年代一起著名的凶杀案中,被告声称他不在犯罪现场,但一个出租车司机作证被告在现场:"就是他,我清楚地记得他,他给我的小费是一个可恶的五分镍币。"这种冲突也影响着一些名人的声誉。底特律老虎队棒球运动员泰·科布(Ty Cobb)为他粗暴对待出租车司机的小费请求而臭名昭著。科布在付完车费后拒绝给小费,并怒斥道:"要小费?不想在老虎队身上押赌注了?"[20]

出租车司机对小费的依赖,使改革派进一步试图减少封闭路线的隐性成本,这些封闭线路只允许某一公司在某些饭店和娱乐场所停靠出租车。车行通常将他们总收入的10% – 15%的收入付给这些景点,以垄断停靠点,这一实践可追溯至马拉出租车时代直到汽车时代。沃尔多夫·阿斯托里亚饭店每年从车行获得3万美元的出租车停靠费,尼克博克酒店获得2万美元,其他的俱乐部和酒店大致也得到这么多。酒店和车行通过贿赂和免费乘坐相互勾结,市议员因贿赂和特权而腐化。其他的车行和独立司机在这些停靠点不能搭载客人,只得在四周不停地巡游,而垄断业主得到最佳的商机。这些问题源自19世纪自由放任时代,法院允许公司尽可能控制业务。但在进步运动时期,随着改革的加速和交通拥堵加剧,在1920年代这样的放任似乎是不公平、不健康的。市议会通过了废除垄断停车站点的条例(第一个专门适用于出租车这一新行业的法律),但进一步改革步履维艰。与此同时,市议会降低了15%的价格,起步价为50美分,每增加一英里40美分,对三个或三个以上团体乘客采用较高价。主要的车行试图应对新的规定,将他们的车开出私人车房,与餐馆及酒店相联系,收取高于市议会允许价格,并争辩说他们的汽车是为私人服务的。这种策略在1915年时就失效了,州上诉法院宣判每一个配备计时器的出租车都在这一条例管制之下,尽管有些车行拆去了他们的计时器,但大部分车行接纳了这一规定。[21]

市政府试图减少车行对停靠点垄断的努力没有立即取得成功。码头运输系统和黄色出租车公司是大部分汽车公司的支柱,继续控制着利润丰厚的中央总站和潘恩车站停靠点,直到1950年。无执照营业者遭到抵制,他们的车胎被戳破,汽车被砸。车行还雇佣暴徒去恐吓不是他们公司雇员的司机。1913年立法开放主要酒店附近的停靠点后,几十年来,出租车司机试图阻止新来者进入停靠点的难度加大。该条例后来被称为出租车司机的大宪章(Magna Carta),因为它公开允许平等地和公平地进入这些有利可图的地盘。[22]

较低的运价意味着较高的小费和较多的顾客。司机有时甚至反对提高价格,声称70美分运费意味着30美分的小费,而80美分运价就是20美分的小费了。低运价使得更多的出租车运行。1912年是2800辆,1918年增至6346辆,到1922年达到13449辆。新法规的受害者之一是莫里斯·西曼(Morris Seaman),1916年他的公司破产,翌年停业。很快,黄色出租车公司(Yellow Cab Company)成为纽约最大的车行,到1924年拥有1704辆车。据说选择黄色是因为在远距离和夜晚中黄色最容易辨认。为了和黄色出租车公司相竞争,许多规模较小的车行,组成互惠互利组织,将其车喷成类似的颜色,并在城市主要地区设立电话预约服务,以及雇用夜班司机。[23]互惠互利组织还力争使小车行有政治发言权。

20世纪最初几十年,纽约人将出租车司机看作是卑劣的犯人,而不是勤劳的移民,这种说法有一定的道理。尽管市政府和车行试图在出租车行创建秩序,但崛起的都市街头文化吸引了很多犯罪分子从事该行业。法规宽松、安检不当,及这项工作较低的威信,往往使得不法之徒很容易侵入。市政府聘请出租车监察员去检查计程器和轮胎,并警告公众有些出租车司机将计程器翻转两次以使价钱加倍,或者在招呼乘客时就开启了计程器。早在1912年,《纽约时报》就报道说,多达200名有犯罪前科的人拥有出租车执照,使用出租车犯罪。同年,一位名为格诺·蒙塔尼(Geno Montani)出租车司机领导一帮窃贼实施了一个精心策划的薪金抢劫案。格诺·蒙塔尼有一份固定的工作,是接送一家公司到银行领取薪水的职员。他做内应,与一帮人合谋模仿袭击和抢劫,这起案子吸引了读者数月之久。不过更为普遍的是,出租车司机充当乘客和妓女的中间人。十四人委员会(The Committee of Fourteen)是纽约市自发组织的治安联防队,他们定期派一些人到出租车停靠点打探消息,在那里他们了解到,出租车司机是提供妓女信息的可靠来源。[24]

在第一次世界大战即将结束的时候,十四人委员会对出租车司机犯罪变得有兴趣起来。他们主要由共和党的中坚分子,包括商人、教授、及社区和宗教工作者组成,主要目的是打击卖淫。在一份揭露纽约卖淫情况的报告中,记述了一个监察员和停靠点的出租车司机搭讪的情况。1918年10月24日,十四人委员会的这位监察员在寻找五十九街和六十九街之间的百老汇路段有关妓女信息时发现,"除了在希利饭店前面兜风的一个出租车司机伯克(Burke)外",街头闲逛的那些人没有愿意帮助他的。在闲聊了一些诸如溜冰场如何如何之类的话之后,他就将话题转向了"在娱乐场所他所见到的一些女孩子,并使伯克相信他是一个靠得住的人,是个平头百姓。"于是,出租车司机陪同这个监察员到基胡利斯酒馆小饮,他们津津乐道地谈论很多妓女的事情。但出租车司机告诉他,现在很少有妓女到街上来,因为"在这一地区有一个私立监察委员会,他们不得不小心"。不过,伯克压低嗓音说,只要一提到是他介绍的,附近有很多妓女都会接受,"只要你不像一个条子,并且让他们知道是谁带你去的。"此外,他们还谈论了酒店是否接受不带行李开房的客人。伯克给了监察员几个皮条客做代号的假名。再后来,他们和身边的另一司机开始大谈特谈赌马和赌博会所的事。

虽然从这件事表面看不出什么,但它证明了出租车司机犯罪的可能性。伯克看起来好像在与监察员东拉西扯,但那仅仅是复杂事情的表象。监察员在下一次就有了较好的运气。同一个月的一个周五晚上,在时代广场,他和一些出租车司机再次聊起女人,出租车司机们也再次警觉地提醒他要防备周围可能有监察员巡访,不过慢慢地他从出租车司机那里了解到更多关于妓女的情况。他们告诉他,妓女一般都对监察员格外敏感。她们在街头拉客时,一旦瞅准了顾客后,就设法乘出租车穿过中央公园跑掉;如果找不到顾客,她们就打道回府。大部分妓女都很穷,抓住一个嫖客就狠狠地宰。第二年夏天,监察员了解到了更多有关出租车司机、皮条客和妓女之间关系的信息。为了抓到一个街头妓女,监察员先找到了一个司机,这个司机把他带到一个软饮料店(这个软饮料店在几小时之后居然把酒摆了出来),司机终于告诉他说:"就在四十八街有一个女人名叫罗斯·帕尔默(Rose Palmer)经营的绿屋。帕尔默是这个妓院的鸨母,她的男人是警察局的中尉警官,不过他不是她的丈夫,而是她的皮条客。"

得到这个警察腐败的消息后,监察员又遇到"一位衣着得体的男子在马丁尼克酒店附近闲逛",他名叫弗瑞德·温(Fred Wing),是个皮条客,自己拥有一辆出租车。但他在附近的一家地下室啤酒店做门卫,他开出租车只是为好玩或带他的女人出去兜风,平时就出租给别的司机。闲逛一会儿后,温和他的一个妓女以及另一名嫖客一起驱车去了酒店。在另一个晚上,监察员又发现温在马丁尼克酒店前面闲逛,然后进去用了一下酒店的电话,几分钟后,一个妓女就出现了,很快他们乘一辆出租车疾驶而去。监察员设法和温混熟了,温开始大谈特谈"野猫屋"(cat houses)的事。温告诉他大部分妓院已经关门了,不过附近还有一些,他们也谈到在这些地方酒的价钱如何如何。当问到他是否是顾客和酒吧之间的中间人,温闪烁其词。然而,他推荐了住在上城一个单元的"可爱的简"。从温和另一名叫麦卡锡的司机那里,监察员还知道了一个晚上酒和性服务的花费大概是40至60美元的嫖妓场所。两名司机告诉他,在马丁尼克酒店附近,任何时候都能找到这些妓女。不过,后来温和麦卡锡对监察员开始有了怀疑,不再更多地谈论嫖妓的事。但是,其他的出租车司机依然向监察员提供信息,如没有行李可以入住的酒店和如何购买廉价的、二手箱子以冒充行李进入酒店。当他认识了更多的出租车司机后,还有人免费开车带他到上西部和哈莱姆区去介绍女人给他。一个出租车司机主动提出,假如监察员喜欢男性情人,他也认识一些同性恋者。[25]

监察员和时代广场的出租车司机们混得太熟了。这些出租车司机发现监察员似乎好奇心过重,却不愿意达成一项交易,还时刻警惕着不同形式的犯罪。监察员还不怕麻烦,在纽约市西区八十六街一家出租车库找了份给车身打蜡抛光的工作。借此他混入出租车司机里面,探知有关赌博的情况。一个司机把他带到八十六街和百老汇大街交汇处的一个酒吧。在酒吧的里间,有9个女子,一些带有陪伴,一些没有。还有一些士兵在饮威士忌。最后,他和一些军人和女人来到一个被称作曼哈顿庭院的公寓,这个地名是在离开聚会前其他出租车司机告诉他的。一天晚上,监察员说要寻求一些刺激,他被告知如果没有可利用的房间,那就索性"乘一辆出租车,因为总有一出租车等在门口,是专干那事用的。"监察员的报告揭示了在夜间黑社会性质的非法性交易、酗酒、以及相关的犯罪中,出租车司机都扮演着关键角色。大部分出租车司机的工作都是单调的,他们将商人运到工作的地方,将家庭主妇运到购物店,一旦夜幕来临,他们就导引和运送那些有特殊需要的纽约人到被封禁的世界消遣。[26]

尽管十四人委员会的这位监察员断定出租车司机有天然犯罪的倾向,但警察和出租车司机也学会如何合作。著名的警探科尼利厄斯·维勒穆斯(Cornelius W. Willemse)曾回忆,他如何从出租车司机那里借了一辆车,以避免一个警督传讯他假公济私的经历。维勒穆斯从一个"老爷出租车司机"那里搞到一辆车,并告诉他,等30分钟后报告车辆被窃。维勒穆斯驱车到警察局,在其他警察的一片嘘声中颇为难堪,他们叫着"出租车、出租车"。但维勒穆斯报告说他发现了一辆空的出租车。这一招很管用,并使维勒穆斯暂时避免了麻烦。[27]

维勒穆斯对困境的解决办法证明纽约人已经承认出租车是城市景观的一部分。出租车司机很快成为城市新文化的同义词。尽管同时代的新闻记者并不认为纽约人是"爱打出租的人"或出租车的常客,但一些歌曲作者还是颂扬人们对打出租的开放心态。埃德加·塞尔登(Edgar Selden)和梅尔维尔·吉迪恩(Melville Gideon)在1908年就写了一首歌"乘出租遨游"曾轰动一时,歌词是:

> 有一种新奇的出租车
> 保持着行车记录
> 导引我们前行
> 小心翼翼者,对此不难驾驭
> 聪明的人啊都晓得,记录器将记下你的票价
> 而你在欣赏身边的姑娘
> 美哉悠哉、自在逍遥
> 来吧,带我乘出租遨游

出租车司机也对纽约街头黑话做出了新贡献。社交聚会的增多产生了"的士醉鬼"(taxi drunk)这样的词,它是指那些喜欢坐在前排看计时器跳动的醉醺醺的乘客。这些酒鬼往往不能支付费用,成为一个大问题,使出租车司机很头疼。[28]

出租车的剧增也使纽约的街道越来越不安全,出租车比手推车和货车更加危险。此类车的剧增导致恶性交通事故发生率攀升,其速度远远超过伦敦和巴黎。大部分受害者都是贫穷的儿童,他们没有安全的娱乐场所,只好到街道上去玩,而这不啻是与出租车司机玩潜在的自杀游戏。[29]

电影新技术也加快了公众对出租车司机的接受,在无声电影业的早期,电影制作人经常在他们的作品中描写工薪阶层。他们这样做,不是出于政治和阶级意识,而是逐渐上升的戏剧影响力,因为电影制作人经常把他们的产品定位在少数民族群体和工薪阶层观众。这些电影集中展现了都市生活的乐趣和危险。关注的焦点往往是场景而不是演员,纽约真实的生活场景尤其引起人们的兴趣。大部分电影所涉及的

都是陈词滥调的传奇、情节剧、喜剧、冒险,而很少试图解决社会问题或提升观众的审美情趣。不过也有一小部分电影的重心是劳工和资本冲突,并寻求政治解决办法。[30]

　　正如无声电影记录了所有劳工阶层的生活一样,出租车司机也频繁地出现在电影作品中。在幻想小说中,关于工薪阶层渴望模仿富人的主题一再出现,如1916年《伪君子》(The Pretenders)里面的出租车司机。有相当多的电影里出租车司机都卷入故意伤害罪。在1915年的《封闭的网》(The Closing Net)里面,一个出租车司机射杀了一个放荡不羁的社会无赖;在1915年的《独裁者》(The Dictator)里面,出租车司机约翰·巴里摩尔(John Barrymore)因为码头出租车价格与另一部出租车司机打架,结果两人都坠入河中,巴里摩尔被淹死;在1919年的《冒险店》(The Adventure Shop)里,描写了另一名女性社会名流,为寻求刺激,乘出租车穿越整个纽约城寻找赌博窝点和其他黑社会的场所;在1918年《女巫的魔杖》(Spurs of Sybil)中,一名出租车司机在发现一个不诚实的社会名流犯了一系列罪行后杀死了她;在1920年的《半小时》(Half an Hour)里,一名出租车司机因求婚被拒碾死了他的情人;在1918年的《杰出的王子》(The Illustrious Prince)里面一个出租车司机驾车乱砍一个知名人物。在同一部电影里,在一个疯狂的饮酒和狂欢作乐的夜晚,一个妇女将她的同伴推出飞驰的出租车将之杀死;在1918年的《空出租车》(The Empty Cab)里,一个初出茅庐但颇有英雄气质的新闻记者报道说,一个妇女在出租车里被绑架;但后来他得知她安然无恙,整个事情是为测试他的写作才能设计出来的一个骗局。一个西方富有的旅行家在出租车里调戏一个妇女,她试图反抗,跳出出租车,严重受伤。当然,这不过是幻想片里的情节。后来他们谈恋爱,还结了婚。在1919年的《我的小妹妹》(My Little Sister)中一个醉酒的出租车司机自杀。一个更加卑劣并引起大众关注的是发生在1917年的电影《阴谋》(The Frame Up)里的事件,一个犯罪集团接管了纽约市一家出租车行,将它变成了绑架年轻女孩从妓的场所,以充实白人性奴的市场。

人们当然可以抨击此类电影编造了很多荒诞不经的情节,但它也清楚地表明,美国观众和电影制片人将出租车司机看成是新都市里龌龊、不可信、有暴力倾向的人。在许多部电影中,男女主人公多多少少都会遇到些不愉快的事,但一旦有出租车司机参与时,就罪不可赦了。作为黑社会犯罪的边缘人物或犯罪频发的车辆的司机,在早期无声电影中,出租车司机往往是声名狼藉的。[31]

只有在浪漫故事或有女人在场的电影,才可能有好的结局。两个陌生人之间突然和始料不及的爱,需要突破阶层之间的樊篱,就像在1920年《处女历险》(*A Damsel in Distress*)中描述的那样。在1917年的《巴布斯家的窃贼》(*Babs' Burglar*)里,一个年轻的女子,从她的父亲那里得到1000美元的零用钱,她马上就用这笔钱买了一辆新车,然后开着它穿过一条栅栏,撞上了一辆送奶车。在她支付了赔偿金后,这个故事的女主人公巴布斯(Babs)只剩下了16美分。无奈之下,她找了一份开出租车的工作以补偿她的损失。当她无意中发现她的出租车后座的乘客居然拿着她家的建筑图纸,便认定这个乘客是一个窃贼。她迅速把车开到父母家,居然看到这个乘客从二楼的窗户钻进她家,她用左轮手枪朝天空开了一枪,以警醒家人。结果,这个"窃贼"竟是她妹妹的追求者,他们打算私奔。全家人虚惊一场,不过倒也乐见其成,巴布斯也得以放弃出租车工作,与家人同享天伦之乐。在1919年的《由我付费》(*Charge It to Me*)里,一个年轻的女子,由于信用卡透支,无法给她丈夫买生日礼物,后来索性找了一份开出租车的工作,穿着司机的统一制服,很快吸引了很多男性顾客。在得知女司机家的困境时,车票变成了送给她丈夫的礼物。她丈夫很不高兴,特别是当他得知送"礼物"的人中还有一个窃贼。于是,警察来了,逮捕了每个人,直到妻子/出租车司机解释完情况后,才释放了他们,除了那个窃贼。妻子后来放弃了自己的出租车工作,并抵充了她自己的赊账单。尽管这两部电影似乎荒诞不经,但它们确实反映了当时人们的一些思想。妇女开出租车仅限于帮助她的配偶或临时解决财政问题,然后她们就要回到女人的世界,而开出租车是男人的事情。在那时,事实上纽约也没有女出租车司机。[32]

电影的离奇情节并不能掩饰汽车的使用和出租车司机的诞生之间所产生的矛盾冲突。在1907年到第一次世界大战结束的短时期内,出租车司机诞生。汽车使得人们将马拉出租车从记忆中淡忘,但从马拉出租车车夫到汽车出租车司机,两者在文化和个性方面具有很强的连续性。出租车司机是跨越一个世纪传统的产物,这个行业以新奇的速度,激烈的竞争意识和推动休闲社会的产生,在未来几十年将继续造就、同时也困扰着出租车司机以及他们所在的城市。新中产阶级乘客们似乎决意将出租车司机看作是仆人和有犯罪倾向的人的结合体;车行老板们是出租车司机试图联合起来的强大对手;市政府只关注如何有效管制出租车,而较少考虑出租车司机的需求。但是,出租车司机们通过罢工、试图建立工会组织以及个人的努力,展现了他们主导自身命运的强烈意愿。下一个10年将考验他们的这份决心。

第二章　爵士乐时代的出租车司机：1920—1930年

1919年10月28日,禁止出售和使用酒精的沃尔斯特法案(Volstead Act)通过,启动了美国的禁酒(Prohibition)时代。该法案试图在美国社会完全禁止使用酒精。但饮酒文化在纽约市根深蒂固,涉及社会的各个阶层,甚至超越了种族和工作文化,因此禁酒运动不容易取得成功。市政当局试图阻止酒精饮料的销售和使用,但是纽约市的社会和经济现实却使这种努力无疾而终。纽约市比全国任何地方都更加推崇爵士乐时代,夜总会生活、放纵的性行为和社会解放运动,几近疯狂而糜烂,出租车司机乐此不疲,这都使得1920年代的纽约声名狼藉。在这10年中,正如音乐、舞蹈、饮酒等夜总会世界大行其道一样,美国人也在无节制地使用汽车、以及无所规制的商务特征使得出租车行业成为纽约街头混乱的一个关键因素。

市政府和警务部门曾尝试着实施禁酒令并且规范出租车的运行。一战后的十年时间里,出租车行业渐趋成熟,成为城市交通设施完善的组成部分,市政府和车行开始致力于规范管理。一篇发表在面向车行业主的杂志——《出租车新闻报》(Cab News)上的社论,描绘了纽约市出租车服务的改善以及未来的发展目标。在作者看来,纽约市的情形比以前好了很多。这是由于车行权力在增长,无组织的临时性出租车司机减少,司机的粗鲁行为和低下的是非观逐步消失,纽约市开始致力于成立负责任的、值得信赖的出租车公司。这些公司有清洁的车、能干且有责任心的司机、合理的收费标准和及时良好的服务。不过,对于自有车司机的描述则带有贬抑性的偏见,这是源于车行老板们试图独霸出租车行业。发布该社论的同期《出租车新闻报》的广告,整版展现了专为司机设计的制服、手套和帽子,背景是最新型的切克牌(Checker)和黄色出租车,这些物品主要是让纽约市中产阶级觉得这些司机是可靠的、有礼貌的,车行把他们自己看成是能提供完美车辆运载服务的最有效的工厂。[1]

出租车司机对生活的看法与此大相径庭,他们也努力表达着自己的看法。1920年代一种新的文学体裁——出租车司机自传出现,其中罗伯特·哈泽德(Robert Hazard)的《在纽约开出租》和戴夫·贝茨(Dave Betts)的《对此我很幸运》是最早的代表作。尽管出租车司机回忆录是由大批的报纸文章组成,但哈泽德的书是第一部合集,贝茨则主要为《纽约电讯报》(New York Telegram)上的定期专栏投稿。哈泽德的著作把纽约市出租车司机大致分成几类。他认为他的出租车同行们大都算不上是真正的中产阶级,他们中的很多人是"枪手或打手,在选举时为某个州议会议员选区的政党领导人服务,求得他们相应的庇护以为回报。开出租车不过是他们的便利的兼职。"这样一些恶棍有封闭的小圈圈,这是十年前由私人停靠点非法遗留下来的。与此相反,另有一种出租车司机,"他们从汽车产生以来就在纽约开出租,如果碰巧你在凌晨三点钟左右在一家咖啡馆遇到他的话,他也能讲很好的故事。"[2]

哈泽德和贝茨的自传里包含了很多有趣的故事,这些故事反映了出租车司机的工人阶级态度。尽管这两部自传难以说清数万出租车司机的思想状况,但他们的评论非常值得思考,他们俩都认为这个职业存在很多问题。哈泽德抱怨这个职业工作时间长,对他的身体伤害很大,在从事这个职业若干年后,他曾搀扶一个生病的妇女上四楼,但是刚刚爬到二楼,他就已经气喘吁吁了。此外,哈泽德清楚地意识到这个工作对于他的婚姻生活带来的伤害,他曾经告诉他的一名乘客他周日不开工,因为如果周日也工作的话,他和妻子就永远没有机会见面。其中,孤独几乎不是唯一的职业病,哈泽德曾遇到过不付钱的客人,还遇到过试图伤害他的客人或醉鬼,有时则会遇到既是醉鬼又是难缠的乘客。醉鬼是不会担心发生意外事故的,一个喝醉酒的客人可能把身子伸到挡风玻璃外,但却完全注意不到危险。哈泽德对警察的态度非常矛盾,他认为警察可能解决了问题,也可能制造出新的问题。执照局从来不做任何事,但却给政客们提供了工作的机会,也对社会的安定留下了隐患。[3]

出租车司机的传记也揭示了纽约劳工阶层种族之间激烈的敌对情绪。哈泽德曾嘲笑一个犹太裔调度的口音,说他是迂腐的。相比较而言,贝茨对犹太人较为同情,他认为可以从犹太人身上学到很多为人处世的哲理。在种族方面,贝茨比哈泽德思想要自由得多,贝茨认为:"每个种族都有优点和缺点,如果人们过分渲染坏人,就会让他们把人性中最卑劣、最肮脏的一部分展现出来,导致严重种族偏见。"哈泽德曾报道说唐人街名声不好,不过他认为中国人是很好的顾客,并很乐意在唐人街工作。他还写道苏格兰人比较吝啬,一上车就开始抱怨表走得快,尽管这样,哈泽德感觉他们的抱怨其实有几分滑稽,并非俗不可耐。[4]

哈泽德和贝茨都认为女人具有两面性。贝茨尤其不喜欢"傍大款而致富的女人,这些女人以为能像贵妇人那般行事。"虽然贝茨承认他缺乏与女人交往的经验,渴望结婚。但哈泽德已婚,他曾经与那些专横的女人发生过口角,他对一位指控他收费太高的女士反唇相讥。当这位贵妇人告诉他没有小费时,他回击说:"我早就知道了,你能下车我就很满足了。"[5]

这两位出租车司机对女人的敌视主要是因为他们在工作中很少接触女性。在 1920 年代,很少有女出租车司机。起初,大概有十几个女出租车司机,但到 1928 年时这个数字就急速下降为 2 个了。在这 2 个女出租车司机中,其中一个是来自布朗克斯、名为伊迪丝·贝克夫人(Mrs. Edith Baker)的寡妇,她经常开车送儿子上学。她之所以选择出租车行业是因为她觉得"开出租车的收益还可以,工作尚未超出我的能力范围,并且我和周围的男同事们相处也很好。"她经常在傍晚时分把车停在安索尼亚酒店外面候客,她发现其他男出租车司机都很尊重她。[6]

哈泽德宁可自己开个体出租车也不愿为富人工作。他杜撰了一个出租车司机麦克的奇闻,告诉人们要"闯入"富人生活,"小心一点就可以了"。在这个故事里,麦克的雇主是一家公司的律师,他和他夫人经常虐待门卫和侍者,就是因为这样,仆人们自然不愿认真为他们服务。[7]从贝茨的描述中也可看出,他乐意与富人打交道,有一次的经历特别难忘。贝茨和银行家 J. P. 摩根相遇,贝茨表现出强烈的人人平等思想,摩根乘坐他的出租车有四五次了,因此,贝茨将摩根看作他的一个朋友。在一次旅途结束时,摩根付完费用下车,抬头看了看天空,说好像要下雨了,是不是? 贝茨脑海里先是本能地意识到这位银行家的权力和他的重要性,随后暗自思忖,"当大人物问一个小人物意见时",万全之策是认同他的看法。但贝茨没有那么做,他认为那样做不是明智之举。贝茨回答说,"你错了,不会下雨的。"摩根吃惊地看了一下贝茨,并问他为什么这么想,贝茨煞有介事地说是麦迪逊广场上的花草告诉他的。摩根和颜悦色地说,"是啊,当我们都是孩子的时候,我们曾在牧师走路绊脚的地方铺过砖,但我们都没有去践踏花朵,因为我们爱他们。""对啊,这些花挺胸抬头,好像在说,我们不需要更多的雨水,我们感觉很好了。"贝茨回答说。摩根笑着表示同意,和贝茨握手告别。在此后摩根乘车时,贝茨照例和他开类似的玩笑,"即使长期未见,他也不曾忘记我。"贝茨意识到他们之间身份、收入的巨大差距,但他不认为就此而惧怕摩根。在这一时期,阶级差别并不会侵犯双方的记忆。摩根虽然是世界上最有权势的人之一,依然有阶级怀旧情结,而贝茨也只是暂时将他们看作平等罢了。[8]

贝茨和哈泽德的回忆录得到读者的青睐,因为记者发现,在 1920 年代出租车司机是城市的专业导游。莫里斯·马基(Morris Markey),在 1925 年《纽约人》(New Yorker)杂志创刊前,曾为多家报纸撰文;在

《纽约人》杂志创刊后,他就全职为该杂志撰稿。后来,他编纂了一本关于游览夜市和工薪阶层酒吧的小册子。他还和他的同事、另外一名出租车司机利里先生(Mr. Leary)一起调查凌晨三点西大街夜生活的情况。在十四人委员会指导下,他们来到西大街,发现"数百人从各个方向快速移动,他们互相叫嚷着,还伴随着马踩在鹅卵石上的踏踏声,车轮驶过的辘辘声以及卡车发动机的隆隆声。"成堆的木材被点燃,以驱除严寒,人们从城外来的菜农那里买卖着农产品。马基和利里驱车去萨斯奎汉那酒吧,在那里男服务员招待他们饮酒,并耸耸肩告诉他们说:"我们很少在意禁酒令"。从酒吧出来后,他们继续向前来到赌博的地方,在那里,人们疯狂地叫嚷着"大礼帽"或者商人,争取博头彩,没有人能安静下来。在他们返回住宅区的时候遇上了堵车。在等待的过程中,人们没有怨恨也没有兴奋,只是普遍接受,因为没有足够的空间,卡车司机有权卸货堵塞街道。卡车司机、出租车司机和马基对于车辆的缓慢行动并不在意,他们谈论着赛马和纽约巨人队(New York Giants)球赛,直到交通舒缓。然后,马基和利里驱车向北在一家辣味小吃店吃早餐。[9]

  像哈泽德、贝茨和马基在作品中将出租车司机描写为了解都市生活方式和世态的哲学家,但这样的描述并不能掩盖他们在现实工作中遇到的困难。市政府和车行当然愿意征用温顺、听话的出租车司机,这显然与自有车司机高收入的企求、车行司机试图组建工会、提高工资及改善工作条件等要求之间存在着冲突,车行司机对此的答复是建立集体组织。早在第一次世界大战开始前十年,出租车司机就试图创建工会以确保他们的收入。在 1910 年代末出租车司机的罢工仅局限于反对某些特定的车行。1919 年 2 月 27 日,黑白出租车公司(Black and White Taxicab Company)的工人举行罢工,反对公司解雇两名员工,当公司老板坚持认为他们有解雇员工的权利时,罢工者通过纽约州劳工部寻求仲裁,最终,双方达成协议,公司不再雇佣这两名员工,但提高其他员工工资、提供更好的健康福利和更高的抚恤金。在 4 月底,工人又

第二章 爵士乐时代的出租车司机：1920—1930 年

组织了一次罢工，坚持要求公司重新雇用被解雇的员工，但这次公司坚决反对。

1919 年，由自有车司机等独立出租车司机组成大纽约出租车联盟（Greater New York Taxi League），次年他们举行罢工，反对宾夕法尼亚铁路公司（Pennsylvania Raildroad Company）优先使用黑白出租车公司的车行。大纽约出租车联盟除了保护小的自有车司机的利益外，还有更大的抱负，即建立包括车行和独立出租车司机在内的组织，清除出租车行业的恶霸，确保安全驾驶。该联盟还建议设立出租车执照委员会，仅给那些"品质优良、身体良好"的人颁发执照，同时，还提出制定合理的收费标准。自有车司机试图联合车行司机的做法引起市政府的关注，市政府提出将颁发出租车执照的权力置于警察局管制之下。但市长约翰·哈兰（John Hylan）不同意，他认为这会加重警察局的负担。[10]

随着卡车司机工会逐渐失去权力，公司工会渐渐取代了他们。1921 年，以车行的名字命名的黑白司机工会（Black and White Chauffeurs Union）成立，并取得很大成功。在同一年，通过谈判，他们就获得了工资一天增至 4.50 美元，另加一周收入超过 8 美元所有收入的 20% 的佣金。这些要求表明出租车司机正在寻求一种便于管理的规范的工资，避免过于依赖小费。正如前面所述，美国人对小费非常反感，并认为小费是不可靠的。不幸的是，黑白公司工会的成功也提高了车行司机建立最低收入的期望。那些挣得较少的司机将会失去他们的工作，其结果就是突然大幅增加的鲁莽驾驶。车行拥有较少的责任，并且他们每周预期从司机那里得到保证金额。莫格尔－切克出租车公司 1923 年创建了公司工会，该工会督促司机赚取 50% 的佣金，大概价值 9 美元。该工会是公司督促工人建立的，工会工作人员缺乏独立性，工人对公司工会这一术语很不满，也不乐意加入工会。尽管如此，公司工会的创建，增加了司机营业额，但使得街道变得更加不安全。[11]

另外一个更大的议题是独立司机和保险公司要求限制城市出租车

的数量。停车场的垄断控制被宣布为非法,司机为寻找顾客就不停地在市内巡游。空出租车为寻找潜在的顾客在街头上横冲直撞,导致道路堵塞。一篇文章就声称众多的出租车缺乏管理造成街道上出现"黄祸"危机。[12]

1920年代早期城市道路非常混乱。有超过1.7万名司机为争夺乘客激烈地竞争,他们使用不同颜色的标记显示他们优惠的价格。残酷的竞争,使得票价比规定的最低限价还低20%左右。出租车司机在酒店、餐厅及其他人多的地方为争夺停靠点而大打出手。同时,激烈的竞争也使司机更加不顾后果地寻找乘客,导致交通事故上升,使得立法很有必要,即立法要求每辆出租车上交最低2500美元的责任保险。车行老板和独立司机也要求管制票价、稳定票价、避免毁灭性的竞争。各方都承认问题的根源在于出租车和司机过多,供过于求。[13]

1923年,纽约市政府和《纽约时报》编辑评论栏率先发起限制出租车数量的呼吁。对此呼吁的回应是拥有执照的出租车司机数量剧增,到次年达到1.9万人,而出租计价费率降得更低,价格战愈演愈烈。据《纽约时报》和《纽约美国人》(*New York American*)杂志的说法,许多出租车司机曾有犯罪前科。酒店协会对很多投诉也深有同感,他们认为出租车很脏,且司机不会说英语,对顾客要去的地方也不熟悉。[14]

出租车司机公共协会对出租车的敲诈勒索也公开揭露。纽约的一个文职官员威廉·麦卡杜(William McAdoo)1925年发表评论说,城市暴徒使用出租车协同作案,比如入室行窃、炸开保险柜行窃、拦路抢劫等。莫里斯·马基的报道中所揭示的一个骗局就涉及出租车司机搭载那些易受骗的乘客去酒吧,在喝了一两杯酒后,顾客就被武力威胁,强迫他们支付比他们消费高得多的账单。拉里·费伊(Larry Fay)是与强盗同谋出租车司机犯案的另一个典型例子。他和他的合作伙伴,被称为夜总会女王的得克萨斯·吉南(Texas Guinan)经营了一系列的俱乐部。费伊曾在时代广场西的赫尔餐厅工作,曾因为争吵被法院传讯(当时46个人都获得了传票),但没有被定罪。费伊以出租车司机开始他的成人生活。在禁酒令刚获得通过后的一个晚上,他将一个富有的、私酒贩卖商安全地送往加拿大,并了解到有关朗姆酒走私的情况。在一次100-1的赛马比赛中,他赢得了大奖,之后他买了一个出租车行,并以十字章装饰之(十字章在纳粹党使用前的数千年里是好运气的符号),并把该徽章印到他下注的马背上。费伊从赫尔餐厅雇佣了一些强悍的人来做他车队的司机,包括有犯罪前科的人、前职业拳击手、彪形大汉等。费伊和暴徒欧尼·马登(Owney Madden)相互勾结,运用强权控制了佩恩车站和中央总站的出租车停靠点。在赌博输掉所有钱后,他又回到出租车行业,成为独立司机之中的特权人物。

在他出租车生意渐趋清淡时,费伊再次回到夜总会,并和吉南一起开了一家很有名的埃尔·费伊俱乐部。该俱乐部的迅速成功主要是归功于吉南精制的著名的问候语:"你好!傻帽",很快埃尔·费伊成为"所有地下酒吧的老大"。城里最热闹的地方是俱乐部,它吸引了很多社会名流前往。乘坐出租车前来埃尔·费伊俱乐部的有王室成员、棒球明星、派克大街富有的女老板、银行家的夫人、编辑等,甚至还有市长吉米·沃克(Jimmy Walker)。他们在俱乐部的活动都被著名的新闻记者记载下来,比如记者沃尔特·温切尔(Walter Winchell)和海伍德·布龙(Heywood Broun)、马克·赫林格(Mark Hellinger)、艾德·沙利文(Ed Sullivan)等都有记载。俱乐部也推动了职业艺人鲁比·基勒(Ruby Keeler)和乔治·拉夫特(George Raft)的事业发展。后来,在某一天晚上警察奉命查封了该俱乐部,费伊试图再次开业,未能如愿。

后来费伊试图削减工人工资以解决困境,但没想到在俱乐部外面被他的一个出租车司机开枪打死。费伊的死亡似乎是对那些试图进入浪荡生活的出租车司机的一个现实警告。许多罪犯退回到本地或社区作案。在格林威治村,出租车司机参与居民社交俱乐部,这些社交俱乐部把政治与赌博、卖淫和地下酒吧的交易结合在一起。[15]

尽管大多数纽约人都认为出租车行业急需整治,但是政界却互相推诿。市议会试图将这一责任推给警察局,警察局提出异议,并争辩说对出租车行业的管理将加重警察局负担。市长哈兰支持警察局,否决了该法案。这一议题并未就此结束,市议会和公众一再要求警察局承担起责任。1925年,市长哈兰签署了《地方自治法》(Home Rule Bill),将纽约市出租车的管理移交给纽约市警察局(New York City Police Department)的下属机构——执照局(Bureau of Licenses)来管理。1925年4月9日,警察局宣布承担所有出租车管理,并成立专门负责管理出租车的部门:出租车局(Hack Bureau)。对此公众反应不一,商会支持这一措施,而主要的车行则强烈反对。当警察局决定在出租车局开始工作前冻结颁发出租车执照时,公众对这一议题的争论更趋激烈。车行和出租车司机产生疑虑:这事实上等于是要限制出租车的数量,警察局要下手管制。由警察局管制出租车引发了很多冲突,被送交各级法院审理,但大都市区政府和警察局获得了成功。[16]

在警察局控制了出租车行业之后,它开始和车行合作一起对出租车司机进行管理。6月中旬,警察局发布一道命令,要求所有的出租车司机穿上统一的制服,包括鸭舌帽,有衣领的白色亚麻衬衫,领带与外套。不久,警察局又宣布出租车司机必须"具有与该工作相符的气质"。新组建的出租车局对违反规定的出租车司机予以拘留,这一措施也受到了车行老板的赞赏。一份为出租车司机谋福利的报纸《出租车周刊》(Taxi Weekly)也发表大篇幅社论,声称有必要继续行动以使出租车行业在公众面前有一个好的名声。但出租车司机并不认同这一做法,他们在1926年发起了罢免掌管执照的副警务专员约翰·戴利(Jonh Daly)的运动,认为该人是在向他们挑战。出租车局刺激出租车司机的一个策略是,没收拖欠债务、失职的出租车司机的执照。虽然这一涉及基本生计问题反倒使出租车司机们同仇敌忾,空前团结,但他们并没能赶走戴利。[17]

在出租车局成立后,出租车司机对于警察的骚扰多有微词。他们抱怨说,警察认为大部分出租车司机都是"自以为是的人"。一个出租车司机的车被另一辆车撞上,他却被逮捕,为此他感到非常气愤。还有很多出租车司机的执照在没有证据的情况下被没收。1928年夏天,出租车局更是随意从出租车里拿走司机的身份证,而不管司机是否在车里。出租车司机拥有一个表达不满的良好平台——《出租车周刊》。它的编辑休·布朗(Hugh A. Brown),毕业于弗吉尼亚大学,参加过第一次世界大战,之后成为社交界名流、纽约精英人物之一,1925年创办《出租车周刊》。到1927年时,该刊发行量已达1.25万份,并略有盈余。尽管布朗出身豪门,他对出租车司机却很同情。他曾试图改革出租车行业,限制出租车司机的数量、提高运价。他还曾经为一个犹太裔出租车司机辩护,该司机由于拒绝在赎罪日工作被开除。更重要的是,迫使警察局的星室法庭(star chamber,以暴虐和专制而著称的英国法庭,1641年被废除。——译者注)对司机的秘密审判对外公开,有助于为出租车司机每年省去上百万的冤枉钱。因为据出租车司机自述,警察经常从他们那里巧立名目,攫取钱财。《出租车周刊》还帮助司机收取车费,避免被欺骗,对于他们的案件给予免费律师帮助。《出租车周刊》只有一次失足。有一年布朗商务外出,回来后从程序服务器里接到一张法院传票。原因是出租车司机奥托·刘易斯(Otto Lewis)在一个专栏里,将来自杰克逊高地的赫伯特·达林(Herbert T. Darling)描写成是"最差劲的乘车人"。刘易斯抱怨说达林从昆斯区到他的位于第6大道52大街交接处的办公室路途中一直在发牢骚。达林起诉,结果发现发牢骚的人不是达林,而是他办公室的一个人,《出租车周刊》被迫道歉。[18]

有迹象表明警察局经常采用虚张声势的拘捕来胁迫出租车司机。比如在1922年8月18日,警察就逮捕了出租车司机塞缪尔·雅各布森(Samuel D. Jacobson),就因为他把乐队指挥处领导内森·弗兰克(Nathan Franko)称为"吝啬鬼"。法官发现雅各布森确实犯有罪行,但暂缓服刑,责令弗兰克支付有争议的出租车费。这一做法没有什么效果但避免了更大的问题出现。警察局似乎要把所有的出租车司机都假定为罪犯。为了树立起正面形象,1920年代,车行、市政府以及与出租

37 车有关媒体设立各种奖项奖励文明、诚实的出租车司机。圣达米科（Santa Damico）因将威廉·摩根（William P. Morgan）夫人价值 5000 美元的珠宝返还而被提名为 1927 年最诚实的司机，当然该笔奖金并没有给予圣达米科，而是给了一个俄国裔出租车司机亚历山大·迪亚曼（Alexander Diaman）。报纸也大量报道出租车司机诚实的事件。出租车司机约翰·科迪（John Cody）上交了价值 7.5 万美元的珠宝，是由一个妇人因追赶火车而遗忘在他出租车上的。几年后，出租车司机威廉·库布勒（William L. Kuebler）上交了一个属于两个非洲裔美国乘客的、价值 2000 美元的盒子。许多这样的例子很好地反驳了出租车司机经常参与刑事犯罪的形象。像 J. B. 卡林顿（J. B. Carrington）是耶鲁大学的毕业生，后成为股票经纪人，他就很喜欢在夜晚开出租。肯尼斯·拉罗伊（Kenneth La Roy）是一个很有抱负的歌手，也喜欢开出租。一个纽约市立学院的教授在暑假期间开出租，然后到 1927 年的秋季开学返回学校教书。[19]

尽管有这些赞扬，出租车司机的名声依然不佳。一个主要的原因是他们极易与女性中产阶级乘客争吵。1926 年圣诞节期间，四个出租车司机由于袭击女性乘客被逮捕；其中之一被判 30 天监禁。另一个出租车司机开车去新新监狱，结果喝醉了酒，并在一次事故中杀死了一名女乘客。[20]出租车司机依然是犯罪的同义词。正如出租车"哲学家"戴夫·贝茨所写："我们所知道的出租车司机是这样的一个人，他在黑社会强大的落基山脉的丘陵之间左顾右盼。"贝茨认为"有些归类方式使我们无法用语言辩解，在这种情况下，我们不想成为管闲事的人，我们也不是警察。"很多出租车司机依然在干违法的勾当，如将计程器调快、袭击乘客等。其中，有一个出租车司机与一名没有乘坐他车的妇女激烈地争吵，因为他认为他是第一个到停靠点的，排在其他出租车前面。[21]甚至诚实的出租车司机也不得不去面对犯罪问题。老出租车司机后来回忆说 1920 年代初期诈骗犯会定期抢劫出租车司机，惯用的做法是让司机沿着一条暗路驱车前往其他"暴徒"等待抢劫的地方，将

"这个傻瓜(指出租司机)抢劫一空"。[22]

沃尔斯特法案以法律的形式禁止民众饮酒及相关的娱乐。这也使得十四人委员会加倍努力揭发违规行为。与以往任何时候相比,出租车司机在这一时期成为十四人委员会诱捕活动的主要焦点。除了疯狂驾驶和堵塞街道外,过于激烈的竞争和价格战也使得很多出租车司机非法运载。十四人委员会的监察员很快就找到了观察出租车司机行为的诀窍。和以前一样,标准的程序是扮演成游客从外地来纽约寻找女人和酒。监察员从不与他们跟踪的出租车司机达成任何交易,但一般都能从他们那里得到充足的信息,比如他们的工作习惯、酒店房间分配、酒的销售以及合作人等,然后把这些信息向警方举报,警方予以逮捕。

这些报告也显示了出租车司机如何通过妓女卖淫和酒商贩卖酒来获得额外的收入。伴随着夜总会、专业运动队、酒店和电影院数量的急剧增加,满足顾客欲望的非法地下酒吧、妓院发展迅速,出租车司机进出这些场所并获得额外收入。出租车司机带着伪装的监察员来到犯罪的场所,夜总会、酒店、地下酒吧、药店、雪茄店、报亭、旅馆和公寓大楼,甚至还包括他们的出租车。出租车司机和潜在的顾客讨价还价,然后定期将他们带去妓院。[23]非常典型的是,司机带监察员去可能找到"女朋友"的地方。

在这类交易中,没有种族之间的界限。有一次,一个出租车司机带着他的这位监察员乘客去哈莱姆的西一百四十三大街之前,转悠了好几个地方。一到地方,监察员就要求见"白人妇女",却被告知在途中的女孩大都是"接近白色的"。他记录下了这个犹太裔出租车司机和一个非洲裔妇女进行交易的大量资料,这些材料可以作为证据,足以使得警察局逮捕他们。一个出租车司机询问监察员他是否介意"混血儿",当监察员表示介意时,出租车司机辩解说这些妇女"肤色几乎是白的,只有一点儿黄"。演员吉米·杜瑞(Jimmy Durante)记起出租车司机午夜时分等在俱乐部的外面,送客人去看偷窥表演和"日本跳舞女郎的表演以及节目单上其他的项目。"[24]

出租车司机在一系列非法的娱乐中扮演着积极的角色。许多出租车司机认为"秘密的俱乐部是最佳的营商地点",他们和夜总会的女老板关系非常密切。司机甚至为俱乐部的"金发碧眼、浅黑肤色、红头发的女郎"做广告,并留下俱乐部的地址。司机很乐意成为地下酒吧和餐馆的向导,那里有酒出售,还经常有单身的女士光顾。出租车司机罗伯特·埃利奥特(Robert Elliott)在警察局登记的车牌号是28006,主要在四十九大街和第八大道之间的交叉处开出租。他曾建议他的乘客去一家地下酒吧,在那儿"他们每杯啤酒只要25美分"。当乘客问他在什么地方时,埃利奥特给了他一张名片,并告诉他去找弗雷德,并告诉弗雷德是鲍勃带他去的。另一乘客也告诉监察员去西八十八街一间公寓找"福克斯小姐,并告诉她是杰瑞带去的。"

监察员、妓女和出租车司机在1924年民主党全国代表大会期间特别活跃。出租车司机载着装扮成大会代表的监察员去哈莱姆的公寓、旅馆和有歌舞表演的酒店。男人们感兴趣的是性,如果公寓或酒店没有房间,司机就建议他们"乘出租车,穿过几条暗街就可以了"。尽管也有真心相爱的恋人在出租车里卿卿我我,正像记者斯蒂芬·格雷厄姆(Stephen Graham)所写:"计程器以美元、美分来计算接吻的价值。"一个司机甚至提供这样的服务:"把车停在路边,我把顶盖打开。"然而,司机把窗户开着,偷听他们在后座说话,并告诉他们不要把车座弄脏了。还有一个妓女建议监察员,"我们可以乘出租车,让它开得快一点"。一名出租车司机担保一个女人为监察员服务,包括出租车和这名妇女的费用总共是10美元。当监察员拒绝后,这个出租车司机又建议去租一套公寓,他和另三名司机一起分担。其中一名司机就载着一名妓女在监察员乘坐的出租车旁边。[25]出租车司机也对海员下手,在海员的发薪日,出租车司机"载着他们在城里转,直到打劫成功"。[26]

出租车司机和妓女的关系也成为城市文学创作的一部分。康拉德·艾肯(Conrad Aiken)写了一篇辛酸的短篇小说,内容就涉及妓女和出租车司机纠缠不清的生活。一位名叫欧布里恩(O'Brien)的出租车司机在一个下雨的晚上,把他的出租车停在一条小巷子里。当他从餐厅出来时,发现一个年轻的、满身是泥的妓女在他车后座。她有"好几颗金牙,帽子被雨水淋湿,脖子周围的毛皮也沾上了泥,白色的脸湿漉漉的,略有几分光彩。"他打开车门,想把她拉出来,她不出来,于是他们扭打起来,然后他们共吸一根烟,开始说话。他得知她17岁,因为怀孕了被妓院老板赶了出来。慢慢地,出租车司机和这个妓女彼此感到了一丝暖意,背靠背睡着了。女孩闭上眼,把头靠在出租车司机的肩膀上。她想象着,在雨水敲打下,出租车顶部形成了"像结婚蛋糕一样的雪",两个人就这样在这个冰冷世界里享受着短暂的温馨。[27]

伴随着出租车数量的增多,出租车舞会、一角钱舞会在纽约出现。所谓的出租车舞者就是"像出租车司机和他的出租车一样,是为公共雇佣、按时间和提供的服务支付费用的人。"出租车司机定期服务于出租车舞会,运送客人和年轻的女孩来这里,其中一些也从事卖淫活动。有时,出租车舞者坐在前排,与出租车司机建立一种关系,司机有时也是舞者的客人。[28]

一般来说,出租车舞会对品行端正的女孩是危险的。罗伯特·特里·香农(Robert Terry Shannon)的小说、好莱坞作品《出租车舞者》(the Taxi Dancer)就描述了一个南方美女琼·克劳福德(Joan Crawford)在纽约做演员的明星之路。一位出租车司机把她带到了一个年轻出租车舞者的酒店,在那里,她陷入与赌徒、下流的舞女、以及为好奇而去贫民区的百万富翁的复杂关系之中。只是在一次谋杀案后,克劳福德才和她的情人,一个改过自新的赌徒再次相遇结合。[29]

出租车舞厅之所以远近闻名,更在于它提供了妇女和顾客在种族上面交流融合的机会。[30]尽管市中心区是出租车舞会和出租车协会活动的主要场所,但聪明的司机把全城寻求刺激的顾客都带了过来。在爵士乐时代,哈莱姆是有任何性倾向的社交常客的主要去处。在布莱尔·奈尔斯(Blair Niles)的小说《奇怪的兄弟》(Strange Brother)里面,就描述了1920年代末哈莱姆附近的同性恋为寻欢作乐乘出租车从一个热闹地方到另一个地方。出租车好像总是停留在最新俱乐部的外面,等待着午夜乘客。

出租车司机与门卫、搬运工和俱乐部的经营者一样,靠为嫖客和妓女的穿针引线赚钱,或者说他们的收入至少与他们经常光顾的场所相联系。出租车司机在消费者、妓女和出租车舞会女郎之间起着一种种族混合的作用。白人出租车司机大都认为在黑人经营的妓院里种族间的商业性行为是可以接受的。这样的知识和实践主要来自于出租车司机对种族关系的开放性和参与种族混合。在1920年代,甚至作为美国人,特别是城市工人,即使犯了可怕的、令人憎恨的罪行,当有金钱为媒介时,通过中间人摆平,种族歧视似乎就变得无足轻重了。[31]

正如出租车在市内巡游成为一种习惯,各种汽车公司也推出不同类型的出租车,供消费者选择,并出现了一种趋势,即品牌出租车。出租车传记作家罗伯特·哈泽德回忆了褐色和白色出租车如何流行,后来如何被黄色出租车取代,再之后切克牌出租车成为主流车型。"经过两年的迅速发展,最终他们在纽约的销售量超过总销售的一半。"哈泽德报道说,当切克牌出租车占据市场后,黄色出租车公司一个夏天就从不付款的业主手中收回了大约2000多辆车。而且哈泽德还发现乘客一直不愿搭他的车,直到他也开一辆切克牌车,情况才有改观。乘客很快就做出了他们自己的选择。在F.斯科特·菲茨杰拉德(F. Scott Fitzgerald)的小说《了不起的盖茨比》(The Great Gatsby)一书中,汤姆·布坎南(Tom Buchanan)的女朋友,默特尔·威尔逊(Myrtle Wilson),四辆出租车从旁边开过,都不中意,最后她选中了"一辆外观淡紫色和内部灰色装潢的新车"。有很多的出租车可供选择,旅行作家斯蒂芬·格雷厄姆(Stephen Graham)写道:"在纽约没有一个人愿意步行很远,出租车很多而且又便宜。"[32]

从出租车里走出来,环顾四周,乘客对街道将有一个全新的视野。在布莱尔·奈尔斯的《奇怪的兄弟》里有一个人物,他"观察着沿街的绿色交通灯,这些灯光如何反射在黑色的人行道上,发出幽幽的绿光,以及行进中的汽车里这些光又是如何反射的。"斯蒂芬·格雷厄姆抱怨说"出租车割裂了城市风景线,人们只能通过颠簸程度来判断是否在第八大道,或者通过灯光来判断是否到了百老汇。"[33]

开出租车也激发了他们创造自己的歌曲,将百老汇的浪漫与孤独融为一体。歌曲作家很快发现了乘坐出租车的浪漫。1919年创作的《出租车》(Taxi)就包括以下歌词:

> 出租车(汽笛声)
> 无处不在
> 出租车(汽笛声)现在我有了一个乘客
> 他说他想要一个双人座位的,他穿戴非常整齐,好像
> 他要去约会
> 出租车(汽笛声)到任何地方
> 出租车(汽笛声)
> 他们不会在意
> 他是否正在想他的小斑鸠
> 他们只是为爱而乘出租,为爱、为爱、为爱[34]

不是所有的人在出租车里都感觉很幸福。菲茨杰拉德在《了不起的盖茨比》里就城市街道的孤独作了描写:"又到8点了,夜幕来临,出租车颤动着往剧院方向开去,我感到心里沉甸甸的。乘客在车里与他们在等待时一样,彼此靠着,说着话,讲着没有听过的故事,并发出阵阵笑声,点燃的香烟一明一暗地映衬出他们难懂的手势。"菲茨杰拉德很了解出租车司机与他所处的世界如何分离。[35]

在菲茨杰拉德一生中没有发表的一篇文章中,他简要地说明了即使是有抱负的司机,成功也是可望不可及的。在为《周六晚间邮报》(Saturday Evening Post)写的一篇文章"珍珠和毛皮"里,菲茨杰拉德记

述了一个十几岁女孩和一个诚实的出租车司机之间的关系。这个女孩名为格温(Gwen),她乘出租车经过一幢幢公寓楼。开出租的是一个贫穷但肯于吃苦奋斗的年轻人,正在努力赚取上大学的学费。在出租车的后座,格温发现一个银灰色披肩。她和这个司机都意识到了这个披肩是一个打出租去乘游艇到西印度群岛旅游的社会名流的。两人赶到游艇停泊处,格温看到了另外一个世界,"美酒、波光粼粼的游泳池、诱人沙滩上的轻音乐"。格温婉言谢绝了这位社会名流的免费去西印度群岛的酬谢,而是请求他给予出租车司机提供一年的大学学费。格温的高贵品质赢得赞誉,社会名流儿子邀请她在彩虹舞厅跳舞,这是初次参加社交活动的人梦寐以求的地方。但出租车司机未被邀请,只是给了他一大笔小费和赞扬,让他去爬荣誉的阶梯。[36]

虽然出租车司机的收入很低,但开车狂奔也给人一种浪漫的感觉。青少年为出租车的速度所吸引,乔治·张伯伦(George Agnew Chamberlain)1920年的喜剧片《出租车》就是年轻人与出租车司机交换身份所引发的故事。在这本畅销书里,故事的男主人公罗伯特·赫维·伦道夫(Robert Hervey Randolph)是一个年轻的富人,他当掉自己的衣服,从帕特里克·奥赖利(Patrick O'Reilly)那里买了一辆出租车,成为乡村出租车公司的第1898号司机,由于技术超群,很快被誉为王牌出租车司机。赫维计划隐藏自己,直到他可以挣足够的金钱,与他富有的上层社会女朋友相配,后者曾要求他至少有十万美元,才考虑嫁给他。赫维很快成为市内最好的出租车司机之一,在华尔街附近转得很熟。在那里他了解股票的最新信息,在一次扑克牌游戏中,他挤走了他耶鲁老校友后,把赌注押在所有的有内线帮衬的交易上。拥有巨额的财富后,他辞掉了出租车的工作,穿上时尚的衣服,很快博得他女友的好感。奥赖利重新穿上他出租车的衣服,载他们去市民政局领取结婚证。张伯伦喜剧性的故事反映了有抱负的年轻人和略显老旧的出租车司机之间紧密的关系,也暗示正在成长的年轻人在艰苦、危险的出租车世界里锻炼可能是件好事。另外,这部小说还有一个配角,是伦道夫非常同情的一个年轻的出租车舞女。[37]

哈罗德·劳埃德(Harold Lloyd)1928年创作喜剧《超速》(Speedy),好莱坞改编后,充分发掘出租车司机鲁莽驾驶的潜在喜剧因素。故事的主角哈罗德驾车速度惊人,之前他换过好几次工作,后来为一个小车行开车,这个小车行是由一个上了年纪的公共汽车司机和他美丽的女儿一起经营的。劳埃德经常带这个女孩看纽约街景,直到他发现他必须制止一个犯罪团伙企图垄断该行业的犯罪行为,挽救女孩父亲的工作。劳埃德驾车飞奔在纽约大街上,他惊人的速度吓坏了他的乘客(包括一个恐怖片中的人物贝比·鲁斯),甚至警察因而威胁要吊销他的执照。在纽约一系列非凡的行动之后,劳埃德终于以速度取胜,挽救了这个老人车行的经营权,也赢得了他极大的尊重,并得到了女孩的芳心。与这部电影类似,或者说更具有惊险性的是1928年马歇尔·尼兰德(Marshall Neiland)的电影《13号出租车》(Taxi 13)。在这部片子中,出租车司机安格斯·麦克塔维什(Angus MacTavish)(切斯特·康克林[Chester Conklin]主演),为了照顾他病弱的妻子和10个孩子,将他的出租车无意中租给了一个盗窃保险箱的犯罪团伙。麦克塔维什和他的女儿一起协助警察抓住了窃贼,他被奖励5000美元,买了一辆新出租车。像这类电影中,好莱坞将出租车司机描述为这样的形象,有些古怪但很善良,最终赢得女主人公的芳心或至少改善了工作条件。[38]

好莱坞戏剧性的展现和出租车司机俗气的舞会都反映了出租车行业的生活。出租车司机工作很努力,参加诸如职业拳击赛的社交活动,和漂亮的女人调情,谈论切克牌和福特最新的出租车款式。《出租车周刊》里穿插一些出租车司机的英勇事迹,为受伤的出租车司机募捐筹集资金,还有终年不断的对乱穿马路的投诉。另外,它还报道每年在大的车行里举行出租车司机会餐的情况。1928年,《出租车周刊》甚至警告州长艾尔·史密斯(Al Smith),出租车局对出租车司机的辱骂将会导致一周内75名投票者反对他。报纸还报道了当出租车局要求司机统一戴帽子时引起司机的愤怒。[39]

1920年代末,出租车司机为更好地追求商业利益,开始寻求建立出租车政党。《出租车周刊》援引一个司机的话说,出租车司机要么在地区领导人的控制之下,要么太过于独立以至于不关注政治。然而在1928年的秋天,出租车政党声称有1.2万名成员,预期在候选人遴选过程中发挥主要作用,并根据党派候选人对出租车司机的态度来决定是否与该党合作。《出租车周刊》吹嘘出租车司机的投票将对州议会、国会选举、甚至在为迎合地方选举的全国重大政治事件中发挥关键作用。出租车政党还创建了一个法律援助团体,帮助出租车司机应对出租车局的指控。[40]

在1920年代后期,个体自有车司机也开始联合,组成白马公司(White Horse Company),并宣称计划分期付款收购那些规模较小、价格较低的车,以使车数量达到5000辆车,并且以低于警察局允许的运费收费。警察局很快诉诸法院,要求白马公司取消他们较低的运价。在接下来的几年时间里,各级法院都否决了警察局的诉讼,支持司机们的计划。不过,这一计划最终还是由于入不敷出、不能维持较低的价格失败了。到1930年时,纽约市在全国率先确立了出租车最低运价。在1920年代,纽约的出租车数量依然大增,从13632辆升至16917辆,并且每辆车大概都配备3.5名司机。

1920年代末,保险费用也成为一个难题。1920年代取得较大的一个成果是出租车公司对雇员事故负有责任。随着意外事故的增多,保险额也急剧上升,加上后来的油价上涨,这些成为车行关注的主要议题,而车行试图将这些费用摊派给司机。[41]

出租车司机在爵士乐时代的纽约扮演着重要的角色。尽管市政府希望建立秩序,车行试图垄断,但在这喧嚣而无序的十年中,出租车司机实际上是纽约市无政府状态的缩影。所有这一切伴随着1929年华尔街股市的崩盘结束。经济的崩溃使得繁荣的1920年代不复存在,并使得开出租成为经济灾难的一个避难所。大量从1920年代经济繁荣中受益的中产阶级白领和运动员,失业后从事出租车工作。他们加入到数以千计的出租车司机人群中,为越来越少的乘客进行激烈的竞争,使得本来就很混乱的街道更加混乱。喧嚣的 1920 年代过去了,在出租车行业和出租车司机身上存在的一系列问题显而易见。汽车公司供应过量、廉价的汽车,市政府缺乏可行的执照制度。尽管大的车行试图控制该行业、驱逐势单力薄的司机,但该行业依然是对所有的人包括少数的女性司机开放的。开车是一项冒险,过多的年轻司机加入到头发斑白的老司机行列寻找渐趋减少的乘客。出租车行业需要来一场调整改组,在下一个 10 年中,出租车司机和纽约市政府共同致力于整治出租车行业的无政府状态。[42]

第三章 大萧条时期寻求秩序：1930—1940年

大萧条使纽约工人阶级遭受沉重打击。到1934年,全市大约有1/3的制造业熟练工人需要接受救济。在建筑业,尽管有新的工程诸如帝国大厦、乔治·华盛顿大桥、林肯隧道等,但它赖以为生的公寓大楼和办公楼的生意大部分失去了。非熟练工人遭受的打击最大。40％以上的非洲裔男性工人失业。大多数失业者没有别的求生之道,不得不接受救济,而接受救济则为大多数人所不齿,在此情况下,数以千计的纽约人运用他们对城市的知识,和仅有的市场生存技能开车——以此来获得出租车执照,进入出租车行业。到1931年,纽约有超过7.3万人拥有出租车执照,而当时全市出租车只有2.1万辆,竞争显然是激烈的。[1]

喧嚣繁荣的1920年代过去后纽约安静了很多。时代广场就是最明显的例子。在先前,时代广场附近的俱乐部和餐厅直到凌晨还在营业,出租车司机很娴熟地载乘客到午夜性服务场所或地下酒吧,而现在剧院的观众在喝完冰激凌苏打水或啤酒、吃完三明治之后便迅速消失在阴郁的、隆隆作响的地铁里。午夜时分,问事处的警察也关门回家了,时代大楼里黄色的新闻自动收报机也"停止了它对混乱世界的报道"。远处的小巷子里,几个仅剩的热闹地区还在苟延残喘地经营着,一些司机隐隐约约在暗处寻找乘客。但时代广场一片黑暗,仅有的声音是从空驶的出租车的收音机里传出来的,司机走到人行道上闲逛,和艳俗的妓女开着下流的玩笑。凌晨一点钟后,甚至打情骂俏也没有了,司机回到出租车内,迅速做U字形回转,不顾车轮胎激烈的抗议声,驾

第三章 大萧条时期寻求秩序:1930—1940年

着空车疾驰而去,午夜后人们都已进入了梦乡。[2]

很容易赚到钱的时代过去了,出租车司机、自有车司机、车行及市政府用不同的策略试图在这场经济大萧条中幸存下来。独立的出租车司机和车行司机面临着同样的生存困境:收入锐减、竞争异常激烈。车行老板试图通过削减佣金、减少开支来维持经营。市政府也越来越意识到减少出租车数量和进一步管制出租车行业很有必要。各种力量在1934年罢工期间激烈碰撞,并最终在1937年通过哈斯法案,为重组该行业创造了条件。

在市长詹姆斯·沃克(James Walker)的领导下,出租车行业改革启动。1930年1月,沃克宣布市内出租车运营收归单一运营商进行运营,这样就使得自有车司机运营变得非法。这种垄断性经营可以缓解交通拥堵,减少竞争,提高出租车司机的收入,并为城市赚取更多的税收。早在10年前,纽约市工业和建筑专员格罗弗·惠伦(Grover Whalen)提出类似计划,但没有成功。沃克1930年再次提出这样的计划,整个出租车行业最初的反映也很冷淡。与此同时,市议会计划建立出租车最低运费来缓解价格战,但市长否决了这一计划,取而代之的是成立了一个委员会,调查出租车行业状况,并给出合理建议。[3]

被指派为调查出租车司机佣金的委员会调查员警告说,是无照的"野猫"出租车导致纽约及美国其他城市道路堵塞。由于缺乏管制造成的一系列问题中,过度巡游是最为严重的,它导致道路拥挤,司机缺乏事故责任意识以及由此带来不可靠的服务。野猫出租车司机,将运费砍得更低,实际上已经使得乘坐出租车和公共汽车和地铁没有区别。[4]

1930年9月22日,该委员会发布报告,认为出租车行业"完全处于不健康的状态","许多本可以避免的交通事故"由于司机缺乏赔偿责任和保险意识而频频发生。出租车司机为养家糊口,不得不长时间工作,而街道上的危险局面就是由于出租车司机过度巡游而造成的。出租车行业的混乱也使得该行业不能为公众提供安全、经济、实效的交通服务。该委员会建议采取果断的治理措施。它写道:出租车一年运载 3.46 亿乘客,运费达 1.2 亿美元,另有 2400 万美元的小费收入,这些经营足以使得出租车行业成为一个成熟的公用事业。尽管如此,该委员会倾向于出租车行业在一个特许机构下管制,综合现已存在的各派利益,建立一个政府实体,协调车行与独立的自有车司机之间的关系,通过管制双方司机,加强合作。这个新机构就是出租车管制局。[5]

该委员会的报告对很多关键性的问题都作了深入考察。委员会派遣调查员去街道上调查有乘客与无乘客的出租车数量,结果发现在早上和傍晚车流高峰期,通过 72 大街和公园大道的出租车几乎有一半都是空的;在大酒店附近,状况更糟,环绕佩恩车站巡行的出租车 70% 都是空车。[6]

与早期的流行观点相反,该委员会发现出租车司机并非人们所认为的鲁莽驾驶之人。想方设法拉客并不一定会使街道交通更危险。委员会发现,每年出租车跑的里程占城市车辆总里程数的 1/3,但其交通肇事和交通死亡事故却只占全市的 1/4 和 15%,而 1929 年纽约市交通事故致死事件竟高达 1000 多起。[7]

毫无疑问,委员会成员认为无论是对车行司机还是独立的自有车司机,开出租都是一条艰难的谋生之路。出租车运营的各种费用包括汽油费、维修费、保险费等,几乎耗光了大小车行和自有车司机的纯收入,投资的平均回报率从大车行的每天 50 美分,到小车行的每天 1.25 美元及自有车司机的 0 元不等。[8]

该委员会的建议在未来五年中逐步发展成为对出租车管制的一个重要部分,出租车管制局也成为第一个保护出租车行业和出租车司机的市政管理机构,它计划颁发的许可证期限不超过三年,制定合理的收费标准及对司机的考核制度。同时,为了确保司机和车行遵守相关规定,出租车管制局还组织了一队出租车监察员进行监督。1932 年 1 月,出租车管制局规定没有执照的出租车不得营业。大出租车公司对这一规定表示认可,而独立司机则认为管制局的这些措施是要毁灭他们,并发誓要抵制,小车行也有同样的担心。一个垂死挣扎的小车行从一家厂商那里购买 50 辆车,当它无力支付时,出租车公司却认为它有能力再买 50 辆。在这一雄伟计划失败后,车行索性将 100 辆车退还给厂家,并将牌照挂到了在别处购得的便宜的二手车上。于是厂商将之告到了出租车管制局,后者对该车行进行了严厉处罚。

1932 年市长沃克下台,出租车管制局随之解散。在西伯里委员会(Seabury Commission)调查市政府里的敲诈勒索行为的过程中,沃克和 J. A. 西斯托(J. A. Sisto)及其公司之间的牵连渐渐浮出水面。西斯托是帕米利(Parmelee)出租车行的主要后台,他对市内这家最大的出租车行怀有浓厚的兴趣,试图以此来垄断整个出租车行业。如果出租车服务被划归到一个"特许经营的大公司"名下,必然使他获益甚多。为了说服市长批准出租车业在一个统一的签约商的名下实施特许经营,西斯托展开游说活动,他与沃克就有关石油股票进行了一次秘密谈话。当法官西伯里(Seabury)调查时,西斯托辩解道:他和市长的谈话仅仅是为了保护他的生意,"我和市长的谈话在报纸上已经刊载,主要内容是涉及一些诈骗者进入出租车行业,扰乱了我们的投资;他们想要压低价格至每英里 5 美分或 2 美分。我问他是否有一些补救措施打击这些人进入这一行业,保护出租车车主在这一行业的投资利益。"西斯托对出租车管制理念还很陌生,同时代的记者形容他们是"来自华尔街穿着入时的绅士、在他们的口袋里装着镀金边的债券,像其他政界人士一样,通晓如何使得世事顺达。"

在先前谈话的基础上,西斯托又向市长以实际行动表达了他的感激之情,他送给沃克价值 2.6 万美元的债券,后者将之放在保险箱里。帕米利车行并不是唯一一个为追求利益和市长拉关系的公司。另外一个大车行,终点站出租车公司(Terminal Cab Company)也拿出了类似的钱财贿赂沃克的一个同僚——州参议员约翰·黑斯廷斯(John Hastings)。在这次内部交易和行贿受贿丑闻曝光之后,沃克被迫辞职。随着他的离去,出租车管制局也寿终正寝。1932 年 12 月,代理市长约瑟夫·麦基(Joseph McKee)在大萧条时的一次缩减市政开支行动中将之废除。[9]

随着经济危机的加深,尽管每天的乘客急剧减少,出租车司机的数量还是飞速上升。到 1932 年 4 月,据市议会统计,有超过 7.5 万名出租车司机竞争 16732 辆出租车的工作,这也意味着更多的出租车司机去竞争较少的岗位,而且比往年竞争更激烈。在市经济发展的每一个部门,特别是在建筑业、交通运输业、娱乐服务业的高失业率促使更多的人进入出租车行业。

开出租车也不再像 1920 年代那样有利可图,工资直线下降也激发了车行老板和司机之间激烈的冲突。出租车司机一周很难赚取 12 美元,为了保住工作,他们常常不得不自己掏腰包。小车行为维持收入非法设立"租马"(Horse Hiring)服务,也就是车主雇佣司机开车,但要求他接受一天 5 美元的租金,并且要支付汽油等费用。而司机逃避每天受剥削的唯一希望是乘客出城远行,这样就可以在几个小时内赚取一周的工资,但这样的机会微乎其微。很多出租车司机为了糊口从事小型犯法活动。市政府对此很焦虑,下令对出租车司机进行调查。市警官在曼哈顿下城地区的各个街角调查了大约 330 名挣扎着糊口的老出租车司机的生存状况。在这些司机中,有超过 2/3 的司机为同一家公司或为自有车司机工作 12 年以上,警官通过采访了解到至少有 1/3 的出租车司机是家庭收入的主要来源,他们大都有 3 到 4 个孩子。几乎所有的受访者都不能赚取足够的钱养家。有超过 80 人从家里或亲戚那里得到资助,也有大约 100 人在借钱,但他们的妻子很少出来工作。[10] 出租车司机一周平均赚 12 到 15 美元,每天工作 12 小时以上,有 1/4 的人甚至工作 13 小时或更长时间,这些数字在过去的六个月基本是保持不变的。对于幸运的出租车司机来说,在长岛开一天车就能赚取 50 美元,不像 1920 年代的繁荣时期,这样的机会在大萧条时期几乎没有。[11]

1934 年 2 月《纽约时报》发表的一篇文章总结了过去 5 年出租车

行业和出租车司机的状况。在纽约,随着经济危机的深化,街头等待雇佣的出租车数量接近1929年"全盛时期"(High Times)的2.2万辆,但原来充足的客源现在却急速减少。在这些出租车中,有三大车行,帕米利,终点站出租车公司和基斯顿交通公司(Keystone Transportation Company),每一车行大概有4000辆车在运行。其中,帕米利是这些车行的典型代表,它专有切克尔出租车,在全国车行出租车中占有很大份额,通过控制原料、石油、维修,从而建立起一个纵向管理体系。该车行采用的"预防性养护"(Preventive Maintenance)方法在该行业赢得了很大声誉,其总裁莫里斯·马肯(Morris Markin)是该行业中最受尊敬的领导人之一。

有大约8000辆车是由独立司机经营,剩下的则是由拥有5到200辆出租车不等的车行经营。从1929年开始,有出租车牌照的司机数量就开始减少,到现在市内有牌照的出租车司机仅剩5.37万名,其中,大约有3万人在积极地从事这一行业。司机总收入大约是1.15亿美元,另加1500万美元的小费,而1929年出租车司机仅运费就达1.68亿。出租车司机的收入也急剧下降,平均日收入从1929年的21美元滑落到1933年的8.50美元。周收入和年收入也是急剧下滑。而相比开支,特别是独立司机,他们的开支几乎花掉了所有的收入,自有车司机一天工作16个小时才使得收支刚持平,车主司机的收益是否比车行雇佣司机的收益要好一些,成为了一个见仁见智的问题。车行司机的收入急剧下跌也使得很多人都放弃了这一工作,导致车行急需劳工。《纽约时报》声称一定规模的出租车在纽约运输中扮演着重要的角色,对公众利益起到关键作用。1930年是统计数字有效的最后一年,据统计,出租车承载了市内1/3的乘客,该行业的收入是地铁、高架铁路及公共汽车收入的总和。《纽约时报》总结说,出租车是一项公共事业,却是私有的,且无效率。[12]

出租车司机的数量和他们的困境使得他们在1933年市长选举的关键时刻成为各方争取的主要对象。选举在联合党(Fusion Party)候选人菲奥雷洛·拉瓜迪亚(Fiorello LaGuardia)、民主党坦慕尼派(Democratic Party's Tammany)候选人约翰·奥布里恩(John O'Brien)、以及反坦慕尼派的复兴党(anti-Tammany Recovery Party)候选人约瑟夫·麦基(Joseph McKee)之间展开。拉瓜迪亚和麦基以改革派自居,他们都认为自己可以得到"少数族裔"的选票。爱尔兰裔选民倾向于奥布里恩和麦基,试图在二者之中选其一;意大利裔选民倾向于拉瓜迪亚,而犹太裔选票则分化为支持拉瓜迪亚和支持麦基两派。选举的成败在于能否赢得犹太裔选民的支持。长期以来,学者们认为拉瓜迪亚能最终赢得犹太裔选民的选票,主要归功于1913年麦基写的一篇反犹太人文章被曝光。拉瓜迪亚的竞选侧重于通过邻里和街头集会的方式促使犹太裔选民出来投票。[13]

在许多街头集会中,拉瓜迪亚特别向犹太裔和意大利裔出租车司机示好,抨击坦慕尼厅支持对出租车司机载客征收一个镍币税(Nickel Tax)的法案。这一政策是缘于1933年9月14日,由于市财政出现危机,市议会立法对出租车每次载客征收一个镍币的税,10月1日实施生效,这一法案进一步恶化了出租车司机的状况。司机们提起诉讼,声称这一法案有利于穷人。在法案实施一个月后,州最高法院判决该法令违宪,并下令停止实施,市政府上诉,1934年1月13日,市政府的上诉被驳回。[14]

在选举期间,拉瓜迪亚提议如果征收的镍税退还给司机,就不再推动市政府上诉。这是一个迎合出租车业的政治提议,但车行拒绝了这一建议,并提出一个解决方案,该方案仅将征收镍税的40%退还给司机。出租车司机联合协会(Taxi Men's Committee for Fusion)发起集会,抗议该税收,督促出租车司机加入到11月2日在麦迪逊花园广场里组织的拉瓜迪亚集会,并许诺每一个参加者都有预设的座位。在集会现场,很多出租车司机唱着一首嘲弄奥布里恩的歌曲,声称他要"把城市送进当铺"。而在歌词中提到的拉瓜迪亚,"是我们需要的人,需要你去把坦慕尼派的贪婪消灭、踏平。"司机威廉姆·甘达尔(William Gandall)被指定为支持拉瓜迪亚的出租车委员会领袖。自有车司机对这些不认可,他们支持奥布里恩。《出租车》(Taxi)是一份为自有车司机利益服务的周报,它将奥布里恩看作是"解放者"予以大力支持,并督促出租车司机投他的票。不过,在选举中,联合党候选人拉瓜迪亚在少数族裔和工人阶级邻里获得了多数票,其中包括3000多名出租车司机。[15]

被称之为"小花朵"(The Little Flower)的拉瓜迪亚当选为市长后,尽量和出租车司机合作,以期避免一场罢工。另外,他当选的一个后果就是法院推翻了镍税,并将已征收的镍税退还给了司机,但没有说明这一意外之财该如何分配。围绕这一议题的分歧加剧,司机们对工会组织的企图和管理上的欺凌行为感到沮丧,愤而退出工会,另组纠察队。他们中很多人就司机们水深火热的困境向市长发出个人呼吁,要求他进行干预。随着危机的深化,市长拉瓜迪亚要求车行让步,但他们好像还在负隅抵抗。[16]

在竞选期间,拉瓜迪亚从受采访的700多名司机的代表中获悉,他们迫切希望取消镍税,并期望镍税的取消能够增加他们的收入。他的助手们也提供了关于出租车司机日交易量和小费重要性的详细报告。他的一名助手、莱斯特·斯通(Lester Stone)汇编了一份备忘录,详细地记述了罢工者在一次会议里所阐述的怨情。他们的主要不满是镍税"使得该行业处于萧条之中,减少了他们的小费"。"乘客一般给出租车司机10美分的小费,而现在降到了平均5美分",这大都因为镍税。出租车司机争论说小费占到了他们收入的30%。但他们也不想把起步价从20美分降到15美分,因为这一措施会导致激烈的价格竞争。这些要求也表明,出租车司机不愿过分依赖于小费,特别是在这种艰难的时刻,尤其如此。[17]

这些并不是出租车司机唯一的烦恼。很多司机抱怨"逃票者"(Skip-outs)或那些乘了起步价的六七美元路程后躲入楼内不付账的乘客。出租车司机还感觉到警察的敌意,他们不愿帮助出租车司机对付逃票者、醉鬼、讨价还价者、甚至是赤裸裸的抢劫犯。当出租车司机寻求警察的援助时，他们经常得到的答复是"滚开，笨蛋！"事情变得如此的糟糕以至于出租车司机为了给老板一些钱、避免被解雇不得已求助于"搭载（隐形的）鬼魂"，或"把帽子扔在车后座"，在没有乘客的情况下打表运营，自己支付旅程费用。[18]

拉瓜迪亚试图调停罢工，并向出租车司机保证，支持他们的事务。他表示他不会容忍雇佣替换工人，因为他不能用非熟练的年轻司机危及纽约人的安全，因此他禁止警察局颁发新的出租车执照。不过，他也警告这些司机不要做出"暴力行为"，"我已经很为难了。"[19]

尽管拉瓜迪亚介入调停，1.2万名出租车司机还是因为镍税（现已取消）收益的分配问题于1934年2月3日举行罢工。当纽约人在空空的街道上惊醒时，出租车司机在城内搜索破坏罢工的工贼。一个罢工者形象地回忆出租车司机们如何"走出会议室，来到百老汇和乡村有破坏罢工的地方，将工贼从出租车里拉出来。"出租车司机也不惧怕警察。该罢工者还回忆说他们穿过街道，堵塞交通，砸毁仍在运行的出租车，戳破警察的车轮胎，在他们车轮下扔成袋的石头。[20]

有两股力量反对这起罢工，一股来自兼职司机。一法律系学生通过开出租勉强维持他的学业，他给市长拉瓜迪亚写信说罢工破坏了他谋生的机会。另一股更大的反对罢工的力量来自独立的自有车司机。尽管由他们创办的公开发行的报纸《出租车时代》(Taxi Age)所刊登的故事和社论支持罢工，但依然有2000多名独立司机继续在街道上工作。一个个体司机协会、哥伦布广场的士团(the Columbus Circle Taxi Group)于2月5日义愤填膺地给市长写了一封信，要求警方保护，免受狂暴的罢工者的侵袭。[21]正如另外一个协会，美国汽车司机和车主协会(the United Auto League of Drivers and Owners)在1934年2月4日给市长的一封信中所说："我们不是为罢工者反对的人工作。""我们中没有一个人是来自芝加哥的暴徒"。他们要求拉瓜迪亚逮捕的士工人工会主席塞缪尔·奥诺(Samuel Orner)。该协会还解释说"我们从街道

第三章 大萧条时期寻求秩序：1930—1940 年

上撤出，将没有办法帮助罢工者或伤害他们的雇主。"哥伦布广场的士团的总经理也向拉瓜迪亚报告说："我亲眼看到一名独立司机在第一百四十九大街莫特大道上被一群罢工暴徒拦截，他们拿走了他的车钥匙，当他向警察局寻求援助时，警察局的官员告诉他对此他什么也做不了。"自有车司机们被号召去布朗克斯参加一个特别会议，了解新法规、听取富有同情心的政治家讲解，并"组织成一个牢固的中央团体"。[22]

在罢工的第一天，拉瓜迪亚幻想的非暴力罢工便成了泡影。约 1000 名司机在时代广场晚间剧院高峰时期游行，拦截不合作的出租车司机，强行打开车门，迫使乘客下车。一个穿着晚礼服的女子被破窗而入的一大块冰击中受伤。在扰乱了剧院的观众之后，他们又向麦迪逊花园广场进发，在那儿有大约 5000 名司机正在召开一次会议，讨论他们的代表和雇主之间的谈判。主持会议的主席威廉姆·甘达尔提出一项建议，即车行司机从退还的不得人心的镍税中得到 40%，听众对这一提议发出嘘声以示不满。[23] 很快一些狂怒的出租车司机再次来到街头，袭击了 150 多辆车，放火烧掉了一些，并戳破一些车轮胎，痛打工贼。

2 月 5 日，罢工进入第三天。据最初统计，罢工导致出租车行业损失达 50 万美元，市长拉瓜迪亚提出一个解决方案。根据他的方案，车行和司机将共同分享大约 50 万美元的镍税，另外，司机还可以获得新增 5 美分票价的 40%。对于连续三个在星期一乘坐出租车者，将减免 1/3 的车费。拉瓜迪亚派遣谈判代表去出席城市附近的出租车司机会议，解说这一计划。不过，数小时后，司机们就拒绝了这一方案并提高了他们的要求。他们提出一周工作 60 小时 20 美元的最低工资。罢工者通过拳头支持他们的要求，在第五十街花园大道的沃尔德福·阿斯陀利亚酒店前，及第四十四街八大道的德·帕里赌博场，司机和警察出现了暴力冲突。罢工者在第四十二大街、百老汇、布鲁克林及皇后大街等地焚烧独立出租车司机的车,袭击乘客,两名妇女在第五十七街九大道被拖出他们乘坐的出租车。第二天暴力事件增多,500多名出租车罢工者在百老汇制造骚乱,破坏、焚烧出租车,类似的事件在市内各处被报道。《出租车时代》报道说,在哈莱姆,"黑人罢工者"刺破破坏罢工者的轮胎,这些行动可能是反对黑人拥有车行;哈莱姆黑人企业家威廉姆·皮特(William H. Peters)和塞缪尔·汉密尔顿(Samuel Hamilton)拥有250辆车和雇佣750名司机及其他工作人员。[24]

共产党(the Communist Party)在罢工中的角色至关重要。该党采取一项蚕食策略,试图一次集中攻破一个车行,进而在一个行业里组织起来,不过它也积极组织巴士和地铁工人的活动。该党的目标和一个爱尔兰激进组织——盖尔帮(the Clan na Gael)的目标相一致,双方彼此分享着领导权和斗争策略。共产党采用这种斗争方式部分原因也在于它总体人数较少的劣势,因为该党在交通运输行业中党员所占比例只有百分之几,它不得不采用"高度集中"的方法。与此同时,它还要应对拉瓜迪亚自称的同情罢工及他在冲突各方中娴熟的平衡策略。[25]

最初,共产党试图通过谴责拉瓜迪亚的镍税分配方案和假期"促销"计划来打入出租车司机内部。的士工人工会新的领导人约瑟夫·吉尔伯特(Joseph Gilbert)起诉市长和他的高级助手莫里斯·厄恩斯特(Morris Ernst)欺骗民众,在接下来的几天中,吉尔伯特继续攻击拉瓜迪亚,并将之作为重整的士工人工会的一个手段。共产党人也批评厄恩斯特让警察坐在出租车里以欺骗、逮捕罢工者,并允许帕米利车行解雇工会成员。更为重要的是他们对主流政治人物不信任,一个例子就是共产党人谴责市长和厄恩斯特试图运用1933年罗斯福政府颁布的《国家复兴法》来组建公司工会。[26]

并不是所有的共产党人都希望联合出租车司机。美国的托洛茨基派共产党员联盟(the Trotskyite Communist League of America)就对1934年的罢工持观望态度,并对此表示很吃惊,他们认为"大多数出租车司机的思想和黑社会、警察更接近,而不是与劳工阶级思想接近"。他们把出租车司机看作是"可怕的被剥削者、无组织者、政客的猎物、敲诈勒索的骗子,他们没有组建工会原则的传统,甚至连最基本的阶级斗争意识都没有。"一个和出租车司机联合的党派组织者训诫他们说:"在他们的生命中,出租车司机第一次不是虱子或地球上的败类,他们提供的服务和大工厂、企业里的工人一样。"不过托洛茨基派始终没有参与罢工活动,后来他们也谴责自有车司机为工贼。[27]

共产党人的批评迫使市长拉瓜迪亚对罢工运动做出回应。他提醒警察要尊重罢工者的权利,并在第一天罢工期间,将警察局的警棍拿走以避免滥用。但他的仁慈被证明是无效的。1934年2月7日,罢工的司机再次冲上市中心的街道,砸碎车玻璃、撕掉车门,殴打司机。在片刻延迟后,警察介入。随着暴力的加剧,警察局指挥官约翰·奥瑞安(John O'Ryan)和市长关于罢工的策略上出现分歧,奥瑞安希望快速镇压罢工,而拉瓜迪亚将这些行为视为言论自由的表达,不愿通过强力扑灭罢工。

第二天,市长拉瓜迪亚提出一项新和平动议,内容和先前提出的几乎一样,即许诺将征收的大约50万美元镍税的一半退还给司机。同时,他扬言要撤销罢工者的出租车执照,显示出他已有些不耐烦。后来他心境略好时,又答应让《国家复兴法》的代理人代表纽约地区参加每周最低工资的谈判,并承诺罢工者的职位将会被保留。拉瓜迪亚这么做是因为他急于取悦联邦政府,为桥梁和住房建设争取新补贴。在下周一第一个"讨价还价日",纽约人享受着打折的票价,不过报纸也报道了大部分乘客将折扣以小费的形式重又返还给了出租车司机,这也显示了乘客与司机之间的团结一致。[28]

在接下来的几星期,谈判仍在继续,拉瓜迪亚的《国家复兴法》代表推动创建一个新的行业守则,并敦促减少5000辆出租车,同时还保证司机没有裁员,这一点很有必要。3月4日,市谈判代表提出一周最低工资为12美元,但很快被司机们拒绝了,他们谴责这一数目是对有家室的老出租车司机的侮辱。他们还担心拉瓜迪亚提出的限制出租车数量的计划。很快有 1 万名司机另组成出租车紧急委员会(the Taxi-cab Emergency Council)抗议市长的计划。[29]

即使是支持司机的联盟也无法阻止新的罢工。当劳工委员会寻求和解时,市内最大的车行,帕米利车行的 2300 名司机中的 20% 继续罢工。工会也相互竞争,一个是由公司赞助的工会,一个由司机们自己发起组成的工会。数日内,车行其余的司机也退出,举行罢工。到 3 月 16 日,有数百名出租车司机到百老汇游行示威,一些人袭击出租车、把出租车里的女乘客拽出来,让长期酝酿的紧张局势表面化。然而,市长拉瓜迪亚依然拒绝干预。[30]

大纽约的士工人工会(Taxi Workers Union of Greater New York)的出租车司机,呼吁在 3 月 18 日举行总罢工,对此公众的反应很复杂。尽管有罢工者的威胁,一些独立的出租车司机仍在街头工作。市谈判小组报告说司机们都不再与他们碰面,愤怒的公民指责市长过于仁慈,并要求逮捕罢工者。尽管民众对罢工者的不满越来越强烈,但还是有 300 名罢工者袭击了一辆工贼的车,殴打车主,并将 3 名女乘客拖出车。在几天内暴力抗议增多,3 月 23 日,警察和罢工的司机在时代广场发生冲突。市长第一次下达命令要求警察用警棍对付罢工的司机。但罢工的出租车司机并未被吓住,他们纵火焚烧了一辆在时代广场的车,在曼哈顿四周制造新的骚乱,无视拉瓜迪亚和《国家复兴法》谈判代表要求结束罢工的呼吁。[31]

共产党呼吁其他的工会罢工,以响应出租车司机的罢工,但仅得到友好团体思想上的支持。诸如来自海员、皮革制衣和针织、家具工人工会以及各种各样的地方劳工联合会都承诺支持这一倡议。种族不再是罢工者不可逾越的障碍。在哈莱姆,民众已被一事件激怒,这一事件是亚拉巴马州 9 个非洲裔美国青年(以斯科茨伯勒男孩[Scottsboro Boys]著称)被以强奸罪罪名虚假审判,而现在出租车司机的怨情和愤怒更是超越了种族歧视,进而形成种族融合的局面。在一次直接呼吁种族团结的集会上,一个来自哈莱姆的黑人司机站在白人司机前面,并向他

第三章　大萧条时期寻求秩序：1930—1940年　69

们发表演说："伙计们,当你们说你们和我们在一起时,要当真！要发自内心！我们来自密苏里,1861年以来我们就一直被欺骗。如果你向哈莱姆的兄弟们表示你是要动真格的,那就要说一不二,那时这个世界上最卑微的战斗者都会给你以最热烈的欢迎；对他们来说,铁锹也能驱动蓝色和黑色出租车运转,我们唯一能做的就是战斗。当我们,黑人和白人并肩作战时,没有人能阻止我们。"[32]

对市长拉瓜迪亚偏袒出租车司机的批评日甚,拉瓜迪亚感到非常不安,3月24日,他号召罢工双方召开了一次会议。这次会议之后,拉瓜迪亚认为他已就帕米利车行工会的公民表决权达成协议。不过当的士工人工会领导人将这份协议向司机们通报后,司机们不满,和平不复存在。3月25日和26日,罢工者重回街头游行示威,采用游击战术,并不与在时代广场、大酒店及第五大道守卫的大批警察直接对抗。在曼哈顿其他地区,罢工的出租车司机向不合作的出租车投掷石块,经常伤及乘客。许多人围住拉瓜迪亚的车并向他发出嘘声以示不满,拉瓜迪亚被激怒,协议失效。一些市民愤怒地给拉瓜迪亚写信,谴责他没有履行保护他们的责任。一个大陪审团被召集商议警察履行义务保护无辜的公民是否光荣。拉瓜迪亚感到非常沮丧,最后他拒绝满足罢工者的要求,即使他们游行到离市政厅不远的街道上。后来他又称工会为一群敲诈勒索者,工会组织委员会向他发了一封电报,将他们的档案发送过来,以示他们并非敲诈勒索者,对此拉瓜迪亚道歉,这也表明他更多关注暴力而非管理上的腐败问题。[33]

市长拉瓜迪亚意识到司机的大部分敌意来自于主要车行包括帕米利和码头出租车车行的顽固态度,他们拒绝和罢工者谈判,并坚持要求把公司工会放在首要位置。拉瓜迪亚愤怒地声讨车行,认为他们是想用"自己的方式对付一切"。不过私底下,他又督促车行要和解。与此同时,在街道上警察逮捕了更多的司机,吊销他们的执照。[34]拉瓜迪亚决定反击共产党人,现在他认为共产党人正在煽动司机们反对他的妥协计划。拉瓜迪亚召开了一次会议,谴责共产党的影响,传讯由共产党人控制的几个工会组织,其中包括针织工人工会下属的由本·戈尔德(Ben Gold)领导的库珀工会,美国劳工联合会下属的由路易斯·温斯托克(Louis Weinstock)领导的基层委员会(一个不被主流媒体认可的组织),以及由威拉德·布利斯(Willard Bliss)领导的电台电报工会。警方查明,的士工人工会曼哈顿分支的塞缪尔·奥诺和约瑟夫·吉尔伯特是共产党员。一天之内,罢工者发布驱除吉尔伯特和其他共产党人的声明,并表示愿意接受和解。在接下来的几周,出租车服务回归正常。的士工人工会还驱除了奥诺和其他主席团成员,并在社会主义党领导人诺曼·托马斯(Norman Thomas)的督促下,投票与美国劳工联合会结盟。尽管报纸赞扬市长的这一举动,但大陪审团对他持批评的态度,并谴责警察的不作为。拉瓜迪亚对此回应说罢工的主要责任在于出租车公司,他任命一个由主要谈判代表迪奇(Duetsch)牵头委员会,大面积修改出租车行业有关条例。[35]

市长依然想减少出租车数量,将出租车执照的费用从10美元提高到40美元,并支持一个合理的出租车运费。独立的出租车司机反对这些措施,因为他们担心车行将会很快控制街道,尽管市长宣称要在单一的车主与车行之间平均分配出租车数量,也未能赢得他们的支持;相反,车行关心的是司机匮乏,它在一年内两次抱怨工程振兴(Works Progress Administration)局引诱司机离开。这样的抱怨有一定的可预知性,不过更令人不可思议的是,在1934年早期痛苦的罢工后的两年内,普通司机依然支持市长并乐意与他合作。[36]

尽管有好的意愿,出租车司机在创建有效的工会方面还是有很多困难。早在1935年第一个独立出租车工会就出现了。路易斯·莱普克黑帮(Louis Lepke Gang)的一伙人联合起来,伪装成工会,强迫司机付会费,并成立"保护性协会"(protective associations),遭到司机们的反抗,结果他们就以扔臭味炸弹、撕毁出租车室内装饰及烧毁出租车相威胁。根据历史学家查尔斯·维迪奇(Charles Vidich)的研究,1934年后黑帮的介入摧毁了出租车司机建立真正工会组织的机会。[37]

1934年罢工的一个后果是激进的司机们发现他们失去了工作。被逮捕的罢工者回到原来所在的车行，却发现他们已被解雇。一个例子就是西七十三区一百三十四街的约瑟夫·史密斯（Joseph Smith），他在2月7日以妨害治安罪被逮捕，在3月23日再次遭逮捕，这两起案例都被驳回、没有予以受理，但史密斯却被告知他的有关证件被送到了出租车局，而后者在4月2日宣告他的证章失效。另一个出租车司机，布鲁克林东七十区五十五街的塞缪尔·斯皮罗（Samuel Spiro）写信给拉瓜迪亚诉苦，尽管莫里斯·厄恩斯特居中调停，帕米利车行还是因为他参与罢工而将其解雇。[38]

艺术家和作家被罢工的人文戏剧性效果所吸引，支持出租车司机。一个著名的左翼作家艾伯特·哈尔珀（Albert Halper）在1934年6月的《美国信使》（*American Mercury*）杂志上发表一篇题为《工贼》（*Scab*）的短篇小说。哈尔珀老练地剖析了一个抵制罢工的身无分文的出租车司机复杂的内心斗争。这个司机在街道上小心翼翼地行使，生怕遇到（参与罢工）暴怒的司机同行。他的乘客对他的担心漠不关心，给的小费和平时也没有什么差别。有一次，一个金发碧眼的女郎要求他去格林威治村，在途中他遇到了一帮罢工司机，其中大部分人都认识他。他们把这名妇女从车中拽出来，并砸碎了窗户。当他下午回到车库后发现，车主更关注的是车辆损毁程度，而不是他所受的伤害。回到家后，他意识到自己所处的困境，并决心不再当工贼。[39]

好莱坞在电影中很少描述1934年出租车罢工，但剧院工会（the Theater Union）和出租车司机工会（the Taxi Drivers Union）在罢工后的数月内创作了一部名为《出租车》（*Taxi*）的独立电影，这部电影加入了一些罢工的新闻影片片断，并采用真实的出租车司机在里面扮演很多角色。这个用意良好的计划却被证明是有问题的，因为司机通常很难始终如一地出现在拍摄现场，结果是同一个角色有很多人去扮演。枪击镜头由于极度严寒受阻，每次拍摄不到五分钟就需要准备热身。该部电影的主要情节是关注失业的出租车司机的困境，特别是那些为共产主义者同情的、被列入黑名单的司机。该部电影批评公司工会和工贼,呼吁建立更强大的工会。目前不清楚这部片子的创作是否完成或已上映,但这项努力显示了出租车司机展现自己和他们的委屈的愿望。[40]

具有开创性戏剧效果、且有较大影响的影片是克利福德·奥德茨(Clifford Odets)的《等待莱夫蒂》(Waiting for Lefty)。这是剧院联盟(Group Theater)系列演出的一部分,1935 年 1 月 5 日在城市专属剧院(the Civic Repertory Theater)上演,意在纪念一年前的罢工。这部片子对衰败的职业出租车司机充满了同情,使戏剧和公开的激进政治相结合,描述了普通纽约人的生活和言谈,并以其强大的感情诉求影响当前动荡的局势。在一幕工会大厅的表演中,剧中人物宣告他们的后代将继续从事出租车行业,并实现工薪阶层的意识。在另一个场景中,埃德娜(Edna)严厉斥责她的丈夫乔(Joe)(一个出租车司机),因为他惧怕罢工。埃德娜一再指责乔的怯懦行为,并将他和她的父亲相比,她的父亲在第一次世界大战期间为争取高工资,曾参加过一场成功的罢工。埃德娜提醒他:"你不是一个孩子了,你必须考虑下一分钟会发生什么。为上帝起见,做点事吧,乔,聪明点。要么和你的同伴在一起,要么为了更多的钱去罢工。"埃德娜甚至威胁乔如果他不显示出一些勇气,她将为其他人而离开他,并告诉他:"当有人把你击倒,你要站起来还击。你这个懦夫!"埃德娜对工会也没有好感,她认为工会已经腐化了。在另一幕,工会主席哈里·法特(Harry Fatt,这个名字就说明了一切)以赞扬的口吻谈到富兰克林·罗斯福总统,并告诉出租车司机现在不是罢工的时候。人们选举莱夫蒂为工会新主席,尽管法特指责他为共产党。最终,莱夫蒂的死亡激起了司机们起来反抗,高举拳头,呼喊"罢工,罢工,罢工!"在该剧表演过程中,演员们走下舞台,隐藏在观众里面,高呼口号,很快观众也加入其中,几分钟内礼堂里充满了欢呼和叫喊声,地动山摇。奥德茨回忆说:"你第一次看到戏剧成为一种文化力量……舞台不见了,人们沉浸于剧中感同身受,那才是一个真正的全景舞台。"这次演出也使得在以后的时间里左翼作品登上舞台,并使得包括摄影师、作曲家、小说家、诗人、民间歌手以及时装设计师在内的各种艺术家崭露头角。奥德茨抓住了艺术和政治的魅力,并对前一年持续大罢工中的普通出租车司机的身份进行了合理定位。

来自刚刚成立不久的纽约摄影学院的摄影师们,在出租行业的快速变幻和真实本质之间寻找灵感。摄影师韦格(Weegee)、特德·克罗默(Ted Cromer)、贝雷尼斯·艾博特(Berenice Abbott)及罗伯特·弗兰克(Robert Frank)都真实地记下了出租车和司机们的形象。出租车司机代表着活力、无限的能量、以及城市现代性的速度。同时,现实主义摄影师们发现,出租车司机身上有一种恒久的传统,可资信赖。多年来,美国的艺术界对出租车司机的形象一直如醉如痴。[41]

大多数美国人都是通过银幕来了解出租车司机的,在电影中出租车司机无处不在。对大多数美国人来说,1932 年詹姆斯·卡格尼(James Cagney)在电影《出租车》中的表演非常真切地展现了出租车司机的一般品性。在这部电影中,衣冠楚楚的卡格尼扮演一个独立自有车司机马特·诺兰(Matt Nolan),他参加斗争,反对出租车公司兼并为卡特尔的行为。他和休·赖利(Sue Reilly,洛蕾塔·扬[Loretta Young]饰演)相爱并在她父亲入狱后两人结婚。她父亲杀死了一个卡车司机为此被捕入狱。该司机故意破坏诺兰的出租车,以此来控制他的车位停靠点。尽管情景有一点庸俗化,但诺兰依然保持他的火爆脾气,他很快诉诸暴力为他岳父报仇。这部电影的广告将诺兰描述为领导"独立司机激烈反对出租车兼并阴谋"的力量。该片非常同情出租车司机,并暗示他们有集体行动的可能性。

《纽约标准晚报》(New York Evening Standard)认为诺兰是"任何时候都会给你建议或透过车窗给你大量赞扬的出租车司机"的典型代表。该评论写道:观众冒雨去观看卡格尼的表演,他们公认卡格尼是"一个自信的、聪明的人,他们一起玩游戏,在舞厅里和骄傲的红头发女郎炫耀着舞步"。该部电影出版的书则强调卡格尼饰演的男子的阳刚之气和粗犷性情,大肆宣传到:"嘀嘀!嘀嘀!这是吉米。粗犷、迅速、浪漫、敢爱、敢恨、敢战斗的红发勇士……他对百老汇的每一盏灯都了如指掌,飞速寻找生命之爱。"《出租车》是纽约街头一个生动的画面。卡格尼将他的爱尔兰特性和犹太文化在出租车里以一种愉快的意第绪语表达出来,通过这样一种流行的方法将工人阶级的少数族裔的特性融入电影之中。[42]

这部电影在展现出租车司机的男性魅力和性感等正面形象的描述中更多依赖的是卡格尼的表演而不是有关出租车这一行业的特征。卡格尼表现的是克服暴政和贪污的个人主义品质,这和罢工时期的出租车司机表现出来的集体主义不同。左翼月刊《新剧场》(*New Theater*)的评论员哀叹《出租车》质量下降。卡格尼作品早期的一个重要评论家,林肯·克斯坦(Lincoln Kirstein)将《出租车》与《等待莱夫蒂》相比,认为奥德茨的作品有什么样的戏剧效果,卡格尼也应该有却没有。[43]

《出租车》不是好莱坞有关纽约出租车司机的唯一作品,甚至表现也不是最英勇的。在电影《大都市》(*Big City*)里面,斯宾塞·屈塞(Spencer Tracy)扮演乔·本顿(Joe Benton)——一个独立的出租车司机,他和一名俄罗斯女子安娜·本顿(Anna Benton,卢斯·雷纳[Luise Rainer]饰演)结婚,他的妹夫保罗·罗亚(Paul Roya,维克托·瓦尔科尼[Victor Varconi]饰演)也是一名出租车司机。他们两个被出租车辛迪加所困扰,于是试图混入车行里面,揭露他们的阴谋并摧毁他们。保罗被错误地指控为在车库安置了一枚炸弹,被夜班值勤门卫开枪打死。政府官员歪曲事实,并要驱除安娜。由于她怀有身孕,暂时无法驱除出境。在这期间,独立出租车司机在电影中的一个小角色拳师杰克·登普西(Jack Dempsey)的帮助下,支援本顿一家并最终证明了他们的无辜。婴儿的名字由数打出租车司机的名字构成以此来纪念他们的勇气和团结。[44]

在这 10 年里的其他作品也描述了隐身于出租车司机群体里的特殊人才。在《百老汇平底船夫》(*Broadway Gondolier*)里,狄克·鲍威尔

(Dick Powell)扮演一个爱好歌剧的出租车司机,他的才能被发现,但他错过了第一次试演的机会。然而,戏剧制作人的秘书,由琼·勃朗德尔(Joan Blondell)扮演,发现了他的魅力所在。该司机在他老师的鼓励之下,前去欧洲学习演唱。由于性格原因,在威尼斯短暂的旅行之后,他又回到了纽约开出租。尽管她的男友极力反对,不过最终勃朗德尔还是和这个出租车司机结了婚。据推测,他可能会离开出租车行业去追求戏剧。[45]

在1930年代的很多涉及身份转换的电影通过出租车的主题来反映阶级焦虑。通常,片中的精英分子在恢复他们的上层身份之前通常都暂时栖身于出租车司机之列。在《高速档》(High Gear)里面,开出租是一项未得到大众认同的工作,该部片子描述了一个落魄的赛车手冠军詹姆斯·默里(James Murray),他设法不让一名他钟情的漂亮女子知道他在开出租。为了保护默里的出租车不被暴徒袭击,他的儿子受了重伤,在这种情况下,默里重拾勇气,并在一次利润丰厚的赛车比赛中获胜。在1936年的一个作品《他们在出租车里相遇》(They Met in a Taxi),出租车司机吉米·唐林(Jimmy Donlin,切斯特·默里斯[Chester Morris]扮演),半推半就地被玛丽·特伦顿(Mary Trenton,费伊·雷[Fay Wray]扮演)利用。特伦顿是一个假装逃婚的女子,她从一个正式的婚礼上偷走了一条珍珠项链。而这条珍珠项链却被证明是假的,唐林帮助她找到一条真项链。在那以后,他们公开声称相爱。[46]在这一时期的电影中,开出租经常是为掩饰劣行的巧妙方式。在1937年《吉夫斯,加快油门!》(Step Lively, Jeeves!)里,一个强盗为了抢劫一个富有外国人的珠宝假扮成出租车司机。[47]其他出租车司机往往以其他的假扮身份公开出现。好莱坞演员们也往往羞于出演出租车司机。在1936年的《一夜明星》(Star for a Night)里,由迪安·耶格(Dean Jagger)扮演的弗兰茨·林德(Fritz Lind),开一辆出租,却告诉在奥地利的母亲说,他拥有一个汽车工厂。[48]

在其他的电影中出租车司机甚至从事犯罪的勾当。在《午夜出租车》(Midnight Taxi)里面,布莱恩·顿利维(Brian Donlevy)扮演一个杀人犯和假币制造商,最终被他的同伙击毙,该片1937年由20世纪福布斯电影公司上映。在《死亡线下》(Below the Deadline)(该影名和钻石区有关),霍普顿·拉塞尔(Hopton Russell)扮演一个出租车司机,为夺取乘客的钻石,不惜谋杀他们。在《别名玛丽·道》(Alias Mary Dow)的片子中,一名出租车司机在无意中听到坐在出租车后座上一名妇女的真实身份后,试图向她勒索钱财。[49]

爱情是大部分好莱坞电影的驱动力量。在有关出租车司机诗篇中,浪漫呈现出阶级的含蓄。在1939年的《午夜时分》(Midnight)片子中,出租车司机和出租车舞者克服种种障碍,自然地成为情人。克劳德特·科尔伯特(Claudette Colbert)扮演一个欧洲歌舞女郎,她说服一个宽厚的出租车司机帮她找工作,尽管她连车费都付不起。由唐·阿米奇(Don Ameche)扮演的这名出租车司机爱上了她,尽管她再三甩掉他。于是这名出租车司机发动他的朋友在整个纽约寻找她,终于在一个精英聚会的场所找到了她,而这时她已经从一个舞女成为一名社交名流,这名追求者现身并宣布是她的未婚夫,她惊呆了。但最终她还是承认了,于是他们一起驱车去婚姻局结婚。

1933年的《舞女》(Dance Hall Hostess)是一部有关爱尔兰裔美国人的作品,剧中诺拉·马什(Nora Marsh,海伦·钱德勒[Helen Chandler]扮演)抛弃她开出租的未婚夫杰瑞·雷蒙德(Jerry Raymond,贾森·罗巴兹[Jason Robards]扮演),投奔一个富翁,后者答应每天给她买一双长丝袜。杰瑞怒而毁掉了出租车,付之一炬,开始经营啤酒店以使诺拉一直有长袜。在诺拉嫁给了这名富翁并有一个孩子之后,他富有的家族拒绝接纳她。极度痛苦之余,这名富翁自杀,诺拉带着她的孩子和杰瑞及他的出租车最终走到一起。在1933年《偶然的相识》(Pickup)里面,和出租车司机的爱情使得一名堕落的妇女弃娼从良。由乔治·拉夫特(George Raft)主演的出租车司机最初出于好奇和同情,与一名街头妓女(由斯拉维亚·西德尼[Sylvia Sidney]主演)相识,并让她搭便车。他们的爱很快升温,她也在车行里找到了一份工作。后来,她利用美人计骗钱的伎俩暴露,而出租车司机讥讽她为风尘女子。在几起由旧敌策划的针对她的谋杀案之后,他们最终走到一起。正如历史学家约翰·鲍德纳(John Bodnar)所说,这些电影所描述的都是警示性的故事,试图穿越阶级、种族和法律界限,这些有助于推动桀骜不驯的年轻人的前途和命运在文化上的持久争论。[50]

好莱坞电影从出租车司机的街头文化中吸取营养,并反过来又改变着公众的情趣。公众赋予出租车司机像神谕一般的政治知识。1936年大选前,一篇文章认为出租车司机是有关候选人当选的"民意的主要来源",该文还描述了出租车司机怎样"真实地了解民意"。由出租车司机发展而成的当代俚语正日益成为文化融合的一个标志。"师弟"(schoolboy)是指新司机;"麋鹿"(elk)从工会的角度看是指进步派司机;"轻尾巴"(tail light)是指那些奉承老板的司机;"傻帽"(stiff)是指那些订单较少的人;警务车里的警察被称为"小妞"(Dolly sisters);而巡警被称为"强有力的手臂"之后简称为"粗臂"(arm)。[51]一些商业术语从马车时代延续至今。"出租"(hacking)当然是一个;"骑乘"(bilking)也是一个,主要指那些不付费而逃走的人。在1930年代,小偷被称为"跳位"(skips);"租马"(horse hiring)源自1880年代,主要指按日租出租车。1930年代持续激烈的竞争也创造出一些新词汇。试图溜到出租车停靠线前的司机被称之为"骗子"(chiselers),他们打破了界限;"敲打手"(boffing crews)是指用前保险杠撞击"骗子"的司机,阻止他们破坏排队的游戏规则。这类"骗子"如果总是图谋不轨,就会受"钢针"(the needle)的报复,即有人用一根利器戳破他们车的轮胎。[52]

出租车司机粗鲁的谈话和电影制作中的形象促使政府调查员记录下他们的谈话和传说故事。工程振兴局调查员从纽约街头搜集出租车司机的故事。一个出租车司机回忆他如何载着一个"带了六七个大包"的人在城里转。这名乘客以付给这次旅游20到25美元为诱饵,让司机在布鲁克林、曼哈顿及布朗克斯停了有 20 多次，而这名出租车司机每次都耐心地等待。最终的结果却是这名乘客失信于出租车司机，没有给他钱，该司机也就明白了他白白打着里程表开车。[53]

尽管拥有公共神话和工人阶级暗语，出租车司机依然缺乏一个真正联合的实体，这也是政府、商界与贸易联合后人们担心的一个因素。1934 年罢工震惊了市政府、媒体和新组建的互助社会：出租车业主互助团（LOMTO，League of Mutual Taxi Oweners），进一步的改革看来很有必要。尽管有各种委员会不断建议、市长发起一次次改革尝试、报纸不断呼吁，但过多的司机人数、偏高的流动率、没有安全保障的工作、工时长、工资低等等问题，依然困扰着司机。与此同时，批评者还指出减少出租车司机人数将不可避免地导致垄断。1937 年 2 月，市议员卢·哈斯（Lew Haas）提出一项议案，限制颁发出租车执照，也即出租车证章，将其固定在 13595 个，按当时情况分配给车行和自有车司机。车行和独立司机之间不能互相侵吞对方的证章，市政府由此控制进入出租车行业的人数。

另一次激烈的价格战使得司机和车行进入毁灭性竞争的边缘，在这期间哈斯议案应运而生。阳光无线电系统（出租车公司）非常喜欢使用德索托斯基维尔出租车，尽管他们的司机和车行司机相互竞争存在着就业威胁，该公司还是打算大幅削价 1/3。天气的因素介入其中，一场大暴雨带来了转机，试图削价的人生意冷淡，吃了哑巴亏。尽管有市长拉瓜迪亚的支持，第一次尝试通过哈斯法案的努力还是失败了；在一阵紧锣密鼓的游说之后，1937 年 3 月 1 日，该法案以 50 对 4 票获得通过。5 月 11 日，纽约州最高法院裁决警察局有权限制市内出租车的数量，支持该法。通过这一授权，市政府将出租车准驾证章的数目控制在 13595 个。

大部分车行支持新法律并督促公司工会支持它。一份由帕米利车行公司工会（Parmelee Garage Company Union）创建的报纸《兄弟会登记册》(Brotherhood Register),将该法案的通过视为"长期以来稳定出租车行业斗争的高潮"。兄弟会(Brotherhood)号称拥有 3500 名会员,声称 3 年来它一直支持《哈斯法案》限制出租车数量的原则,因为该原则能解决出租车司机的疾苦。在该法案通过后不久,由于出租车行业长期以来的弊病,司机们对此感到疲惫不堪、失望至极,纷纷将他们的证章退还给市政府,结果司机们拥有的出租车执照数量进一步下降到 11787 个。而且,新的证章体系对不断下跌的价格也起不到丝毫的作用,车行和独立司机在街道上开出租面临很大困难。尽管新的规章体制短期内难有成效,但到 1970 年代,他们逐渐成为出租车行业的行业规范。

在《哈斯法案》通过后,没有人能想到准驾证章的价值会超过 10 美元。该法案的一个起草人后来评论说:"这完全是侥幸,没有人曾预见到这些执照会很有价值。"把领有执照的出租车司机限制在那些拥有证章或为拥有证章工作的人身上,拉瓜迪亚政府并没有使出租现代化,但将开出租纳入到了过去都市管理的一种方法:即将出租车司机和社会紧密结合在一起。正如卡车司机、屠夫、杂货商、客栈商以及在殖民地和建国时期其他持牌的职业一样,他们制定规章条例、限制人数、并创造一种给他们带去政治和经济权力的专营权,《哈斯法案》也是如此,它创建了执照制度,最终使得城市和出租车司机联系在一起,给那些半熟练劳工适当的政治权力,带去经济上的繁荣。[54]

《哈斯法案》授权独立出租车司机拥有至少 42% 的出租车,从而也强有力地保护了自有车司机的利益。这项措施挫败了 1930 年后横扫整个贸易行业的兼并行为。在 1930 年代初,95% 的出租车司机都是独立个体所有,在 27 个车行中,拥有 50 辆车以上的车行很少,只有 5 个车行拥有超过 250 辆车。5 年之后,这些数字出现了翻天覆地的变化。拥有 100 辆车以上的车行占到了市内 12578 辆出租车的 38%,这一趋势必然会通往垄断,早在 1930 年市长詹姆斯·沃克就曾预见到。与以往一个很大的不同是,车行现在不必再附属于大汽车公司。切克尔出租车公司在1930年拥有三大车行,但到1935年就只剩下一个了(帕米利车行),先前拥有3000辆出租车的黄色出租车公司,在1935年申请破产。[55]

《哈斯法案》也进一步刺激了工会组织。尽管有来自卡车司机工会的暴力反抗,美国汽车工人联盟(the United Automobile Workers of America)下属的纽约出租车司机和服务工人工会(the New York Taxicab Chauffeurs and Service Men),在迈克·奎尔(Mike Quill)领导的运输工人工会(the Transport Workers Union, TWU)的协助下,第一次组成联合工会(the Allied),并推动帕米利和码头出租车车行及其他车行实行封闭性雇佣协议(closed-shop,即只雇用某一工会会员协议)。1937年整个夏秋,运输工人工会多次召开大型会议,矛头直指西六十四大街运输工人大厅的每一个主要车行,它在每个车行发布公告,就司机们最近取得的成果给予建议,并大力反对公司工会。而声称代表广大帕米利车行司机利益的兄弟会,发表社论激烈抨击运输工人工会,声称该公司工会为司机们挣到了更好的薪资和福利。运输工人工会在哈莱姆集会,通常会有一些黑人劳工团体的官员参加,其中,诺曼·托马斯(Noman Thomas)也时常出现在集会现场。

1937年10月,运输工人工会遭遇到来自阳光-无线电系统司机(Sunshine-Radio System)的抗议,他们反对工会威胁罢工。运输工人工会谴责阳光-无线电系统煽动1000多名司机阻止罢工行为。具有讽刺意味的是,运输工人工会发现它自己处于支持阳光-无线电系统及其司机的立场,共同去破坏一起未被授权的"野猫"罢工("wildcat" strike)。10月中旬,罢工者大都返回工作,尽管还有一些怨言,不过大都接受了关闭工厂的倡议。另一场具有威胁性的罢工发生在1937年12月,有关它的报道几乎覆盖了全国所有的报纸。市政府现在意识到了工会组织的权力,运输工人工会提出为1.5万名出租车司机担保,要公司基于工作时间给与佣金,在阳光车行该提议以1365票对99票取得压倒性胜利,在其他车行也取得了类似的成就。运输工人工会炫耀

第三章 大萧条时期寻求秩序：1930—1940 年 81

他们的力量,威胁组织总罢工以实现他们的要求。是年底,运输工人工会成功地与车行达成谈判,取得增加佣金及每周最低工资 18 美元,或每周总收入 36 美元的 40% 及任何超过 38 美元收入的 50% 佣金。于是,运输工人工会又签署了另一个协议:取消兼职司机,将工会成员人数限制在最多 1.5 万人。由于这一政策威胁到车行的稳定性,1938 年春天很多公司都将之废除。1938 年 3 月,两个大的车行在劳资纠纷中将 6000 余名司机停工,运输工人工会威胁要将这些司机安置在别处,而受到损害的公司开始使用工贼和临时替班的"苦力"司机。几天之后,公司恢复了这些司机的工作,一周之后,运输工人工会签署了一个自由雇佣企业的协议。有消息说,车行聘请打手驱除工会成员,警察在其中扮演了破坏罢工的角色。工会大力呼吁公众支持,反对"独裁的车行老板"。[56]

运输工人工会主席迈克·奎尔在 1938 年被选入市议会,他和另两名市议会成员提出了一项方案,确保白班司机日最低工资 18 美元,晚班司机最低工资 21 美元,并散发大量传单宣传这一方案的益处。毋庸置疑,这些主张直指车行老板,他们用停工来破坏工会。另外,还出现了来自独立司机的新反对力量,他们认为这一方案破坏了他们在出租车行业的地位。独立运营商向拉瓜迪亚抗议,尽管他们没有亲自反对奎尔,但对他的双重身份(他既是发起这一议案的市议员,又是运输工人工会主席)表示质疑。独立司机分发传单,警告这一新立法会创建一个具有强烈政治倾向的出租车控制委员会,它将制定价格、运营时间、对独立司机双重收费,甚至将不遵守法令的司机逮捕入狱。运输工人工会向自有车司机伸出援助之手,召开群众性集会,并推举奎尔和尤金·康诺利(Eugene P. Connolly)作为大会演讲人。在会议期间,奎尔讨论创建信用工会的计划,并建议和汽车配件和服务业合作。然而,自有车司机与运输工人工会之间存在着相互猜疑与不信任。最终,该议案被提交给一个委员会,在那里遭到冷落,未能通过。[57]

双方之间的相互指责让人想起自有车司机对工会谴责的老调:工

会是敲诈勒索者。运输工人工会再次被其他党派认为是犯罪涉嫌人。1938年4月,地区检察官以诈骗罪起诉5名男子,运输工人工会在整理他们的档案时,发现他们曾为工会工作,并将这些档案移交给地区检察官,协助他调查情况。运输工人工会还非常担心有关尤金·康诺利不法行为的传言,并建议奎尔公开该组织在寻找诈骗者并予以罢免方面所做的努力。[58]

尽管风传在1934年惨痛罢工之后共产党在出租车司机中的影响也随之而去,但单从运输工人工会组织的构成情况就足见共产党的影响和取得的成效。被确定为谈判小组的成员有国际司库秘书约翰·桑托(John Santo);总理事哈里·萨克尔(Harry Sacher);出租车部门主管尤金·康诺利以及出租车总规划者沃伦·霍里斯(Warren G. Horis)。

据乔舒亚·弗里曼(Joshua Freeman)对运输工人工会详细的调查,桑托、萨克尔及康诺利都是共产党重要官员。尽管桑托通常选择在幕后工作(这部分是因为他浓重的匈牙利口音),在1930年代中期他公开领导工会谈判,并一度成为工会的官方领导人。他在出租车谈判中的现身也展示了运输工人工会和共产党非常重视这次谈判。弗里曼还记载到,桑托于1928年在匈牙利加入共产党,是一个非常正统的共产党员。尽管他倾向于做幕后人员,在出租车谈判中他还是走到了前台。尤金·康诺利后来成为美国劳工党的高层领导人,而萨克尔成为运输工人工会核心集团里左翼派人士。经常参与多种活动的是奥斯汀·霍根,他来自一个爱尔兰共和军活跃分子家庭,在1930年代早期及其后成为一名卓越的共产主义组织者。最后,在为运输工人工会和司机服务的最为重要的倡导者和组织者是传奇英雄迈克·奎尔,他早期曾是工会和盖尔邦(爱尔兰非常有影响力的激进劳工组织)之间的一名联络员。

甚至在谈判桌前有共产党人在场,运输工人工会也能够与市政府和车行合作,因为即使面临来自罗马天主教廷(Roman Catholic Church)、赫斯特报刊(Hearst Newspapers)及坦慕尼厅(Tammany Hall)

尖酸刻薄的批评,拉瓜迪亚还是拒绝用对付罪犯的武器来对付哲学。他强烈确保宪法第一条修正案的权利,和他同时代很多人不同,拉瓜迪亚是以一种实用主义的态度来对待共产党。而且,运输工人工会所努力争取的很多目标和拉瓜迪亚认为出租车行业必须改革的目标有着一致之处。比如,它督促更大范围的管制和限制出租车和司机的数量,因为他们导致了"在出租车车主之间拼命地竞争,并由此造成这些工人的边际效益缩减。"[59]

事实上,运输工人工会无法在出租车司机中复制他们为巴士和地铁司机所取得的坚实成就。在运输工人工会成立后的数年内,它为巴士和地铁司机争取到了更多的金钱和利益。工资上涨、工作时间有所限制,并且第一次使大多数人享受到了带薪休假的权利。运输工人工会为运输工人而不是出租车司机创建医疗、教育、体育项目,努力克服种族、民族和职业差别,帮助运输工人忘记过去失败的伤痛,它所取得的成就也使得运输工人维持一种刚毅的形象。[60]

这些成就在出租车司机中没有实现。运输工人工会的确试图创建信用工会,资助由运输工人工会女友会(Ladies Taxi Auxiliary)组织的舞会,并举办《等待莱夫蒂》的演出。但它没能在出租车司机之间召集相当规模的团体,就像在巴士和运输工人之间维持的团体一样。固定的营业额、司机之间激烈地竞争,以及车行无情地反对工会都使得组织这样一个团体成为一场持久的战斗。社会中充斥着道德失范和绝望的情绪。工程振兴局的记录员谈到1938年参与罢工的工人,一个人称他的同行司机为"世界上地位最差的人,我是指他们的被剥削程度。"他指出司机们一天平均工作13个小时,而一周却只有大约4美元。他们最关心的是就业不安全:"把出租车开进车库后,他甚至不知道第二天他是否还能继续工作。"拥有较低订单的司机,特别是低于平均数的,特别容易受到攻击。另外,车行老板还恐吓司机不让他们交纳会费,雇佣暴徒残酷对待工厂的工人代表,许多司机被迫签署请愿书,谴责工会,这样才可得到工作所用的出租车。[61]

还有其他几个原因导致工会出现问题。大量带有激进思想的移民涌入美国，他们大多在巴士和地铁中工作，而出租车司机并未从中受益。在大萧条时期，很少有移民进入纽约从事开出租工作。白领工作、技术工作及室内服务工作比起开出租更能吸引移民。[62] 出租车司机大都是本土出生的美国人，他们陷入这一行业，并将之作为最后的谋生手段。他们中有"萧条一代学者"（Depression virtuosos），经常是受过良好教育的艺术家和知识分子，刚开始为了糊口开出租，后来就成为永久开出租者了。因为他们希望能从事以前的工作，因此对于永久性的组织很少有承诺，或者由于愤世嫉俗、玩世不恭而不能实现真正的统一。

典型的出租车司机几乎都不是激进分子，但可能是像哈里·费伯（Harry Faber）的车行司机。《财富》（*Fortune Magazine*）杂志 1939 年就开始记录费伯的生涯。他的出租车执照号码是 37046，大概开出租有 15 年时间，并为帕米利车行开切克尔出租车 5 年。费伯对他的工作坚决地持负面观点，他总结说开出租是"最糟糕的谋生手段"。他认为他和他的切克尔出租车和帕米利车行其他的 1999 辆车没有什么实质区别，除了他一周刮三次脸，不像其中的一些人，他们就像"大猩猩一样四处游荡，他们是笨手笨脚的人"。他以他能得到高的订单而自豪，并向他的乘客展现他的成功以使得乘客给更好的小费。在冬天里，他戴着鸭舌帽，身着西装，并外套一件旧大衣，但到了夏天，他就换成一件旧的羊驼夹克，运动衫，一条别致的裤子。他一周换三次衬衫。尽管这项工作很容易使人汗流浃背，但他经常使得他那瘦削而结实的身体很整洁。然而，他也经常抱怨肾不舒服，得了胃溃疡，背部肌肉疼痛，和患有痔疮。

费伯制定了一项日常工作方案。他和其他 20 个人经常花大量时间玩"场外游戏"（playing "off the board"），或不在街上巡游，在第五、第六大道之间的第四十四大街上成一字排开，在哈佛俱乐部、竞技场、纽约游艇俱乐部及罗亚尔顿、阿尔贡金、西摩等其他酒店前候车。每搭载一个乘客后，费伯一般都返回第四十四街候车。在这一街区冬天一天大概有250次乘客叫车,夏天有150次。在空闲时期,费伯通过聊政治、女人、乘客和交通警察来放松,他和很多纽约作家都成为了朋友。尽管市法律规定,任何出租车都可以进入这一线候车,但外来者想进入很难,那些老出租车司机会把车停放在冒犯的出租车的前后,冻结它所在的位置。直到外来入侵车辆自动放弃后,出租车团体奖励两名义务警员一笔巨款。他们的行为也表明尽管控制停靠点被宣布非法了20多年,可他们依然有效。

不去巡游,就仅仅停在四十四大街候车,费伯一天平均有15名乘客,为公司赚取大概4.49美元,他自己赚3.30美元,另加大约1.25美元的小费。和1920年代开出租车付费不同,那时哈里一周好的时候能净得100美元,几乎每周不少于40美元。而现在在大萧条时期,由于总体缺钱,加上地铁延伸及巴士服务,出租车的乘客很少。

较少的订单意味着小费成为出租车司机日收入的主要部分,但哈里了解到每天乘他出租车的乘客中,至少有两个不付费或不给小费的讨厌鬼。他认为男人给的小费较好,女人则不可靠,游客更糟,因为他们不了解纽约的风俗。费伯除了下雨天一般不去街上巡游,这样可以减少浪费行程,而且可以避免与警察冲突,因为他们护卫的大道是严禁出租车巡游的。费伯和他的朋友将五十六大街和第五大道的警察杰克·米勒(Jake Miller)视为最卑鄙的警察,"一个绝不会给你改错机会的恶棍"。

哈里的工作日有一个可以预知的模式。他每天工作大约11个小时,早上6:50在位于23街和东河之间的6号帕米利车库报到,精神饱满地为他的切克尔车冲洗、打扫和加油。该车库是帕米利车行在本市运行中的16个车库之一,它拥有一个大型的停车场,一个较为便宜的餐车饭店,还有一个低矮的砖瓦房,房内有办事处,气体泵,及清洗设备。然后,哈里直接奔向四十四大街哈佛俱乐部的停靠点,希望排在第一个位置上,清晨能有一个好的开端,成为第一个搭载乘客者。在等待期间,他狼吞虎咽地吃掉早餐。也是在这时他遇到他职业生涯中最好的乘客，两个英国人为寻求刺激搭乘他的出租车去科尼岛，此程可赚取13.50美元。哈里是从阿尔冈琴酒店的门卫切斯特（Chester）那里得到这一消息的，切斯特及哈佛俱乐部的门卫汤米（Tommy）确信在他们公司地盘上巡游的出租车是没有生意可做的。作为回报，费伯和他在这一停靠点的其他同伴们一起凑钱给这两个门卫一份圣诞小费。有一天，汤米为酬谢费伯，给他提供了一个令人振奋的消息，搭载富兰克林·罗斯福夫人去市区。哈里告诉第一夫人他是一个支持新政的民主党人，她听到后很高兴。出租车司机们都很喜欢罗斯福夫人，她给很高的小费都出了名，他们经常鼓励她坐在前面座位上，以便能和她更随意地聊天。

为了确保最好的行程，费伯将他一天的时间分开，在早晨高峰时间，他隐藏在火车站候车，接下来几个小时在办公楼及百货公司附近候车。中午时分为用餐者提供乘车，下午早些时候为女性购物者提供车，下午晚些时候最好在金融地带候车，之后在酒店和饭店候车，这一时期会忙到晚上九点，接下来的两个小时，生意就有些清淡了，哈里和他的同伴们通常去吃饭，读报，闲聊，然后去剧院等候看完戏剧的人们坐车。哈里也知道一些候车的小窍门，诸如将车停靠在黑暗的办公楼附近，有利可图的乘客可能突然出现；他认为深夜在办公室的人多半是在从事犯法行为而不是努力工作。午夜时分，在大酒店里聚会的人们陆陆续续地走出来，乘出租回家；午夜后，出租车司机将车停靠在夜总会附近，等待错过了去郊外的末班车而醉酒的食客。出租车司机也可能把消费者带到收费极高的夜总会那里消费，一般这些笨蛋消费的40%会成为他们的佣金。尽管这样做是非法的，但出租车司机载消费者去较小的旅馆收取一美元的引路费却是合法的。沙迪尔是出租车司机皮条客，不过费伯估计仅有2%-3%的出租车司机是拉皮条者。偶尔，哈佛俱乐部的一些消费者也会问他年轻漂亮女人的地址，哈里通常反击道："对不起，那不关乎我的工作。"其结果就是乘客给的小费很少。

哈里1939年出生在纽约东部贫民区的一个俄罗斯-犹太裔组合

第三章　大萧条时期寻求秩序：1930—1940 年

家庭,8 年级时结束学业,成为一名运输业务办事员,在海军服役 2 年之后成为纽约第八大道线路上的有轨电车售票员。20 多岁时开始从事出租业,当时开的是一辆黄色出租车(帕米利车行的先驱),之后拥有了自己的出租车,是从亲戚那里借了 1000 美元、从一名制造商那里借了 2000 多美元买的一辆莫格尔 - 切克尔牌车。一年内他还清借款,并开了莫格尔车三年。当计程仪显示它航行了 18.5 万英里时,他买了一辆新车,并开着这辆车直到 1932 年。大萧条时,艰难的生活迫使他放弃了自己的生意,在班尼·恩格尔(Benny Engle)的第五区车库工作了一年,这是一个小公司,不久之后就破产了。哈里于是加入"黄色一族",这是出租车司机对帕米利车行的称号。他以拥有异常好的订单而出名,同时他还是一个安全性非常好的司机,在他 15 年的出租车司机生涯中,仅有一打法院传票和两起小的交通事故。

　　哈里 1928 年和埃丝特·韦茨曼(Esther Weitzman)结婚,她是大批去科尼岛、然后在位于贝德福德大道的纳普大厦跳舞的一群年轻人之一,现在他们夫妇就住在离这儿不远的地方。埃丝特在服装区工作了很短一段时间后就辞职不干了,专职照顾他们唯一的孩子——他们的女儿——和她患有糖尿病、已是半残废的母亲。哈里每月至少给埃丝特 80 美元,她努力应付着家庭开支。他们租的是不带电梯的六居室,每个月的房租是 35 美元,埃丝特的弟弟也住在那里,他是乔·萨尔温(Joe Salwen)纸业公司的一名司机。韦茨曼夫人很传统,尽管哈里和埃丝特都很美国化了,但哈里在宗教节日从不出去开车工作,而在宗教节日由于犹太裔司机也不工作,曾导致市内有效出租车严重缺乏。他们的娱乐很简单:听收音机,看杂志,偶尔去电影院看电影,或参观纳普大厦,更为频繁的是去埃丝特众多亲戚家串门。在周六,哈里收工很早,之后沐浴,穿上合体的衣服,和他的朋友们一起在打纸牌中度过整个晚上,埃丝特则去她的太太俱乐部活动。夏季的每周日,他们会去科尼岛度假,或借一辆小汽车去纽约州北部远离都市的地方。哈里很少休假,而埃丝特在夏天会去北部一个犹太裔旅游胜地 2 周,根据美国式收费制支付 25 美元后,就可以和来自布鲁克林和布朗克斯的其他游客一起跳舞和娱乐。她喜欢北部地区,希望哈里放弃开出租的工作,在北部开一个食品杂货店。哈里认为回到有轨电车公司工作更可行,不过他也承认开食品杂货店也不是一个坏的主意,因为卖食品总不会比开出租更有风险,而且,如果经济复苏较慢,他们吃的食品还可以享受食杂店进货批发价的优惠。

费伯的生活典型地说明了中产阶级下层和工人阶级之间界限非常模糊。有时,他拥有自己的生意,但他的大部分职业生涯是在为大公司工作的工人阶级中度过的。尽管人们一般认为出租车司机具有很强的独立精神,但费伯的工作生活很世俗,难得有兴奋的事情,一般都是乘客之间的日常琐事。[63]

在《财富》杂志里面,没有文章提及哈里·费伯是否是工会会员。他也可能不是会员,因为 1930 年代末出租车司机与运输工人工会的联合再次陷入冷淡。1939 年运输工人工会和主要车行谈判失败。由于内部纠纷不断,工会对其成员失去控制,1939 年 1 月,工会在下一轮选举出现重大逆转。尽管运输工人工会对较大车行的工作做得很好,但它仅赢得了 28 个车行中的 6 个,对公司工会仅有微弱优势。工会的优势在被威胁数月之后,它号召在是年 1 月份举行总体大罢工。罢工的公告在主要车行发布。其中一个重要议题是即将举行的世界博览会。运输工人工会担心在世博会期间市长允许街道上运行的出租车数量增多,同时,它还谴责要给予帕米利公司一项专有权力的计划,即帕米利公司在世博会附近拥有一个庞大的候车区。即将举行的世博会给运输工人工会一些超越车行的优势,罢工会导致出现骚乱和大量金钱的损失,运输工人工会没有超越使用暴力,为打击那些不合作的司机,1939 年初工会的官员两次遭到逮捕。[64]

运输工人工会的主席迈克·奎尔将这次拙劣的罢工视为他最大的一次失败。奎尔谴责出租车司机不来援助巴士和地铁司机。相应地,这些司机对出租车司机也不信任,并公开敌视他们。一个老资格的运输工人工会组织者轻蔑地谈到出租车司机:"我们有一种感觉他们不喜欢我们。当其他工会成员陷入困境时我们以慷慨救助知名。我们给钱,收集食物,向前推进他们的警戒线。出租车司机不需要这些,他们不理解团结的意思。"奎尔也谴责车行老板,他说到:"他们声名狼藉、不择手段,无论是书面还是口头协议,全都背信弃义。"他认为出租车司机将陷入到"持久的骚乱"。运输工人工会组织者警告出租车司机不要鲁莽罢工,但他们在一次"喧闹的、易怒的会议上,投票决定罢工"。奎尔回忆这次会议是在凌晨三点换过班之后召开的,是"午夜过后市内最好的展示,它是自由的。"约翰·加菲尔德(John Garfield)及剧院联盟将定期去交通大厅观看"出租车司机的表演"。不幸的是这次罢工惨败,成为"年轻的运输工人工会第一次也是仅有的一次大灾难"。运输工人工会退出所有的停靠点,并新雇佣一名被沃尔德福·阿斯陀利亚酒店解雇的厨师经营罢工厨房。运输工人工会女友会也表示要支援,但出租车司机的太太们没有一个露面,没有造成新的隔阂。奎尔声称,运输工人工会将大量来自当地巴士和地铁司机的会费注入罢工,但出租车司机很少表示感激。他们将他们的出租车停在远离交通大厅的地方,前来吃美食,然后离开在罢工中充当工贼,而工会早已警告他们不要举行罢工。奎尔认为这些出租车司机不仅被恶毒的老板剥削,还被独立的企业家盘剥。奎尔指出,当公众的钱包瘪了的时候,出租车司机就"和他的同行展开了激烈的竞争;只有到最后无奈的时候他们才可能想到团结。"[65]

1930年代末,很少有人能预见到运输工人工会组织出租车司机的努力会最终衰落。30年代末,出租车司机已经经受住了震撼美国的经济大萧条。在一个同情出租车司机的市长领导下,街道上激烈竞争的状况得以改善,并在激进工会的辅助下,出租车司机的数量也有所控制,为他们的工作创造出价值。他们展现出建立在阶级基础上的、强烈的激进主义,正如1934年罢工中所表现出来的暴力。那次罢工使得对的哥持同情态度的拉瓜迪亚都认为出租车司机急需管制。与此同时,他们组建工会的努力却建立在一个和运输工人工会不牢靠的联盟基础上,而运输工人工会的领导者迈克·奎尔,一个主要的劳工人物,对出租车司机根本不信任。自有车司机在这十年中因确保有一定的出租车比例而幸存下来。出租车文化,在以前只能隐约感觉到,而在 1930 年代却呈现出世人将予以承认的景观。拥有强大实力的车行也创造出像哈里·费伯这样的职业出租车司机。出租车司机决心组织和取得经济优势的努力吸引了左翼作家的目光,他们将出租车司机描述为无产阶级英雄。更为保守的是,好莱坞电影整体上将出租车司机看作是具有个人主义倾向的、但很有吸引力的工人阶级男性,尽管在一些电影中也有出租车司机是罪犯的情况。尽管由于经济危机陷入到低工资的工作中,出租车司机还是展现了他们强硬的、适应都市生活的形象。在 1930 年代末,发行准驾徽章的制度看起来好像是在办理另一个执照,但最终它在经济上和政治上都成为出租车司机经营出租车的基础。世界上大事的发生也使得证章的价值得以迅速提升,远远超出最初发明它的意图。

第四章 战时繁荣:1940—1950 年

第二次世界大战使纽约市的出租车产业重新复兴起来。国防交通办公室(Office of Defense Transportation, ODT,二战期间根据美国总统行政命令成立的临时性行政机构。——译者注)对汽油和汽车配件的定量供应抑制了汽车的过度生产。总体而言,政府对出租车产业在战争时期作出努力合作的态度表示了肯定。纽约市的出租车司机在1944 年超额认购了战争公债,展示了他们的爱国之心。他们能够担负得起这些。战争期间,街道上出租车数量减少,这就意味着更多的生意,更少的空驶和更少的竞争。战时征兵也避免了出租车司机人数过剩问题。对出租车行业变动不居感到厌倦的司机们相继把他们持有的准驾证章上缴,以避免一年 10 美元的执照更新费,最终离开了这个行业。在第二次世界大战期间,很多出租车司机在部队服役或在军火工厂工作以求得到更好的薪金待遇,如此一来,自有车司机人数减少到7500 人,即达到自准驾证章制度实施以来的最低数量。但是战后退伍军人重新申请准驾证章,自有车司机的人数又恢复到战前水平。战争刚刚结束时对它的需求就如此强烈,以致市政府又发行了新的准驾证章给那些更多从战场上返回来的老兵,在 1946 年就使许可证的发行数量提高到 11787 份,并且在接下来的几十年里一直保持着这一总数。但是,并不是所有的退伍老兵都从市政府扩大的准驾证章发行量中获得益处。到 1947 年为止,车行出售那些闲置的准驾证章为 2500 美元,尽管警察部门和报界都认为这个价格过于昂贵,但是却开始了对准驾证章的公开投机。[1]

即使在战争开始之前,结构极其精巧的出租车的出现就已昭示了一个崭新的繁荣时代的到来。甚至在大萧条的最后几年里,汽车制造商就密切关注公众的需求。1936 年,敞篷车十分盛行,但很快就被防碎玻璃天窗所取代。敞篷车有它们的不利之处,例如汽车废气过多,但漆布卷容易搬运,或便于酗酒者谈话。观光客也喜爱它们。1940 年,切克尔牌出租车进行了极大的革新,全金属的卷棚式顶盖不见了。当司机转动曲柄,旅客头上的车顶部分就可滑动到车身内,新鲜的空气和阳光直面而入。切克尔牌出租车也注意使前排座通风改善、温度适宜,前座软垫可调节。新的附加装置防止了在山坡上行驶时过度颠簸,油箱装满时,也会有所显示。德索托斯基威尔车型也采用了可以伸缩的车顶天窗,并且在汽车行李舱中为备用轮胎预留了更多的空间。推销员煞有介事地声称,在车后行李舱中安一个小横杠是为了防止运输死尸的。耐用的出租车可以从原主人转手给纽约市的出租车司机,然后可以作为报废车转手运送到南部较小的城市里。[2]

　　运输工人工会在 1940 年代早期持续他们的努力。1940 年 3 月,工会再次敦促拉瓜迪亚市长进一步限制出租车的数量。1940 年 4 月,当运输工人工会与两个最大的车行,即终点站出租车公司和全国出租车公司(National)之间的谈判破裂之后,工会命令其 6000 多名司机罢工。关于罢工为何能够成功有五花八门的解释。与市长同情罢工者的 1930 年代的罢工不同,这一次,警察监视着纠察线并警告说任何形式的暴力活动都是不能容忍的。警察特别小分队被指派到大的宾馆、出租车行和街道的主要交汇点执行任务。没有参与罢工者,特别是那些自有车司机,由于几个大车行数千名司机的罢工而迅速受益。[3] 尽管迈克·奎尔对 1939 年罢工的失败仍心有余悸,但是运输工人工会在重重问题困扰之下的世界博览会期间进行罢工失败后,改进了斗争策略。4 月 25 日,有 4000 名帕米利车行的司机参与了罢工;在接下来的一个月中,14 名罢工者因在纽约世界博览会所在地附近设置纠察队而被拘捕。拉瓜迪亚对双方都表示了不满:对出租车司机,他抨击他们的罢工;对车行,他批评说他们拒绝仲裁建议。自有车司机的态度很鲜明。

他们接受自 1925 年以来就开始实施的警察部门对出租车行业的管理规定,并且认为,尽管车行司机有权要求得到更高的佣金,但经济形势似乎并不能保证加薪。在警方把守着城市的基础设施,并密切监视着自有车司机活动的同时,拉瓜迪亚试图说服运输工人工会于 5 月 29 日停止罢工,允诺改善出租车行业的工作条件。然而,帕米利车行拒绝采纳市长的提议,并利用罢工失败的机会,解雇了 200 多名司机。[4]

运输工人工会很谨慎地应对这场战时危机,他们宣称在反对法西斯主义的战争中不会举行罢工。从 1943 年到 1944 年,他们一直在帕米利车行试图组织生产和正常工作。至 1944 年 6 月为止,它宣布已经在该车行里组织了许多单位,包括一支由"黑人司机报名参加"的小组。运输工人工会声称它们将阻止兼职司机进入出租车行业,修订出租车管理办公室的管理条例,并试图为所有车行寻求一个全国产业工会联合会(CIO)的车间合同,这一协定将会要求就业安全,带薪休假,资深权,仲裁权,偿付花在用于汽车故障修理时间上的补偿费,并根据对出租车的预订情况发给司机奖金。运输工人工会与公共汽车和火车司机也订立了一部分合同,但迄今为止这些目标仍没有达到,表明了运输工人工会与出租车司机之间存在着矛盾。

无论如何,运输工人工会仍取得了一些成功。它在人数众多的阳光车行(Sunshine Garage)中取得了另一个较大胜利,为司机取得了增加工资,带薪休假,工会保障,解除仲裁和逐年递增百分之一奖金的权利。尽管取得了这些胜利,但是运输工人工会在各自车行中却渐趋失势,到 1944 年底,自有车司机的报纸《出租车时代》有几分幸灾乐祸地说,运输工人工会正在迅速失去影响。但运输工人工会主席迈克·奎尔不屑于此评论,他认为出租车司机不会为一点儿小恩小惠向车行老板屈服。[5]

迈克所谓的"小恩小惠",在出租车司机看来却是一条通往繁荣之路。战争短缺造就了一个"出租车司机的黄金时代"。对汽油和私人汽车使用的定量限制及战时繁荣带来的战时乘车费用的上涨,使得开出租车较之以前更加轻松、更有利可图。一位司机说道,在给妻子买了一件新的裘皮外衣并积攒了700美元之后,仍比过去一周多挣了100美元。然而,阶级之间的怨恨迹象已经初露端倪。自大萧条年代以来,司机们就经常为不方便行驶的路程要求得到比计价器显示的更高的费用。一个司机注意到:"一些过去在上午10点钟经常乘坐我的车去华尔街的男孩现在已经开始改乘地铁了。也许从长远来看,两种运输方式所得收益将会持平。"国防交通办公室实施的减少旅行总量的行为在司机中间引起了愤恨。到夏季来临时,纽约市警务委员也注意到,出租车司机在利用这种形式,尤其对现役军人敲竹杠。据报道,有时车费要比计程器上所显示的价格高出将近一倍,或者是按人头收费。[6]

运输工人工会罢工的失败和战争期间更好的工资待遇使组织工会的动力显得不足。在战争期间,白班出租车司机每周的收入激增到65至70美元,而夜班司机每周的收入暴涨到80至90美元。[7]工资飙升的一个原因是获取维修旧车的零部件和购买新的出租车都是非常困难的事情。1942年,国防交通办公室下令在战时不准制造新的出租车,并且禁止缓慢巡行揽客,禁止利用出租车进行娱乐性旅行和运送邮件,禁止超过35英里的开车路程。国防交通办公室同时停止了上百辆出租车的生意,转而用它们来运送长岛的飞机制造工人上下班。考虑到乘客有可能侮辱女司机、合伙搭乘会导致犯罪等,纽约市政府通过禁止合伙搭车,但这又进一步加剧了出租车的短缺程度。甚至当一场很大的暴风雪妨碍和威胁成百上千的出租车司机进行正常工作、市民成群地等待从不停靠的出租车时,市政府仍旧反对合伙搭乘。民主党人试图通在合伙搭乘引起的争议中取得对拉瓜迪亚不利的政治进展,但是位于奥尔巴尼的州立法机构却没有通过它们的议案。结果,出租车仍旧供不应求,空车巡行揽客的车辆几乎消失了,车费提高了,车行和司机都比以前挣了更多的钱。[8]

战争期间,男性司机的不足为妇女大规模地进入这一行业敞开了大门。在二战之前,只有少数妇女从事这一行业。到1944年,已经有

68名妇女拥有开出租的执照。但是,根据出租车管理办公室的统计,只有一半人能够得到出租车。其他人则放弃了执照,去从事薪水更高的铆焊工作了。根据一位女出租车司机的记述,她认为妇女能很容易找到工作。鲁思·苏兹贝格(Ruth Sulzberger)像其他同事一样,经历了常规的身体和指纹记录检测,而获得了出租车营业执照。之后不久,她带着新的执照和准驾证章来到了帕米利车行,并被派出去驾驶"公司的一辆绿色出租车。"在马路上,苏兹贝格遇到了四种乘客:匆忙搭车型,指挥型,观察型和安静型搭乘者。多数乘客属于第一种类型,并且更多关注的是车的速度,而不是司机的性别。苏兹贝格认为后座的指挥型乘客是最令人讨厌的,但是她很喜爱那些看起来对她的关于战争,经济和纽约市的评论表现出强烈兴趣的观察型乘客。"由于连日来艰苦的工作已经结束,司机们不再像他们曾经表现的那样强硬",所以她没有从其他同行身上感受到多少敌意。但她确实发现妇女比男士对她作为出租车司机表现出更多的兴趣。尽管她们看起来并不怀疑她的驾车技术,但却好像是在同情她。[9]

女出租车司机伊迪丝·马尔茨·克拉克(Edith Martz Clark)的第二本自传的题目是《一个年轻女出租车司机的自白》。马尔茨在费城开车,并于后来成为了一名内科医生,但是她的回忆录对于理解纽约市的女出租车司机的生活经历大有帮助。马尔茨估计她是费城大约300名女出租车司机中的一员。在从事那项工作的时间中,她遇见了一名在一战期间开过出租车并乐此不疲的妇女。马尔茨发现许多乘客都对她这位女士坐在方向盘后感到惊讶。一个失明的醉汉对马尔茨讲,他很害怕女司机。当马尔茨搭乘另一名男子时候,他惊叫道:"我没有喝得那么多——对吧?"马尔茨时常被提醒要对有犯罪倾向的乘客保持警惕。人们建议女性司机不要戴珠宝首饰,但是马尔茨还是会经常戴着她的婚戒以避开可能的求爱者。她听说过一个女司机曾经被乘客诱骗到新泽西州的一处荒地,最后是她咬破了袭击者的拇指才避免了被强奸的噩运。性骚扰对女性司机而言是司空见惯的。有一次,一个男乘客以天气寒冷为由,邀请她到后座为他热身。该乘客给她提供为其递送商品的工作,并保证工资将是马尔茨开车收入的两倍,但是工作内容包括"慢慢地坐到我的腿上"作笔录。另一位乘客在乘车几分钟之后就请求她嫁给他。女性乘客有时同样令人厌烦。一次,一个妇女曾邀请马尔茨到她的公寓里陪她一起吸大麻;另一位则公开表示了自己的同性恋倾向。当马尔茨觉察到乘客的危险企图后,学会了在经过警车旁边减慢速度。一位行为古怪的乘客自称是一名侦探,并在下车及付车费之前让马尔茨开车带着他去了许多漆黑的街道。她后来知道那位乘客也在同一天让另外几个男司机为他做了同样的事情。[10]

《出租车周刊》采访了几个看起来工作得很是得心应手的女司机。布鲁克林的"艾丽斯·泽勒小姐(Miss Alice Zeller)"夸耀说:"我熟悉布鲁克林。随便你说出布鲁克林的任何街道和门牌号,我都会在最短的时间想出到达那里的最近路线。""露露·肯尼迪(LuLu Kennedy)小姐"在时代广场附近开夜班车,所以,了解当时正在上映的所有演出剧目成为了她的一部分工作。她对乘客说,不用详细地说明路线,只需要告诉她将要观看的戏剧的名字就可以。如果乘客忘记了演出的名字,她就询问有关的人物角色,直到最后设法将他们带到要去的地方。海伦·霍兰德(Helen Hollander)女士开出租车是因为她的丈夫是一个残疾人,而"我们中有一个人必须要出来工作。"她说道,作为出租车司机,她遇到的唯一难题就是要应付没有付车费的喝得醉醺醺的年轻女士。在这种情况下,她会把她们迅速送到警察局拘捕起来。然而,并不是每一位女司机都能很好地适应这项工作的。其中有一位不会辨认交通指示灯的女性,在工作的当天就放弃了这项工作。[11]

出租车司机之间超越性别界限的团结一致在1944年的一个不起眼的宣传品上引起了众人的瞩目。《纽约每日镜报》(*New York Daily Mirror*)在为一本《现代荧屏》(*Modern Screen*)杂志所做的宣传广告中显示了弗兰克·西纳特拉(Frank Sinatra,20世纪中期流行乐坛风云一时的人物,集唱片公司老板、歌手、节目主持人于一身。——译者注)

殴打一位出租车司机,因为他认为这个司机打了一个小孩,应该给予教训。《出租车时代》谴责了这种"诬陷不实之词",并要求报纸撤回不真实的报道。另一个相似的抗议来自一位名叫鲁比·菲利普斯(Ruby Phillips)的女出租车司机。她指责那份引人注目的噱头,并表示她所知晓的出租车司机大多是家庭中负责任的好男人,所以绝对不会卑劣到殴打一个小孩。一篇有关她的文章注意到她是第一批获得飞机驾驶员执照的女性之一,并且因此而在整个欧洲享有盛名。[12]

以女司机开着出租车搭载着乘客在浪漫的城市气氛中疾驰为背景的影视作品对百老汇制片人和编剧有着难以抵御的吸引力,好莱坞也不甘示弱。百老汇1944年制作的戏剧《寻欢作乐》(On The Town)借用一个布伦希尔德式(Brunhilde)的女出租车司机"希尔德"艾什泰哈齐("Hildy" Esterhazy)的性行为,讽刺了当时的女出租车司机。剧中描述了希尔德在搭乘了一名水手之后,拒绝了他观光游览的要求,而是诱骗他"来到了她的住处",并唱了一曲伦纳德·伯恩斯坦(Leonard Bernstein)撰写的引人发笑小曲。好莱坞制作的、由贝蒂·加勒特(Betty Garrett)饰演希尔德和弗兰克·西纳特拉(Frank Sinatra)饰演水手的影片在1949年正式公映,这是1940年代以女出租车司机为主人公的六部电影之一。

甚至在《寻欢作乐》的戏剧版本上映之前,环球电影公司(Universal Pictures)在1943年就制作了音乐剧《你好!水手》(Hi Ya ! Sailor),它描述了由诺克斯(Elyse Knox)饰演的出租车司机帕特·罗杰斯(Pat Rogers)如何通过将一个香烟盒送还到失主、著名流行歌曲女歌手手中,而帮助几个水手朋友顺利地进入了娱乐界的故事。在这部音乐剧的末尾,帕特与其中的一名水手结为了伉俪。一个资金并不雄厚的电影发行公司、制片人发行公司(Producers Releasing Corporation)在1943年推出了影片《危险!工作中的女人》(Danger! Women at Work)。在这部影片里,玛丽·布赖恩(Mary Brian)饰演出租车司机珀特(Pert),她给她的朋友特里(Terry)在她最近继承其叔叔的卡车和房产问题上提供了一些建议。从此,两个女人开始经营她们自己的货车运输业。1944年,环球电影公司出品了《上层社会》(*In Society*)。影片描述了由马里恩·赫顿(Marion Hutton)饰演的出租车司机埃尔西·胡莫迪戈尔(Elsie Hummerdingle)搭乘由艾博特(Abbott)和科斯特洛(Costello)饰演的两名管子工驱车去长岛,为一个富有的社交界名流安装管道的故事。在一系列滑稽的阶层颠倒之后,出租车司机和艾博特及科斯特洛被稀里糊涂地当成了上流社会的名人,他们搞报复性破坏,从盗贼手中抢救了一件稀有的艺术珍品,但后来又笨手笨脚地将它毁坏了。1946年,华纳兄弟电影公司(Warner Brothers production)出品的《灰姑娘琼斯》(*Cinderella Jones*)中,朱莉·毕晓普(Julie Bishop)饰演的出租车司机卡米尔(Camille)使女主人公理解了她复杂的爱情生活。在所有这些影片中,除了两个以浪漫的爱情故事结束以外,女出租车司机经常作为饰演喜剧人物的配角。在《寻欢作乐》和《危险!工作中的女人》两部影片中,女司机的阳刚气质被同为劳工阶层的情人和丈夫看来是合适的。[13]

　　好莱坞多半将男性出租车司机塑造成喜剧人物。威廉·本迪克斯(William Bendix)由在哈尔·罗奇电影制片公司(Hal Roach Studio)拍摄的一系列关于布鲁克林一户名叫麦圭林(McGuerin)的出租车司机家庭的影片中担任主角而成为明星。1942年,在三部曲中的第一部《布鲁克林的兰花》(*Brooklyn Orchid*)中,蒂姆·麦圭林(Tim McGuerin,由本迪克斯出演,这是他在好莱坞的初次登场)与他的兄弟创建了红圈出租车公司(Red Circle Cab Company),它由一支拥有1000多辆出租车构成的车队组成。麦圭林称得上是一位出色的出租车司机,但是他的妻子萨迪(Sadie,由格雷西·布雷德利[Gracie Bradley]出演)却除了只能给他添麻烦之外,什么也不能做。在这部电影及其1942年创作的续集《布鲁克林的麦圭林一家》(*McGuerins of Brooklyn*)中,家庭成员之间的矛盾冲突,而不是男人们的事业推动着整个影片的进展。在加利福尼亚州圣莫尼卡(Santa Monica)的升降机牧场(Uplifters'

Ranch)拍摄影片的时候,电影塑造了一个劳动阶层的出租车司机由于疲惫不堪而无法满足妻子要求的喜剧效果。1943 年,电影的第三集《出租车,先生!》(Taxi, Mister!)用倒叙的手法讲述了蒂姆和萨迪第一次相遇时的情景。这一系列影片重在将出租车司机描绘成一个被家庭不幸所困扰,又极少能在同伴中找到志同道合的普通人。[14]

本迪克斯擅长于饰演那种努力在社会上谋生而又不图过多回报的小人物。在 1943 年上演的《瓜达康纳尔岛日记》(Guadalcanal Diary)中,本迪克斯在南太平洋的战争剧院的演出中修改了他的台词。他饰演的角色"出租车司机"波茨(Potts)是一个性情温和的人,他每天只是希望平安地工作,然后与住在布鲁克林的妻子团聚并观看道奇人(Dodger)的棒球比赛。他略带悲伤简洁的台词是:"我不是英雄。我只是一个男人。我来到这里只是因为有人必须来,但我不想获得任何奖章。我只想回家。"他这种平淡的心态在他许多种族各异的战友中非常普遍。他们将女人不仅看作性伴侣,而且还将其作为所钟爱的可以与之组成家庭共同生活的伙伴。他们一起唱到:"我需要一个女孩,就像嫁给我那可爱的老爸的女孩一样。"[15]

正统的出租车司机对好莱坞在本迪克斯系列电影中对他们的工作所做的"一成不变的描述"感到厌倦。事实上,本迪克斯饰演的出租车司机在电影评论中都被说成是"沉默寡言但心地善良的人",这是很令人不悦的看法。一个出租车司机收集了许多有关司机英勇、慷慨、诚实的剪报,以反驳电影中的负面描述。他提到,有一次在出租汽车站附近一个老妇人在人行道一侧驻足观察了他十分钟,然后走过来问他是否是一位本分的司机,并告诉他说她经常在好莱坞的影片中看到横冲直闯的出租车司机。[16]

与 1930 年代的影片基调大致相同,1940 年代的电影经常将出租车司机置于犯罪的场景中。这其中的部分原因是,由于战时生产委员会(War Production Board)对固定开支的限制,所以好莱坞只能迫使导演利用现成的道具进行拍摄。更重要的是,影片的卖点越来越趋向于对城市劳动阶层生活的关注。像侦探、夜总会的小姐和战争老兵一样，出租车司机也在夜间工作，这使他们真正理解了人性的空虚和堕落。像其他一些在夜间活动的人们一样，出租车司机亲眼看到并且参与了充满腐败、贪婪和暴力的活动。作为下层阶级的一名工人，出租车司机本身无法上升到伟人阶梯，或是堕落到成为卑鄙的恶棍的程度，但是他们却起到了辅助和帮凶的作用。然而，这些角色都不会使他们的地位提高。[17]在1942年拍摄的《别名波士顿的黑人》(Alias Boston Blackie)中，保罗·菲克斯(Paul Fix)饰演的出租车司机史蒂夫·卡瓦鲁尼(Steve Cavaroni)谋杀了他以前的帮凶。1948年上映的《大钟》(The Big Clock)描述了一个出租车司机将凶手送到了犯罪现场。1949年拍摄的《一个危险的职业》(A Dangerous Profession)讲述了一个出租车司机被买通，以获取他的一位顾客的个人信息。1941年的《他们充满危险的生活》(Dangerously They Live)、1942年的《女间谍》(Madame Spy)、1943年的《里奥·丽塔》(Rio Rita)等影片描写了密探将他们自己伪装成出租车司机的故事。暴徒也冒充出租车司机以隐藏他们的身份：在1942年拍摄的《双雄喋血》(Johnny Eager)中，罗伯特·泰勒(Robert Taylor)白天开出租车，而到了夜晚则换上了另一身衣服从事赌博勾当。虽然他爱上了一位女乘客，但在向她求婚之前，却被警察枪杀了。

1940年代最有趣的影片之一是1947年拍摄的《基尔罗伊在此》(Kilroy Was Here)，讲述了退伍老兵雅姬·库珀(Jackie Cooper)在南太平洋服役期满又重新作为出租车司机的故事。故事的开头，是约翰尼·基尔罗伊(Johnny Kilroy，由库珀饰演)收到本森学院(Benson)根据《士兵权利法案》(GI Bill，1944年通过，给参加过二战的退伍军人提供特别资助、包括教育方面提供津贴。——译者注)发给他的入学许可，到那里去学习。约翰尼和他的出租车司机好友帕比·柯林斯(Pappy Collins，由雅姬·库根[Jackie Coogan]饰演)一道，与享有特权的兄弟会成员发生了冲突。即使在校方发现他就是二战期间那首众人皆知的士兵歌曲"基尔罗伊在此"中所唱到的"真正的基尔罗伊"之后,那些兄弟会成员仍旧排斥他,因为他们发现他是一位出租车司机并有许多出租车司机朋友。这些兄弟会成员邀请基尔罗伊和他的朋友们去参加一个舞会。但是当约翰尼和这些衣衫褴褛的出租车司机出现的时候,这几个联谊会的男孩公开否认认识他们。在自尊心受到损害之后,基尔罗伊决定离开学校,直到一位仁慈的教授劝他不要放弃,同时学生们也对他表示欢迎的时候,他才没有退学。尽管故事的结局是喜剧性的,但是由于社会等级之间普遍存在的紧张关系,影片暗示了中产阶级与出租车司机之间日趋扩大的阶级鸿沟。[18]

一个重要的问题就是现有出租车司机的紧缺。《纽约时报》报道说,尽管战争期间出租车的数量有所减少,但是自1941年开始,乘车的人数却翻了一倍;平均每天有70多万纽约人要搭乘出租车。至少出租车得到了改进。纽约人对帕卡德联邦公司(Packard Federal Corporation)的纽约办事处推出的新型战后出租车款式表示了欢迎。新型出租车以创造更大的空间为特征,它的前排座位可以搭乘两位乘客,并与司机的座位用塑料板隔开。宽敞、舒适的后座可以再容纳三个人。特制的除雾玻璃,乘客自己操作的无线电广播和可以调整的座椅是帕卡德公司专门为乘客设计的。尽管具有这些吸引力,但是纽约市出租车管理办公室仍没有批准,认为新的出租车缺少安全性和舒适特点,车门存在安全隐患,反对投入使用。出租车管理办公室主席安德鲁·沃伦德(Andrew Wallender)在两周之内就取缔了新型帕卡德出租车的使用。[19]

战时出租车和司机的短缺,使许多人确信开出租车将会是一个有利可图的行业。随着战争中的老兵逐渐复员,市长拉瓜迪亚试图尽快修改《哈斯法案》,以使155名从战争中返回的出租车司机能够重新得到他们的准驾证章。很快就有1600多名退伍士兵申请出租车执照。[20]国防交通办公室在1945年8月取缔了对战时出租车行业的限制性管制。尽管战后出租车司机的兴盛时代只持续到1946年夏季,但是纽约市兴旺发达的经济环境使准驾证章含金量不断增加。它们作为准驾证章的价值由1937年最初的5美元价格变成了二战之后可以在市场上交换的商品。到1947年,出租车许可证在活跃的黑市上已经可以卖到2500美元。自有车司机为了获取"红利"收益,而维护准驾证章买卖的交易活动。一个自有车司机的组织,联合出租车委员会(United Taxi Council)声称"出租车行业是一种流动性的商务活动。它不只是包括相应的设备,还需要设备的更新。"自有车司机表示"阻止流通中设备的转卖就是损坏机械本身的价值,因为一般而言,除非作为出租车而租让,否则汽车行业的市场本身就很小。"通过这些评论,自有车司机认为他们是由城市授予了特权的独立经营者。尽管自有车司机通常反对扩大准驾证章的发行数量,但是他们认为只要是专门销售给退伍军人,并且有助于减少他们的失业,就会支持纽约市出租车管理办公室准备"再次发放"约1800张许可证的计划。[21]

同时,自有车司机团体致力于提高车费的努力,他们表示1931年之后,车费就没有提高,而从二战开始,反而下降了25%,但是维修费和燃料费却没有下调。车行老板拒绝对提价问题发表任何评论,并表示任何支持此类倡议的举措都会引起误解,同时他们所关注的主要问题则是引进新的汽车以代替在战时损耗过度的出租车。车行老板为了安抚司机们,尝试着家长式的管理方式。曾开过出租的终点站出租车公司总裁,为在他公司工作的司机的子女设立了两个6000美元的学院奖学金。但毫无疑问,出租车司机们对每天的收入更加感兴趣。但是,他们关于车费提价的要求却没有得到政府的支持;1948年中期,出租车司机要求车费提价30%,并表示他们的生意已经到了1942年以来的最差程度。尽管市议会努力抑制车行老板及自有车司机转让准驾证章的所得利润,但是到1950年为止,其价格已经达到了5000美元,是原来的两倍。尽管出租车司机没能成功地推动车费提价,但是准驾证章的价格还是上涨了。[22]

车费提价很快成为了政治斗争的一个砝码。自有车司机在1947

年首次要求提高车费。在接下来的一年里,车行老板和自有车司机与市政府商定了一个提高车费的协定,但是当有几个车行拒绝担保给司机涨工资的时候,这一草案没能获得通过。这一争端成为市政府和车行在接下来几年里的一系列洽谈中一触即发的矛盾焦点。原本有一个法案已经快要通过了,但是《纽约邮报》(New York Post)揭发了终点站出租车公司、市议员和警察之间的腐败交易——对该出租车公司的账册进行审查时发现,他们每年支付"给警察"的费用是 27064 美元。随之而来的骚动使接下来两年提高车费的努力无疾而终。[23]

在 1940 年代末,出租车司机也在纽约市出租车管理办公室的监管之下受到抑制。该管理办公室试图粗暴无礼地加强对司机们行动的控制,例如,它坚持要司机们接受运载到外县的长途乘客,而司机们则认为那是无利可图的。出租车司机认为管理办公室的监督对他们而言是一种烦扰。运输工人工会的地方分会、全市出租车工人工会(City Wide Taxi Workers Union)的成员聚集起来公开谴责管理办公室的"盖世太保手腕"。尽管警官们也在会议现场,但是出租车司机们仍旧指责了出租车监察员们的敲诈勒索行径。[24]

想与纽约市繁荣的经济保持同步发展的愿望,促使出租车司机们把车开得更快更猛。莱昂内尔·法宁格(Lyonel Feininger)拍摄了一些有关曼哈顿城中部年代久远的街道上挤满了私家小汽车、公共汽车和为数众多的出租车照片。战争刚刚结束,E. B. 怀特(E. B. White)就写到,纽约市从来没有像现在这样"如此不适,如此拥挤,如此紧张"。他注意到:"现在的出租车比 10 年前开得更快了——而那时它们已经开得很快了。司机们过去是带着热情开车;而如今他们有时看起来像是不顾一切地拼命开,就是为了那最后的小费。"怀特认为,尽管出租车司机总是抱怨生意不好,但是"在某些天的某些时段,几乎很难找到一辆空出租车,并且在它们的后面还有许多要打车的人在追逐"。打车成为在城市中生活的一门技术:"你抓住了车门把手,然后打开了车门,但却发现从另一侧车门已经有一个人正在往车里钻。"有更多的纽约人就像 20 年前 F. 斯科特·菲茨杰拉德所描述的那样生活。他在《了不起的盖茨比》中所刻画的汤姆·布坎南"以一种机敏而又莽撞的方式行走,他的手臂略微伸出,好像避免其他人可能的触碰"。所以可以很容易地想象这样一个人进入出租车告诉司机他的目的地之后,向司机喊道:"快点开。"[25]

1950 年,在准驾证章的价格翻了一倍之后,市政官员和地区工资稳定办公室(Regional Office of Wage Stabilization)最终制定了一个提高乘车费用的法案,包括出租车司机在工作几年之后可以得到45%的佣金的条款。尽管车费提高了,但是战后出租车司机仍旧面临着收入减少的问题。到 1949 年为止,普通的出租车司机一周工作6天,共60个小时,却只赚60美元。开销对于自有车司机尤其的高。一辆出租车加之保险费,汽油费,器械费和零部件的替换费用,约需要3000美元。联邦税收政策只准许一辆出租车在两年内折旧100%。出租车司机的自身素质较低。在被问到一个纽约市的出租车司机应该是什么样的时候,一个人回答道:"这个嘛,你首先要生活在纽约。其次你得有头痛的毛病。"出租车司机在接受《纽约时报》采访并被要求概括工作特点的时候,他们不停地抱怨由于一氧化碳的排放而引起的头痛问题。由于多年来出租车司机总是被乘客要求驱车去做一些不受欢迎或违反规章的行驶,所以他们与乘客的关系仍旧不十分和睦。乘客会向出租车司机询问有关某个餐馆的质量问题,并且希望他像"一个圣贤、一个顾问、一个哲学家和一部百科全书那样无所不知"。[26]

在工会工人占优势的城市里,出租车司机中间一般不会缺少真正的组织。历史学家乔舒亚·弗里曼曾经记载了战后纽约市声势浩大的工会运动。在一个制造业规模较小,而城市中的大量工人都劳作于码头,制衣间或在蒸蒸日上的服务业中的时候,大约有100万以上的纽约人或是三分之一的劳动阶层拥有工会成员卡。工人首先掌握了某一特定行业的专有技术,然后取得一份临时性的工作,而后通过工会总部获得一份稳定的职业。直到 1947 年《塔夫脱-哈特利法》(Taft-Hartley)

取消了工会对行业技术的垄断资格为止,工会事实上一直掌握着提高工资和决定谁能在本行业中就业的权力。而这些成果的取得与出租车司机长期以来的目标相吻合,无论是对于车行司机还是自有车司机而言。但是工联主义在出租车司机当中仍旧是一个难以实现的目标。[27]

纽约市的工会更倾向于技术能力,并以此为突破口,成功地克服了雇员们设立的以种族和民族成分作为取得工会会员资格的种种障碍。正如前面所提到的,纽约市的工人工会通过多种多样的文化和经济机构提升了团结程度。[28]但是那种团结在出租车司机中间明显不存在。对于出租车司机而言,战后主要的团结行动来自于外部的矿业工人联合会(United Mine Workers),他们在1949年宣称已经组织了该市3.2万名有驾照司机中的大部分人,尽管不到一半的人表现积极。1949年3月,矿业工人联合会(UMW)号召,如果车行不签署协定并承认工会,那么将要举行罢工。他们要求实现一周五天工作制,并提出给予每天工作9小时的白班出租车司机9美元,夜班司机11美元的报酬。

市长保罗·奥德怀尔(Paul O'Dwyer)为了避免罢工的发生,迅速进行了协商,但是谈判证明是徒劳无益的。惶惶不安之下,奥德怀尔在广播中以一种充满沮丧的声调警告双方,任何恐怖行为都是不能容忍的。在3月下旬,车行司机通过投票决定举行罢工,同时自有车司机由于担心受到罢工者的攻击,所以同意暂时不出车。报纸上报道说,矿业工人联合会主席约翰·刘易斯(John L. Lewis)已经从西弗吉尼亚请来了300位"罢工组织者"以强制罢工的实施。3250名额外的警察在大街上巡逻,达到了自1930年代以来最大规模的人力出动。而且这次罢工运动有可能是那个十年当中最激烈的会战。截止到3月30日,大街上几乎没有出租车在行驶了。与此同时,矿业工人联合会对那些持有枪支的拒绝罢工者发出了警告。一个矿业工人联合会的官员,用一种毫不掩饰的种族谩骂口吻说道:"枪支已经在昨天晚上发送到了哈莱姆及其他危险地区拒绝支持罢工的司机手里。"《纽约邮报》刊登出了一组道路清单,显示在哪些街道有警察巡视,并建议开车的人尽量在这些地方行驶。自有车司机被告知哪条街道不便于空驶、搭乘和运送乘客。为了表示市政官员对出租车司机的同情与关切，市长建议想要继续工作的出租车司机可以拒绝搭载形迹可疑的乘客，并且只有在接近巡警的地方让乘客下车。法官们也限制工会积极分子在车行的车库里设置纠察队。[29]

起初，罢工看起来很有成效。《纽约时报》报道说，到 4 月 2 日为止，只有 8% 的出租车还在街道上行驶。在这期间发生了一系列事件，包括在皇后区的阿斯托里亚（Astoria）的殴打事件，在皇后区和布鲁克林区用石头袭击出租车和在皇后区的牙买加（Jamaica）发生的冲突事件。在曼哈顿几乎没有发生暴力威胁事件，但是警方在那里逮捕了 37 个人。一个工会高级职员因为用石头攻击一个拒绝参加罢工的司机而被警察逮捕了，其他工会积极分子也由于相似的起诉而被拘留。两个工会人员迫使一个拒绝参加罢工的司机将车开到布朗克斯一条偏僻的街道，在那里另外 4 个人用棍棒殴打了他。尽管存在这些恐怖活动，但是罢工还是停止了。在 4 月 5 号，自有车司机协会的一个理事宣布他团体中的 5000 名司机的 80% 已经正常工作了。车行老板表示他们有 7000 辆出租车已经上路工作了。根据警方的估计，该市大约有 2300 辆或约 20% 的出租车已经投入工作了。罢工表达了出租车司机心中的愤怒。《纽约邮报》采访了多位出租车司机，他们都对这些年来所受的压迫表示了不满。他们列举了此种工作不仅缺少特权，而且还由于面对兼职人员的激烈竞争而必须向车库调度员缴纳好处费等原因。出租车司机们还谴责了出租车管理办公室，将其描述成"这个世界上最独裁的机构。"[30]

在罢工过程中，自有车司机的作用是十分关键的。由于受到警方的保护和此前一天自有车司机协会所发表声明的鼓励，他们几乎在 4 月 6 日那天都恢复了工作。贝尔协会（Bell Association）是一个未参与工会组织的车行，在那一天也停止了配合罢工的行动。4 月 7 日，罢工失败了。尽管约翰·刘易斯的兄弟 A. D. 刘易斯责怪是共产主义者和市长奥德怀尔的失误导致了工会司机罢工的失败,但出租车司机却将罢工的失败完全归咎于使用西弗吉尼亚的技工,及更重要的是刘易斯没有为司机提供足够的罢工补偿及举行由州批准的选举以取得对工会的承认。矿业工人联合会在其他地方过去经常应用的组织矿工斗争的方法在纽约市的出租车司机中被证明是无效的。矿工尽管酬劳并不多,但是在没有举行罢工时仍旧有稳定的工资;并且工会会在罢工期间为矿工提供信贷,而不是冒着破产的危险在罢工示威期间发行金额巨大的款项。那种斗争策略在纽约市不起作用。因为纽约的大多数出租车司机都仅够糊口以勉强度日,所以罢工期间缺少补偿成为了一个关键性的问题。由于不熟悉工会的斗争策略,所以许多人不知道为什么矿业工人联合会不启用它 1400 万美元的金库以支援罢工。而且,在罢工期间,矿业工人联合会呆在家里的组织者犯了一个没能利用邮件与出租车司机保持联系的错误。这一失误意味着工会没能抵挡住车行老板诬蔑他们是赤色分子的诋毁,及对破产矿工处境所做的骇人听闻的描述。最终,矿业工人联合会也没能解决出租车司机所面临的真正困难。因为对于临时工的挑选,缺少休假时间和纽约市出租车管理办公室滥用特权等问题几乎没有讨论。[31]

如果说矿业工人联合会在纽约市的出租车司机中所作的努力仍旧是不够的话,出租车司机们渴求组织一个工会的愿望却是强烈的。即使在罢工结束之后,几个布朗克斯的车行司机们仍旧坚持到最后,并要求车行老板不能为难罢工领导者。除此之外,许多布鲁克林的出租车司机向卡车司机工会提出派代表参加集会的建议。起初,卡车司机工会拒绝了这一请求,但后来他们表现出较浓厚的兴趣,并且很快在出租车司机组织工会的努力中成为了主要的参与者。[32]

罢工,一种出租车司机在过去工作过程中运用得十分有效的斗争方式,在 40 年代末并没有取得任何积极的成果。然而,责任并不能完全归咎于矿业工人联合会的弄巧成拙。因为在跨行业中间也有成功的工会组织形式。尽管市政府明显对出租车司机过去的暴力斗争存有戒心,但并不表明它是怀有敌意的。正如乔舒亚·弗里曼所指出的那样,罢工是二战后工会用来巩固或维护他们既得利益的常用办法。[33]

如此看来,为什么出租车司机没能组织起一个成功的工会呢?带有权威性的《纽约时报》坚持认为,出租车司机们已经在前几次组织工会的努力中元气大伤了。毫无疑问,经济体系中的某些部分已经证明是难于组织的,特别是白领财务管理人员。但是运输工人工会特别是在组织公交车司机、地铁雇员和升降机工程师建立工会的过程中取得了巨大的成功,这些成果的取得源于1930年代的左翼运动。运输工人工会从1937年直到1940年代中期代表过许多车行司机的利益,即使辉煌不再,但它所残留的影响在40年代末依然存在。与许多人的观点一致,《纽约时报》认为,一旦出租车司机离开了原来的车行,他们就成为了自己的老板,并且这种工作对那种喜欢自作主张的个人主义者有很大的吸引力。在过去,车行司机在许多情况下至少还是证明了他们能够共同奋斗。而如今,经济的繁荣和拥有自己的汽车和准驾证章的可能,促使着许多出租车司机怀有小资产阶级的志向和抱负,而这与1930年代的团结努力形成了对照。[34]

每一个时代都有出租车司机为何无法成功组织工会的特殊原因,或者为什么经济和社会条件限制了这种可能性。在1940年代末,司机们缺少像样的工薪,自有车司机权力的增长及曾经失败的痛苦经历构成了其组织工会失败的主要原因。当时的民意调查显示,这一工作在人们心目中的认可度是很低的;出租车司机被与加油站的服务员和侍者归为一类,只是略高于季节工人、报童和清洁女工。出租车司机感到被城市强大兴旺的新经济所遗忘,经常自责。这种绝望感在车行司机中表现得尤为明显。

赫尔曼·斯佩克特(Herman Spector)是一位从前的工会组织者,昔日的诗人和左翼编辑,他在人生中的最后十年中成为了一名出租车司机,并用强有力的语言表达了司机们的这种失落感。在其文风尖刻的散文里,斯佩克特痛斥了出租车司机们灵魂当中邪恶的东西。他指出,

第四章 战时繁荣:1940—1950年 109

在成功的出租车司机可爱的外表下面隐藏着内心对失败的极度恐惧。他相信,出租车行业展现了人性中最丑恶的部分:"记住,人类就是毒药。"斯佩克特作为一个"萧条一代学者",而今则坚持以开出租车为生,他将自己说成是一块"猪排",一个"无辜而又值得同情的"司机。斯佩克特将自己看成是一个"有时有着昼魇经历的夜间工作者……一个拉黄包车的苦力"。他的人格面貌带有明显的失败特征:"现在我戴着歹徒的帽子,穿着鞋跟擦得锃亮的皮鞋,穿着破旧的染成了黄色的夹克衫,而我们这一群人的外部特征都被描绘出来了。一支铅笔插在耳后,我的腰带因装得满满的镍币而下垂。我是过度肥胖、满身油污的半个学者。"应出租车检查员的要求,一看他的帽子就知道他是做苦役的。

斯佩克特与他的乘客是天然的敌人。顾客们总是发出一种"嗡嗡的、机械般的嘈杂声,像是一个廉价玩具的发条,"重复着一种单一得令人厌倦的声调:"你能否小一点声,老兄!"最后,斯佩克特练就了一身充耳不闻的本领,并且以相似的陈词滥调进行回应:"非常感谢"及"注意脚下"。斯佩克特所鄙视的那些"专栏作家,夜总会的喜剧演员,希伯来年轻人协会(YMHA)的知识分子和眼明手快的裁缝,"认为他的性情荒唐,思想陈腐而又恶毒。他们将斯佩克特看作是"犯罪集团中最底层的普通一员,"一个侮辱老年妇女,酗酒,欺诈外地人,并且在自助餐厅的餐桌上向他的同伙夸耀自己劣行的罪犯。那些发现斯佩克特和他同伴危险倾向的乘客,常去向警察抱怨。在车灯下闪烁发光并用透明纸包好的在他帽子上贴着的那些东西是他的名字,出租车牌号和在紧急情况下呼叫警察的说明书。斯佩克特提醒司机们应该注意"吝啬鬼,卑鄙的人,神经质者和赖债不还的人。要小心布朗克斯人,哈莱姆人,泽西岛的蠢货和暴发户。"

斯佩克特不相信他的出租车司机伙伴们会形成亲密的同志关系。他了解"出租车司机受到伤害的心灵。"出租车司机们只有"在交通繁忙时才会集中到一起。"其他的时间,他们都忍受着一种"职业的孤独,92

可最后经常变为夸夸其谈的人，并且在显示他滔滔不绝的演讲才能时以一种难以说清的抑或有意无意的方式将少量唾液奉献给了乘客。在快餐店中，他们又变成了爱吹牛的人、洗衣女工或者是粗暴而又好争吵的人"。有人讲出租车司机是"坚定的个人主义者"，斯佩克特认为这种评论既滑稽又可悲。他说道，普通的出租车司机"是这个世界上最不善言谈的人"，他每天"所想的不过挣钱买肉豆粥罢了"。出租车司机和自助餐厅里"那个没刷过糖的油炸面包圈"一样，不过是一个个孤零零的个体。他认为，假如他们更加尊重自己，也不会"使自己由于对出租车管理办公室所制定的那一千个没有意义的规则的稍加疏忽就被威胁、骚扰、不审而判和粗暴地对待"。出租车司机缺少任何有效的组织保护他们自己以提高他们的收入。如果他们看起来是爱吹牛的人，那只是因为"你有时不得不强硬些，否则将失去作为人的所有价值。"

斯佩克特声称，多数出租车司机都是些"自私而又卑鄙的人。"他们很容易被识别出来："尽管喜好吹嘘，自命不凡地咆哮，和令人厌恶的牢骚，这群出租车司机的基本特征还包括背信弃义和怯懦，"抢在其他出租车司机前面争夺乘客，并谎称他们的预订十分多，令竞争对手自愧不如，或者谴责"任何宣扬工会或自由主义的人"。

斯佩克特说道，出租车司机们取笑那些试图掩饰其低下身份的人。他写了一些尖锐的有关他出租车司机同行扭曲的性格的研究性文章。那些喜欢拿着一份《纽约时报》的出租车司机被称为"教授"。如果一个出租车司机穿着白色衬衫，吸着上好的雪茄烟，则被冠之以"议员"或"州长"。出租车司机每日的预定数额形成了一个等级秩序。一些每天工作14个小时并且收入多于其他人的司机被看成是一个"卑鄙的人"，或是一个"能赚钱的人"，取决于个人的观点。"治安总长"以极端厌恶咒骂而著称。他敬重他的妻子，并称她为"我的夫人"，他的儿子是"好男孩"，当他许多孙子中的一个举行了"割礼"之后，他都会到车行来，带着雪茄烟，五箱威士忌酒和几盒最好的磅饼。令人不甚愉快的是那个调度员，斯佩克特称他为"卡利加里"。有一段时间，斯佩克

特用几包雪茄烟贿赂过调度员,后来,由于厌倦了他刺耳的声音和令人 93
作呕的口臭,斯佩克特不再因为希望得到更好的出租车而贿赂他
了。[35]

斯佩克特以陀思妥耶夫斯基(19 世纪群星灿烂的俄国文坛上一颗
耀眼的明星,与列夫·托尔斯泰、屠格涅夫等人齐名,是俄国文学的卓
越代表,其特点之一是注重心理和意识的描写。——译者注)式
(Dostoyevskian)的思想看待他的出租车司机同伴。多数出租车司机都
踩着历史的鼓点前进,并且认为战时和战后时期为他们构成了一个黄
金时代。他们的文化几乎与纽约的通俗文化构成了同义词。随着
1930 年代"萧条一代学者"日益衰老,而年轻一代出租车司机逐渐参加
工作,所以出租车行业呈现一片稳定之势。翻阅面向自有车司机的商
业报纸《出租车周刊》,将会发现早期出租车行业的一些故事,并且描
写了以比尔·格林(Bill Green)著称的、"会唱歌的出租车司机"威廉·
格林伯格(William Greenberg)等杰出人物。其他的文章详细叙述了司
机约翰·福斯特(John Howard Faust)给他的乘客唱他自己创作的歌
曲,并被选入《美国诗歌名人录》和 1945 年的年度诗歌选集中。报纸
还讲述了有关出租车的事件,诸如有 2000 多名出租车司机云集到外交
官旅馆(Hotel Diplomat)参加一年一度的出租车业主互助团的舞会,大
型车行的业主和出租车司机的家庭一直跳舞到黎明。《出租车周刊》
还提到了终点站车行司机马丁·威尔纳(Martin Wilner)的儿子以出色
的成绩获取了一份巨额奖学金,前往哥伦比亚大学深造。

出租车司机发现他们有时会获得一种转瞬即逝的荣誉。一个多年
开出租车的 25 岁的路易斯·克拉兹高(Louis Klatzgow),在被选中参
加了风行一时的广播节目"这就是你的生活"(This is Your Life)之后,
赢得了在芝加哥、太阳谷、旧金山和好莱坞进行为期一个月长假旅行的
机会。节目的制片人花费了一个月的时间探究了克拉兹高的生活。而
制作节目的全体工作人员接连几天乘坐他的车,他们装扮成游客并向
他打探信息。他的妻子也被秘密地采访了。在节目播出的当天,节目

安排了大都会剧院的一位明星多萝西·萨尔诺夫(Dorothy Sarnoff)作为他的一位乘客;当他们穿过中央公园的时候,她为他唱起了歌曲。节目的制片人拉尔夫·爱德华兹(Ralph Edwards)在萨尔诺夫下车之后上了出租车,并让司机开到沃尔多夫·阿斯托里亚旅馆。到那里之后,他请求克拉兹高帮助他将车内的包裹搬下来。一个警察自愿照看出租车。进入旅馆之后,克拉兹高突然发现他自己站在1500人面前的大礼堂内。当被问及曾经是否听过这个节目时,他回答说:"没有!"爱德华兹随后解释了节目规则,并告诉克拉兹高,他是本周的特邀嘉宾。爱德华兹发现克拉兹高是布鲁克林道奇人队的棒球迷;为了给出租车司机一个惊喜,广播中响起了道奇人队的四名运动员的声音,分别是伯特·肖顿(Bert Shotton)、雅姬·鲁宾逊(Jackie Robinson)、佩厄·里斯(Pee Wee Reese)和普里彻·罗(Preacher Roe),他们共同为克拉兹高唱起了"生日快乐"。而后,爱德华兹又回放了克拉兹高工作生涯中的许多英雄事迹,并且介绍了一些曾经接受过他善意帮助的人。一个在他出租车中诞生的少年当众走了出来。多萝西·萨尔诺夫也再次出现了。节目的最后赠予了克拉兹高穿越美国西部的休假旅行。这个节目及美国公众将克拉兹高看作是受劳动阶层崇拜的,懂得欣赏棒球比赛和大都会歌剧院节目的一个无私、英勇的偶像。[36]

毫无疑问,克拉兹高已经沉醉在多萝西·萨尔诺夫的殷勤之中。不管怎样,大多数出租车司机爱慕漂亮的女人,而不管她们的才华如何。他们更喜欢看只穿稀薄衣服的女人的双腿、大腿或躯干的形象。《出租车周刊》举办了竞选"出租车小姐"的比赛。为了纪念1950年的出租车小姐比赛,市政府宣布10月22—28日这一周为"出租车周"。

公众将出租车司机看作是抵御危险的不可缺少的同盟。报纸撰写文章向纽约人保证,万一发生原子弹攻击的情况,出租车司机对城市街道的了如指掌将会有助于避免交通混乱。这一报道提醒了知名人士,使他们认识到与本地出租车司机保持联系的重要性。演员米尔顿·伯利(Milton Berle)作为嘉宾主持人参加了一个名为"你在外的夜晚"

(Your Night Out)的出租车广播节目。喜剧演员雷德·斯克尔顿(Red Skelton)邀请上百名出租车司机参加在纽约国会剧院举行的由他出演的电影《开着黄色出租车的男人》的首映式。斯凯尔顿将出租车司机请上舞台,并为他们表演如何将棒球扔向汽车的挡风玻璃而又不砸碎它,并以他粗鲁而又滑稽的表演总体上赢得了他们的赞许。[37]

纽约人认识到出租车司机给许多来到本市的游客塑造了第一印象。1948年的一项非正式调查显示"开出租车的朋友当中包括本市人口中相当一部分有代表性的人。"新闻工作者注意到,这部分人绝大多数是男性,因为战争年代的女性出租车司机现在已经差不多找不到了。在与一位到纽约市观光游览的游客的谈话中,作者了解到一位女士对出租车司机从火车站一直到宾馆的路程中给她的礼貌服务感到非常满意,并且她亲眼看到司机将一位残疾的顾客背到了宾馆的电梯处。另一位旅游者却被出租车司机沿途停下喝水而不关水龙头的行为惊呆了。第三个被访者是该市的居民,他提到了一个曾经做过士兵的出租车司机漫无目的地带着他绕道而行。还有一名出租车司机,尽管能力较强,却一直在喋喋不休地抱怨警察局和出租车管理办公室对待他们的不公正态度。最后一位出租车司机在许多年前退休之后,去了佛罗里达,但是一度又回来几个月只是为了开出租车过过瘾。

一年之后,一个类似的研究着重突出了健谈的纽约出租车司机的国际声誉:"司机们知道这一点,并且热切地演绎着他的角色。多数乘客没有意识到这一点,但是坐在前排的出租车司机却竭力表现出类似演戏时的技巧。"因为司机卖的就是速度,所以他踩着油门在车水马龙中进进出出,不停地鸣笛,抱怨着私家车,并怒视着警察。尽管这些策略都不能使到达目的地的时间提前,但是乘客产生了一种提速的错觉,并相应地付了小费。经验丰富的出租车司机知道如何在马路中间转弯而又不至于被抓到,如何选择最好的路线,及如何对付那些酒鬼。出租车司机有时会使他们的乘客感到意外的惊喜。1940年10月,当法国飞行员兼作家安托万·圣埃克苏佩里(Antoine de Saint Exupéry)第二次游览纽约市的时候,他和一些同伴准备乘出租车去唐人街品尝燕窝汤。由于圣埃克苏佩里的英语水平有限,而当他结结巴巴指出要去的餐馆时,出租车司机转过头来,笑着对他说:"我知道你要去哪里。4 年前我送你到过那儿。"原来当作家 1936 年第一次访问纽约时,就是这个出租车司机向圣埃克苏佩里推荐了那个餐馆。[38]

黑人出租车司机只能被迫在哈莱姆的上城中工作。中城仍旧严格地实行着种族隔离。但是司机们对同为这一行业中的黑人出租车司机表现出容忍的迹象。《出租车周刊》用了一个头版文章和整版的广告对 1947 年 11 月加勒比海狂欢节(Caribbean Carnival)的开幕进行了宣传。广告对非洲裔美国人、狂欢节的导演阿道夫·坦斯泰德(Adolph Thenstead)进行了特写,并称赞他是"你们中的一员",一个"纽约出租车驾驶员"。参加由坦斯泰德主办的狂欢节活动的还有加勒比明星"钢铁杜克"(Duke of Iron),约瑟芬·普瑞米斯(Josephine Premise)和珀尔·普里穆斯(Pearl Primus)。正如《出租车行业月刊》所描述的,坦斯泰德已经成为非洲裔美国人成功的楷模。他的舞会和庆祝活动由于有"直接来自阿波罗剧院"明星们的演出,而成为一个重要事件。坦斯泰德是一位成功的车行老板。他以一辆出租车起家,并逐步建立起由 65 辆出租车组成的,他称之为贾特运输公司(Jat Transportation Company)的小帝国,直到他 1964 年 9 月去世时,他仍掌握公司的所有权。[39]

非洲裔美国人小说家朱利安·梅菲尔德(Julian Mayfield)描述过像坦斯泰德经营的那种小车行中的人际关系。调度员喜欢能干的司机,并充分发挥他们的作用。梅菲尔德写到,一个名叫弗兰克·德维托(Frank Devito)的调度员负责管理一个约有 60 辆出租车和 120 名司机的车行。德维托是一个"喜好吸食和咀嚼便宜的雪茄烟并患有溃疡的身材矮小但很结实的意大利人"。他抱怨他手下的出租车司机的平均载客量,将他们带到办公室进行个别的谈话,并询问他们问题出在了哪里,问他们是否想要去那种对他们更没有人情味的较大车行,而不愿意在他手下工作。通常情况下,在谈话之后,司机们"工作更加努力,并赚了更多的钱"。如果不这样做,"当一天早晨他来到车行的时候,将会发现他的车已经被交给其他人了。"当由于某位司机上班迟到而使车没有启动时,弗兰克会特别愤怒。[40]

以非洲裔美国人为主题的电影突出了黑人出租车司机与白人出租车司机有着许多相同的美德和邪恶。电影《住在20号房的那个女孩》(Girl in Room 20)描写了首次到纽约的一个年轻的非洲裔美国黑人女孩乘着出租车,徒劳地寻找着她的亲属的故事。在目的地,她发现她的家已经搬走了,而且她们的房子已经变成了一个卖淫的场所。与1920年代那些从事拉皮条的出租车司机们不同,这一次,司机将她带到一个演员们居住的宾馆。后来,他保护她免遭抢劫,并帮助了她最终的求婚者,那个男人娶了她,并将她带回了得克萨斯州的家中。[41]

出租车行业模糊了种族特性,在出租车司机当中融入了一种更加一致的中下层阶级的性格特征。在战后年代,一种纽约人特有的说话方式流行起来,这是一种来自于夹杂着"自命不凡特征"的种族语言的中下层阶级的暗语,其假设前提是纽约人对任何事情都能发表评论。任何不能理解用西班牙语、依地语、意大利语或是不纯正的英语说出的连珠炮似的缩略词的人,就被认为是一个乡下佬。旅行作家简·莫里斯认为出租车司机的"无法令其满足的交流欲望"显示了他们的民俗智慧(folk wisdom)。莫里斯将出租车司机看作是"极为老于世故的人,并且他们以自身善于洞察人性和谙于世事而感到自豪。"民俗智慧由座驾前排向后排灌注着:"我所说的意思是,如果一个人不忠于自己的思想,那么那个人就不值得去考虑,"或者"就像我所说的,如果生命的意义只是随风而逝,那么没有必要固执己见。"莫里斯认真地听着出租车司机的话,尽管她发现他们有时也会因自我重复而感到厌倦。然而,她仍感到受了詹姆斯·马雷斯卡(James Maresca)看法的启迪,"谁知道将会有什么事发生呢?虽然你只是一个出租车司机,但最好就是在纽约做你自己的梦吧。"[42]

作家约翰·麦克纳尔蒂(John McNulty)在一个名为《这位女士是

波士顿人,他们这样称呼她》的短篇小说中,描写了"一个在第四十二街和第二大道交叉处、靠近一个小酒馆工作的一位名叫利特尔·马蒂(Little Marty)的出租车司机。"利特尔有一个特意强调大写字母的说话方式。在描绘一位乘坐他出租车的名人的时候,利特尔称呼他"萨蒙·金(Salmon King)。你要知道'萨蒙·金'有其代表权威的名字。"利特尔认为"在他身上发生的最细微的事情,也是事关重大的。"[43]

利特尔在凌晨三点的时候搭乘了一位乘客:"这位女士29岁——可以这样讲,我并没有询问她任何事情,但是她告诉了我她的生活经历。他们都说她是一个波士顿人。"在行车过程中,"她说明了情况。"她想要与利特尔喝酒,但是"我毕竟不是那种能喝酒的人,尤其是威士忌,我想在这样的情况下,是非喝不可了。"不过,利特尔想最好还是将她带到位于第三大道的一个地方,那里有一个酒吧服务员是他在圣加布里埃尔女皇学院(St. Gabriel's Queens)读研究生期间的同学。当利特尔与那位女士到达酒吧后,他立即"为自己找个借口跑进了男厕所,用水浇洗头部,并用手把头发弄平些。"原来那位女士有个丈夫正在旅馆等着她;这对夫妇来到城里是为了参观宠物狗展览会。利特尔对她有丈夫感到很吃惊,而且当"这位波士顿女士不停地说'这是一个多么生动的场景'"的时候,他在他的酒吧朋友面前感到非常尴尬。利特尔将这位女士带回出租车,但不得不找森森牌糖(一种味道很浓的糖果。——译者注)以掩饰她喝过酒。到达旅馆,她除了付给利特尔90美分的车费之外,又给了他1美元10美分的小费。波士顿女士"以那的看门人听完所有的事情而结束,该死的,如果她能不再重复,'那是一个多么生动的夜晚。'我快速离开了那儿。"马蒂逃出了酒吧间,他清楚如果他的乘客不顾阶级差别屈尊降格的话,男女私通的事是注定要发生的。[44]

著名的新闻工作者达蒙·鲁尼恩(Damon Runyon)毫无疑问在他的工作生涯中乘坐过成千上万次的出租车,因此他感觉到出租车司机与乘客之间不断加剧的阶级鸿沟。在1946年出版的文集《我们的小镇》(In Our Town)当中,有一则鲁尼恩撰写的名为"皮特·汉金斯(Pete Hankins)"的短篇小说,主人公汉金斯是一位信奉"诚实是最好的方针"的道德高尚的出租车司机。汉金斯在他的出租车中挂上了写着那句格言的小牌匾,并且向他的儿子灌输这种思想。汉金斯有四个孩子,这使他对自己信条的遵守变得有些困难。一天晚上,一对富有的夫妇坚持说他在车费上欺骗了他们,对他大声呵斥。实际上,因为他选择了更加安全的路线到达目的地,所以他的车费是高了些。那个女人公然谴责汉金斯是个"无知的人"。后来,他发现她落下了一个装有2000美元的钱包在车里,而这笔钱要远远超过他一年的收入。汉金斯一个俱乐部接着一个俱乐部地寻找着那对夫妇,直到最后找到了他们。但那对夫妇并没有对他的诚实表示感激;那个女人一边数着钱,一边用怀疑的眼光看着他,以查明是否有钱丢失。汉金斯暗自思忖,认为他们至少应该偿付他用来寻找他们所花费的汽油钱。[45]

  正统的出租车司机经常像小说中所虚构的人物那样生活得丰富多彩。自有车司机的生活经历可能在1940年代末和1950年代初出版的《出租车周刊》中的"切克家庭相册"系列中找到。刊登的广告画着司机的肖像并附有他们的生平简介。有些出租车司机有着相当长时间的工作经历。爱德华·卡罗尔(Edward J. Carroll)从1905年开始开出租车,并且"当时第一辆机动车和计价器刚刚开始投入使用"。他在1920年成为了一个自有车司机。作为一个切克尔公司的出租车司机,卡罗尔和他的妻子在上曼哈顿拥有自己的住房,并养育了6个孩子,而今"又有8个孙辈孩子"。安吉洛·丹吉奥里托(Angelo D'Angiolitto)被描写成一个"哲学家、说话风趣并善于讲故事的人,从1922年开始就拥有了自己的切克尔牌出租车,在1951年3月10日他骄傲地成为一个6磅重的婴儿的父亲。"一些司机提到他们曾经做过演员或是运动员。布鲁克林的哈罗德·克雷洛夫(Harold Kreloff)在放弃了娱乐界的工作之后,40年来一直以开出租车为业。昂伯塔·费斯塔(Umberta Festa)自1922年以来就开出租车,并在1947年成为了一个自有车司机。他现在开一辆"新型的 A-4 切克尔车"。费斯塔在因他的一双膝盖骨骨折而被迫退休之前,一直是基思-洛马戏团的杂技演员。他和妻子玛丽亚有两个已经成年的孩子:一个儿子和一个已经结婚的女儿。科尼岛的赫比·克龙维茨(Herbie Kronowitz)是一位"曾经最杰出的中量级拳击竞技者"。他打了 11 年拳击,并且在"一年之前的第 9 届高级中量级比赛中达到事业的巅峰全身而退"。现今 27 岁的他,已是"最年轻的切克牌自有车司机之一"。在二战中,他在海岸警卫队服役 3 年半。安东尼·卡鲁索(Anthony Caruso)也是一名战争老兵,并且也是"新一代切克尔牌出租车的所有者之一"。卡鲁索曾在美国驻中国的空军部队(U.S. Air Corps)中做机修工。[46]

随着美国社会在战后时期逐渐右转,自有车司机拒绝接受工会做出的任何主动姿态,因为他们认为工会是左翼组织。当一个新的工会组织,全市出租车工人工会努力试图通过对出租车管理办公室的批评以便在出租车司机中间扩大影响的时候,自有车司机刻意回避了这些地方性的左翼政治组织。有时,自有车司机有意公开表现他们的爱国态度。例如,出租车业主互助团就曾在苏联驻联合国代表安德烈·葛罗米柯(Andrei A. Gromyko)的住所周围设置纠察线。[47]《纽约每日镜报》的专栏作家罗伯特·科尔曼(Robert Coleman)在一篇名为"乘出租车再现美国"(America Rediscovered in a Cab Ride)的文章里高度赞扬了出租车司机的爱国主义精神。在这篇文章中,科尔曼描述了一个"有着犹太信仰的出租车司机。他出生在波兰,来到美国是为了寻找自由、生活的机会及组建一个美国家庭"。科尔曼接着描述这位司机的一个在纽约美国国民警卫队中服役的儿子,与他在一起的有"黑人和白人,卫理公会教徒,浸礼会教徒,长老会教徒和公理会教徒。他们都是美国人"。[48]

在整个 1940 年代,自有车司机作为一支主要力量出现在出租车行业中。由于准驾证章的价值已变得高不可测,拥有一辆出租车就等于拥有了一个稳定的、有时是有利可图的事业。随着工会组织车行业主的失败,拥有自己的出租车对有抱负的年轻出租车司机来说,似乎是最好的赌注。它产生一种拥有合法所有权的自豪感,同时可以自由安排自己的工作时间并象征了某种程度的繁荣。对于这类出租车司机而言,开出租车成为了他们终身的选择。

第五章 经典出租车司机的形成：1950—1960年

在二战后的繁荣年代，纽约市成为世界的一个金融、艺术和体育运动中心，同时它也因其工人阶级的力量和活力而显得与众不同。纽约扬基队（New York Yankees）有信心在每一次棒球比赛中夺冠，纽约文化界自诩可与欧洲同行们相媲美，纽约敢于向金融中心伦敦挑战，正如上述现象一样，普通的纽约人也因他们的城市和他们自身而感到自豪。简·莫里斯敏锐地观察到，随着纽约跻身于世界性城市的地位日益明显，作为它的一名市民"超越了阶级的范畴"。在工人当中，没有谁比出租车司机更加公开表达他们的自豪之情及经常被邀请就纽约市和世界局势问题发表他们的看法。[1]

尽管他们是公众耳熟能详的一个群体，但事实上，出租车司机属于城市工人阶级中最弱势的部分。在纽约市被称之为"神圣劳工时期"的1950年代，出租车司机却由于缺少政治权力而显得与整体环境不协调。市政府将市内雇佣工人的数量增加了一倍，而他们中的许多人都来自新近在政治上崛起的犹太人和意大利人集团。由于市长罗伯特·瓦格纳（Robert Wagner Sr.）是一个富有同情心的人，所以许多工人都组织了颇有效力的工会，以保证较高的工资，保障既得利益。在瓦格纳市长任期内，工会通过为它的成员创造了工作安全、健康福利和好的住房待遇等条件而取得了重要的成就。相反，出租车司机在同一时期却显然没能成功地组织起来。[2] 在1940年代末，矿业工人联合会的努力失败之后，出租车司机组织工会就像涓涓细流那样缓慢。汽车工人联合会（后来为了避免与更有名的汽车制造业工人工会发生混淆，该工会更名为产业工人联盟)的第102个地方分会赤裸裸的欺诈勒索行为削弱了组织工会的努力。一个叫做约翰尼·戴奥格迪(Johnny Diogardi)的人是第102地方分会的主力,他有着多重犯罪记录并在后来被告发是谋害工人专栏作家维克托·里赛尔(Victor Riesel)的阴谋策划者。戴奥格迪和他的地方分会由于对工会的高压控制及向内部成员和上级组织勒索钱财而臭名昭著,以至于美国工人联盟在1953年发表声明取缔了该地方分会。当时,戴奥格迪正在监狱服刑,他以1.12万美元的价格出售他手下的制衣厂,并附加了保证公司不组织工会的秘密条款。最后,汽车工人联合会不得不以2.6万美元诱惑戴奥格迪撤消了地方分会的特许状。但是,这一偿付并没有使戴奥格迪放弃组织出租车工会的努力。

1956年1月,戴奥格迪联合卡车司机工会组成了第826地方分会,并召集了一次出租车罢工以"显示力量"。警方则虎视眈眈,时刻准备防范工会再次罢工,这就引起了司机们的愤怒。卡车司机工会动员大约5000名出租车司机参加一次大集会。司机们提出的要求有:每天挑选当班的出租车,车行支付汽车故障修理中的耗时开支,实施福利计划、带薪休假,以及在半小时午饭时间中停靠空余车位的权利等,并按资历来分派。这些要求实际上仍旧是一些最基本需要,表明了他们的力量是如此微弱及车行业主是如此的难缠。但罢工没有为出租车司机取得多少实效。在第一天的罢工中,白天取得的成效不大,但是天黑之后,当更多的出租车司机不上街开车时,罢工才显得有些声势。可是,到了第二天,一些车行司机无视罢工纠察队的警戒标志,继续开车上路。万分沮丧之下,地方分会主席威廉·纽乔(William Nuchow)在街上与一名没有参加罢工的出租车司机打了起来,并因攻击罪而被拘捕。同时,纽乔也没能说服自有车司机参加罢工。独立的自有车司机谴责工会并且拒绝以配合罢工的形式停止工作。可以想见,《出租车周刊》也对工会的左翼领导人进行指责。直到1960年,第826地方分会才取得了在60个车行中举行选举的权利;在投票选举中,地方分会失去了 60 个车行中的 57 个。因为该分会只有 200 个成员,所以这一失败并不奇怪。[3]

1950 年代早期的一件事展现了出租车司机对工会组织的不重视。运输工人工会主席、前纽约出租车司机的代表迈克·奎尔与两名助手从费城的一个工会集会上返回。他们在潘恩车站(Penn Station)叫了一辆出租车,然后故意以并不明确的指向让出租车司机朝着位于西六十四街的交通大厦方向行驶。出租车司机颇有愠色,他开着车,向其他司机大喊大叫,并抱怨他所驾驶的破旧的出租车,还迁怒于公交司机。奎尔提示出租车司机说,公交司机有强大的工会为后盾,活得很好。经奎尔这一提示,"司机突然狂怒起来。该死的工会和工会里那个狗娘养的奎尔,那个不做好事的歹徒,将工人应得的钱揣进了自己的腰包,从老板那里捞取不义之财,像国王那样生活。"当出租车司机被问到他是如何知道这些事情时,他反驳道:"因为我认识那个坏蛋。"他坚持说他了解奎尔就像是"清楚我自己的兄弟一样。"出租车司机确实向他的乘客保证他看见奎尔从帕米利车行走出来,并且奎尔这个工会成员居然从车行老板手中拿走了一份报酬。当奎尔等几位乘客询问为什么奎尔不在旅馆或一些同样隐蔽的地方收取贿赂时,出租车司机大声指责道:"就是这么一回事啦,这就是为什么人们投票否决他那个不起眼的小工会。"当出租车行驶到交通大厦时,司机心神不定地发现这些乘客原来是工会的人,不禁惊恐万状,好像做好了让头部吃个枪子的准备。当奎尔的助手付车费时,对出租车司机说迈克·奎尔刚才就在车上。奎尔说道,如果出租车司机下次再讲起这个事情,他可能又会说"因为他目击了奎尔的受贿过程,所以奎尔派他的打手用枪对他进行了威胁"。鉴于运输工人工会的领导层在出租车司机当中较低的信誉,奎尔经常将出租车司机称作"蹒跚而行的无产阶级"。[4]

1950 年代,拥有雄厚实力的大车行反对任何形式的工会组织。由切克尔出租车制造公司(Checker Cab Manufacturing Company)控制的帕米利车行是其中最大的一个。全国出租车公司控制着 1600 辆出租车,紧随其后的是瓦格斯运输公司(Wags Transport Company),这是一个拥有607辆出租车的车行,但由于保险原因而分解为30多个不同公司的企业。总之,纽约市共有800多家出租车公司或车行,200多个管理人员。所有的公司都使用有限的第三方责任保险策略,以避免那些能够使整个公司破产的巨额保险赔付。每个出租车仅保险费一项就超过1400美元,尽管理论上讲,自有车司机在开车的过程中小心翼翼,所以他们付的保险费略少。设备费用更是昂贵。一辆切克尔出租车制造公司的新车花费大约在2600美元,一辆德索托斯基威尔公司的车需要3100美元,虽然车行和自有车司机集体购买能把价格压低到2900美元。与自有车不同,出租车司机——无论是车行司机还是自有车司机——都不能指望转售出租车。在1950年代早期,出租车平均每年行驶7万英里。价值损耗的出租车有时可以以200美元的价格出售到国外,但是大多数还是被废弃,而只是将零部件拆卸卖25美元而已。车行业主们向市政府施加压力,要求允许他们购买现有的大宗的普通汽车,而不是向切克尔公司专门订货的汽车。现有的普通汽车对于司机和乘客都不够舒适,但是却能够在使用18个月之后被车行转卖,车行获取少许利润。尽管切克尔和德索托公司不断催促,但是市政府在这几年仍旧拒绝了这一请求。

每日轮流倒班的经济管理方式对于大车行而言是有利的。如果一辆出租车实行两班倒,那么一天的收入总共约有45美元,汽油费每天约用4美元,每辆出租车每天总共的运行费用约需要20美元。除去司机所得的20.25美元,车行的每辆出租车平均每天可以赚得约2美元。由于大车行可以大批量地购买汽油、汽车和零部件,所以比1950年代初一些破产的小车行更有竞争力。自有车司机能够加入一些协会以降低成本,这些组织可以通过集体讨价还价获得较廉价的保险费、零部件和汽油及雇佣他们自己的维修人员。[5]

在他带有讽刺性的评论中,迈克·奎尔证明他与车行司机站在了一起。自有车司机没有参加工会组织。1950年代对于普通美国人而言是一个高收入和低支出的时期。出租车司机可能想要仿效中产阶级美国人所享受的舒适生活,但是他们的处境只允许他们享受"优越生活"的一小部分。在这一方面,一个好的例证是《出租车行业月刊》上所描述的一个出租车司机的生活。司机乔治·波尔泽(George Poltzer)每周大约赚 100 美元,而他的妻子马撒(Martha)在他们家附近的一所制衣厂工作;他们每年在税后共赚得 7880 美元。他们每月 650 美元的预算包括抚养乔治那个病残的妹妹和他们一个十几岁的女儿,及一只两岁的法国长卷毛狗。他们读了一年大学的儿子在曼哈顿成为一名纺织品推销员和两个孩子的父亲。波尔泽声称,多数出租车司机仍旧居住在"他们曾经在 20 年前住的那种每月 45 美元的公寓里"。然而,波尔泽一家人却节省开支,并在昆斯区的法拉盛用 1.5 万美元购买了一套带有 7 个房间的砖房。定金是 5500 美元,每月的开销还包括 105 美元的税款和住房抵押贷款、14 美元的水电费、25 美元的取暖费和两部电话机的费用 22 美元。马撒花了 800 美元用塑胶将楼下破旧的地毯重新整修了一下。他们每月最大的支出,是为大型家庭宴会而准备食物所花费的 250 美元。衣物消费是一个小负担,大约每月 25 美元,因为他们都在打折的或是廉价店中购买衣物。马撒解释说,"乔治穿宽松的长裤和运动衬衫,我只穿着裙子和衬衫。从克莱因、梅西和 A&S 的店中采购衣服。"他们买了一辆 1952 年的二手奥尔兹汽车,并为此每月偿付大约 15 美元的汽油费和维修费。对宗教组织的捐款,及对那些需要帮助的亲戚及朋友的资助约花费另外的 25 美元。每个月的保险费约需要 30 美元。

每月消费的一个重要内容是抚养十几岁小女儿的支出。波尔泽一家从来不会在每月为女儿佩吉(Peggy)矫正牙齿而偿付给畸齿矫正医生的 100 美元医务费上表现吝惜,佩吉的妈妈解释说:"她是一个年轻的女孩,她必须有好的面容,否则今后可能会影响她的发展机会。"在佩吉身上的投资还包括一台价值 100 美元的打字机,一台 125 美元的便携式电视机,一个 90 美元的便携式电唱机,和一个 40 美元的便携式收音机。在1957年,波尔泽家花了650美元使佩吉参加了夏令营;在另一个夏季,举家花费了720美元住进了一个出租的野营地。波尔泽夫妇二人积攒了大约2000美元为佩吉最终的结婚典礼作了准备,但是他们还是希望佩吉只是接受现金出嫁。读大学是需要一大笔钱的,特别是"去那种在城外的、至少需要2000美元的大学,当然,她想去郊区学习"。他们如今口袋里约有5000美元。

既要抚养下一代,又要保证家庭成员在娱乐上有一定的支出,是需要付出代价的。乔治和马撒决定为了抵消每个月花在小狗身上的钱而让乔治戒掉吸烟。因为乔治一周工作五个晚上,所以旅行只能安排在周末,并且只去亲戚和朋友家。乔治每天阅读四份报纸,有时也读一些像《生活》、《读者文摘》的杂志及偶尔一本书来获得信息。但是,一般来说,他发现自己过于疲惫,所以只是读几则故事而已。他的妻子给乔治定性为一个工作相当勤奋的工人,和一个足够聪明以至于找到了一个好妻子的人。[6]

毫无疑问,马撒是一个相当出色的持家能手,当然,她做出关于家庭支出的几乎所有决定,但是在她做出关于日常生活预算的具体细节之后,却经常没有盈余,除却受伤和疾病,被归类为下层阶级之中。整个家庭将未来的希望寄托在女儿佩吉和大学所造就的一个幸福婚姻所带来的中产阶级生活的梦想之上,但是比佩吉年长的、只读了一年大学就辍学的兄长成为出租司机的命运却预示了这种理想的脆弱性。

无疑,乔治有他自己的生活节奏。然而,他对好莱坞在1956年拍摄的《逢迎之事》(A Catered Affair)中所描述的1950年代出租车司机所保持的短暂繁荣并不满意,这部影片由欧内斯特·博格宁(Ernest Borgnine)饰演汤姆·赫尔利(Tom Hurley),由贝特·戴维斯(Bette Davis)饰演赫尔利的妻子安吉(Angie)。他们在布朗克斯的生活是艰辛的。汤姆奋斗的主要目标是积攒足够的钱购买一辆属于自己的出租车。要是一个冰箱就能满足安吉该多好,但是她需要的不只如此。曾经作为一位卑微的油漆工的女儿,而今又成为另一位工人阶层的妻子,她为他们都缺少金钱而感到灰心丧气。当安吉决定她女儿的婚礼必须置办酒席,同时新娘必须穿戴白色缎子的礼服时,一场危机产生了。汤姆认为如此开销会耗尽他们的积蓄,因而加以反对,但却遭到了奚落和鄙视。安吉声称婚礼是一件独一无二的大事,同时有助于弥补可能伴随婚姻产生的失望,并且可以让他们的女儿"对她的父母怀有感激之情。也总算给了她一点东西"。当女儿指责他们无爱的婚姻时,问题变得更糟糕了;掩饰汤姆羞辱的是,准新郎的父母宣布将为这对年轻夫妇提供一套新公寓的一年租金。汤姆只是感到生气,因为每一角钱都来之不易,同时他说"我非常讨厌在孩子面前被当成吝啬鬼一样"。最后,安吉的态度变得温和了,并且用家庭储蓄的钱购买了一辆新的出租车。她告诉女儿,必须作出牺牲,正如约翰·鲍德纳在好莱坞影片中所诠释的信念一样,普通人从艰辛的生活中所获无几。[7]

对于车行司机而言,波尔泽一家小资产阶级式的舒适生活看起来是难以实现的。对于普通的车行司机而言,女人不是理想的搭档,而是假象和失望的客体。出租车司机詹姆斯·马雷斯卡(James Maresca)在他两部回忆录中的第一部《我的旗帜降下来》(My Flag Is Down)中,透露了他对女人着迷的原因,他相信:"女性特征有时候确实给出租车司机一种捉摸不透的感觉。"马雷斯卡将女人划分为无数种类型,"职业型女孩被忽略不计","她们好像总是为了某种东西而烦恼。"经常乘坐出租车的女人"原来有着不同的特征",和来自几种"不同的阶层"。第一种是女性夜总会工作人员;第二种是那些具有独特性格的女人,包括那些一心致力于做好水手、警察、海军陆战队队员、冷饮柜台服务员、侍者、音乐家,甚至出租车司机等工作的人。马雷斯卡不信任那些少女,并将她们看作是"最令人厌恶的荡妇"。他尤其不喜欢试图让他免费搭乘的上层女孩,或者是那些告诉马雷斯卡如果他不让她们免费搭乘,她们就会以起诉他试图强奸她们来作为威胁的、十几岁的打车去科尼岛的女孩。[8]

女人们以马雷斯卡作为生动有力的实例,以说明她们生活的悲哀。

一个准备嫁给一个她从未见过面的男人的合唱班女孩,说明了她的整个情况。"为什么她选择了他?"马雷斯卡问道。女孩回答说,"'我独自一人居住在这个城市。我无法坐在一辆有轨电车上,并且将所有的一切告诉给驾驶员。'"她也不能对公交车司机说,同时她也不想将所有事情解释给她的女朋友们听。"'因此,我认为最好的倾诉对象是一位出租车司机。不管怎样,你们这些伙计总是知道问题的答案。'"然而,马雷斯卡并没有找到答案,而且对于处理某种关系感到困难。一天夜里,他搭载了自己的女朋友和另一个男人,然而令他惊恐不已的是,他的女朋友居然在后座上与那个男人相拥狂吻。[9]

马雷斯卡在他于1958年出版的名为《出租车先生》(Mr. Taxicab)的第二部书中继续他的长篇故事。尽管声名远扬,有时也希望结婚,但是马雷斯卡并没有找到幸福。他仍旧不信任女人,并且他认为保持普通的人际关系对于出租车司机而言是困难的。他评论道:"我为那些已经结了婚的伙计们感到惋惜。他们中的一位告诉我,他如何不能在礼拜天带他的小儿子去公园,而这已经三个月了。"男孩几乎要认不出来"这个应该是他父亲的奇怪的男人"。马雷斯卡没有遇到这样的问题,因为他"仍旧是一个孤独的单身汉"。独身生活,加之来自"被许多女人愚弄,被许多哥儿们欺骗"的不幸经历,使马雷斯卡成为一名哲学家。如同第欧根尼(Diogenes)一样,马雷斯卡是一个愤世嫉俗的人,"尤其是对女人"。马雷斯卡认为女人生来就富有欺骗性,并说道:"当一个女孩用她柔软的、纤细的手指梳理着你的头发时,那可真是一种令人愉悦的感觉,而且你也能确信,在那美妙的一刻,她是真正爱你的。"但是下一次,她会在"一个舒适的角落里与另一个男人"重复着同样的事情。他建议到,让一个女人高兴的唯一方法就是用手将她抢过来,"并与她生活在一个窑洞里。"[10]

尽管他有厌女症,但是马雷斯卡可以容忍同性恋者和易装癖者。他与后者相处融洽,特别是当一个人对马雷斯卡说,"我像你一样喜爱女人"之后。那个男人与马雷斯卡交谈关于他一生对女人衣着的迷恋,和他作为一位工程师成功的一生。马雷斯卡将易装癖者仅仅当作是纽约"同性恋鸭"的另一种类型。尽管他可以忍受两个女人在出租车后座搂着脖子,但是当她们开始争吵时,他的愤怒和厌恶就油然而生。后来,有一个女人告诉他,她本身不是同性恋者,只是另一个女人在支配着她。马雷斯卡以其为据,认为同性之爱是不真实的。[11]

也许是对马雷斯卡粗俗的叙述感到厌倦,爱德华·艾德勒(Edward Adler)认为出租车司机属于纽约人中最具有文化修养的人。艾德勒是撰写出租车司机的作家,自己也开过出租。他声称:"我们完全可以居高临下地审视任何问题,因为我们是高明的读者,我们从来不会远离书报亭,因此我们手中总是拿着最新的版本。"多数人阅读小报,"因为对我而言,时间就是金钱,这种小报字体印刷大,且有许多图片可看。"对于其他人而言,以竞赛方式回答《晨早快讯》(*Morning Telegraph*)是获取当前信息的主要途径。他们是如此关心时事,以至于"许多出租车司机被看到手持晶体收音机疾驰在城市中间"。司机们也从乘客那里及通过阅读丢在汽车后座上的任何杂志和书籍以获取信息。[12]

观察家们开始将出租车司机描述为哲学家,并且将其与"雅典伟大的街头演说家"苏格拉底相比较。一位作家说道,出租车司机当中包括许多来自高校的大学毕业生。"你可以找到曾经作为牛仔的,及现在做临时演员和编写及出售电视剧本的出租车司机"。《纽约时报》著名的专栏作家迈耶·伯杰(Meyer Berger)描写了一位有天赋的,懂得法语、德语、依地语,意大利语和保加利亚语的出租车司机艾伯特·乌斯韦尔克(Albert Uswelk)。由于他的通晓多种语言的才能,联合国官员寻找他,以使其为来自世界各地的显要人物做观光导游。一个偶然的机会,乌斯韦尔克卷入与俄罗斯驻联合国大使安德烈·维斯金斯基(Andrei Vishinsky)的纠葛。当维斯金斯基乘坐乌斯韦尔克的出租车时,这位出租车司机立即运用他的保加利亚语技能与他交谈。乌斯韦尔克注意到,在他们的谈话过程中,维斯金斯基作了记录。几个星期之后,他在联合国总部附近又遇见了这位俄罗斯人。这一次,乌斯韦尔克的乘客们让他的车紧跟搭乘大使的那辆出租车。在红灯显示时,突然有几个身材魁梧的人从那辆出租车下来,冲到乌斯韦尔克面前,把他从出租车里拽出来,并用俄语朝他叫嚷。显而易见,他们认定他是一个间谍。[13]

小说家们探索了出租车司机与中产阶级美国人在文化表现上反映出来的阶级分化。理查德·耶茨(Richard Yates)在他1962年的合集《11种孤独》(Eleven Kinds of Loneliness)的一则短篇小说"建设者"(Builders)中,讽刺了詹姆斯·马雷斯卡所写的关于出租车的耸人听闻的叙述。基于1940年代末的自传材料,这个故事讲述了出租车司机伯尼·科曼(Bernie Korman)如何雇佣出租车司机作家鲍勃·普伦蒂斯(Bob Prentice)写作一部基于出租车司机收集的几百个故事的书,所有故事都整洁地写在文件卡上面。耶茨以他自身的形象塑造的普伦蒂斯与出租车司机在科曼家里会面,这是一个装有塑料家具,一个大的电视机和许多摆设在空书架上的不值钱的小饰物组成的房间。衣着和洁净是阶级的象征。耶茨在家中将科曼描述为一个"介于45至50岁左右的男人,比我矮很多,但很结实,他穿着一件看似昂贵的淡蓝色衬衫,却将下摆露在外面。他的头肯定只有我的头一半大小,洗过的黑发稀拉拉地梳在后面,好像是有雨水冲刷过似的,他的脸也是我所见到过的最老实且充满自信的脸"。后来,普伦蒂斯与伯尼在出租车中相遇,并且描述他的工作服为"一顶有着斜纹的帽子,一件带扣的羊毛衫,和系在他腰部那个经常变幻的圆柱形的装饰物。"他看到伯尼工作一天身上积累的污垢。伯尼的手指"由于整天接触其他人的硬币和纸币,而被染成了一种磨得发亮的灰色"。

两个人同意合作。伯尼想要撰写关于他生活的书与马雷斯卡关于"匪徒,女人,性,酗酒和所有有关这些内容的"故事有许多不同之处。在接下来的几个月中,鲍勃将伯尼收集的趣闻轶事进行了改编,并且为每则故事获取5美元的报酬。普伦蒂斯注意到出租车司机与名人之间的微妙联系。科曼为自己与一位饰演过约翰·加菲尔德(John Garfield)的著名电影明星和一位以坚持公众购买电视机是为了他们孩子的情感需求而著称的杰出心理学家相识而感到自豪。在一个令人难堪的场景中,鲍勃和他的妻子琼(Joan)以赴宴的形式拜访了科曼和他的妻子罗思(Rose)。罗思原来是一位聪敏的,着细高跟鞋,穿紧身衣,戴扁平弹性发夹的女人,她的电话接待员的嗓音的社交魅力非常专业("见到你真高兴,快请进……")。鲍勃想要将故事写成对早期海明威的回忆形式,但是伯尼却要求充满感情。被置身于受歧视的中下层阶级之中,并为他们工作,鲍勃很快喝醉了,并侮辱了他的主人。他嘲讽伯尼对多愁善感叙述形式的庸俗追求,并因而破坏了他与出租车司机的生意往来。后来,伯尼告诉他一个新的作家正在将他的故事改编为喜剧剧本,并且伯尼还提到了几个月前罗思差点快要死掉。耶茨对出租车司机的小资产阶级世界,出租车司机对名誉的思慕,及他们的矫饰做作,都有超乎寻常的感知能力,这源自于他自身的贫穷经历与上层阶级意识的独特交融。在故事的结尾处,鲍勃发现,这位出租车司机和他妻子所创造的生活,比那些他们所羡慕的名人或者是在一年之后离婚的鲍勃和琼的生活更加富有意义和价值。故事勾画了中产阶级作家和他的小资产阶级雇主之间的社会鸿沟。[14]

　　影响公众对出租车司机印象的更加深刻的因素,是塞林杰(J. D. Salinger)将出租车司机看作是生来愚蠢的人的引人发笑的叙述。在他1952年的经典小说《麦田里的追捕者》(*The Catcher in the Rye*)中,塞林杰叙述了霍尔登·考尔菲尔德(Holden Caulfield)和一个叫做霍维茨(Horwitz)的头脑迟钝的出租车司机的对话。霍尔登乘坐霍维茨的出租车穿过中央公园,那"真是一辆破烂车,车里的味道就像是有人在里面刚刚烘烤过饼干似的"。霍尔登向霍维茨询问,他是否知道在冬季时节中央公园小淡水湖中的鸭子是如何过冬的。这个问题惹恼了霍维茨,因而他将话题转向了湖中的鱼,以他的观点来看,鱼"要比鸭子更加有韧性"。霍维茨向霍尔登解释说,"鱼就生存在讨厌的冰中,那是它们的天性……它们在一个地方冰冻住,以度过整个冬天。"霍尔登通过质疑鱼如何吃食以维持生命来反驳这个荒谬的观点,但却被告知"它们的身体恰恰通过冰中糟糕透顶的海草和粪便以吸取所有营养物质。它们始终使气孔保持张开"。霍尔登被这种古怪的科学解释逗乐了,因而建议停下来喝杯饮料,但是霍维茨却生气地拒绝了。由于被放到 20 世纪后半期最著名的及广为阅读的小说中,这一场景一定会影响公众对出租车司机的态度。同时也暗示了年轻人对萧条一代学者不太认同,这些人的头脑看起来可能被行驶在城市柏油路上的几百万英里路程弄晕了。[15]

可悲的是,看起来塞林杰的故事是真实的,或者至少有一些出租车司机开始在现实中演绎关于他们的叙述。在塞林杰的小说面世几年以后,一个叫做阿瑟·罗思(Arthur J. Roth)的作家打算去了解出租车司机到底如何看待中央公园的鸭子是怎样过冬的。他向他所遇见的出租车司机提出了霍尔登向霍维茨提出的同样的问题。第一个司机将其看作一个普通的问题来回答:"那你认为它们能去哪儿呢?其他人在冬季时节能去哪儿呢?它们向下游到佛罗里达州的迈阿密海岸,或者类似的地方。"当被问到这些鸭子是否搭乘火车时,出租车司机并没有上钩:"它们是鸭子,它们可以顺流而下。可以像其他鸟类一样成功地度过每一个冬季。鸽子是唯一留下来的鸟类——不过鸽子相当愚蠢。"当出租车停靠在目的地时,司机仔细地打量着罗思并问道,"你真的想要知道那些鸭子去哪了么?"当被给以肯定回答时,出租车司机回答说,在布鲁克林有一条湖:"布鲁克林在冬季更加温暖。你知道,在那里有一条不结冰的湖。它们将其加热或如此而已。"罗思所询问的关于鸭子如何过冬的下一位出租车司机,指着他的头部照片和许可证号码对作者说道,"听着,老兄,老天在上,那个执照是为开出租车而用的,而不是提供信息的售货亭,"与霍维茨对霍尔登·考尔菲尔德表现的烦躁几乎别无二致。第三位司机对罗思说,中央公园的动物园为鸭子提供了一个特别的房间。他向罗思保证,"别担心,兄弟,在这个城市里，他们非常善待鸭子……纽约有世界上最大的鸭子野生动物园。"而事实究竟是怎样的呢？罗思最后拨打了公园部门的电话，以求得到一个官方答复。令他吃惊的是，一个低沉沙哑的声音对他说，公园部门没有为鸭子做任何事情，非但不拥有它们，而且关心甚少。天生野性的鸭子如今也被驯养，并等着人们喂养它们。使鸭子感到舒适的、唯一不足挂齿的办法，就是在为了滑冰的需要而结冻湖的某部分的同时，使湖的另一部分保持无冰状态。[16]

罗思的非正式调查进一步支持了塞林杰对出租车司机的尖刻讽刺。罗思所采访的出租车司机显然对乘客所提出的荒诞问题习以为常了，因而做出荒谬的、错误的回答。塞林杰描写中的精英主义非常明显。霍维茨是无知的，然而又急于给坐在车后座的上层青年留下一种他掌握了关于自然和城市生活方面知识的深刻印象。罗思所访问的出租车司机明显对塞林杰广为流传的小说一无所知，像霍维茨一样，掉进了一个暴露出他们是未受过教育的、好吹嘘的人的陷阱。罗思的文章出现在商业杂志上，同时是描写出租车司机的作品当中少有的批评性文章之一。只需打个照面，罗思就对出租车司机的智商指数给出了天才的判断，并揭示了司机与乘客之间隐藏的阶级分化的裂痕。

如果纽约人越来越将出租车司机看作是和蔼可亲的傻瓜。那么反过来司机们也会以小费数量的多少对纽约人作出评价。到 1950 年代为止，小费已经成为出租车费当中制度化的一部分内容。小费现今在整个全国范围内都被认为是义务性的。[17]纽约人一般来说懂得这个道理，并且多数人也支付小费，并且将小费看做是一种奖励。许多人都为与出租车司机可能发生的冲突而担心，然而一些人却将小费当作是出租车司机微薄收入的补偿。出租车司机们可以通过以存放行李为名索要高价，根据乘客的需要而开得或快或慢，为了取悦顾客而讲一些滑稽的故事等方式以提高小费的数额。出租车司机们对他们的顾客有自己的一套评判标准。处于领先地位的是"雍容大度的人"，一个慷慨付小费并且懂得规矩的盖茨比式的人物。雍容大度的人绝少抱怨或是以傲慢的态度对待出租车司机,并且看起来是汽车后座上最好的顾客了。而爱吹牛的人是一个伪装成雍容大度的人——一个许诺将付可观的小费,但却从不兑现诺言的好说大话的人。有关伪装雍容大度的人的一个例子是由托尼·柯蒂斯(Tony Curtis)在获奖影片《成功的甜蜜气息》(The Sweet Smell of Success)中饰演的说话语速很快的广告员西德尼·福尔柯(Sidney Falco)这一角色。在影片中,福尔柯让出租车绕城往返而行,或者是作为谋划他阴谋诡计的场所。但他很少给司机小费。商人是出租车司机的主要顾客。他们的习惯是可以想见的;精力充沛,讲求效率,并且在闲聊中保持不偏不倚,他们的小费一般来说是较为公平的。他们也成为评判其他顾客的标准。

上街购物的女士与商人都是极为常见的乘客。中年,穿着时髦,却并不迷人的她们坐在座位的边缘,眼睛注视着计程器,以确信她在"乘坐出租车"。她所喜欢的小费是一角硬币,而不管搭乘的距离有多远,费用有多高。司机由于生气而经常将硬币扔回给她,并告诉那位女士,是她更需要那个一角硬币。一位专门研究小费的权威人士建议,有的心术不正的出租车司机会设法使没有给足小费的女人们感到内疚,对此,可不予理睬。她警告说,任何超过20%的小费都会给下一位乘客构成伤害。另一方面,她也提醒说,出租车司机将不足15美分的小费当作"谋杀"的理由。富有的纽约人也往往给很少的小费,在这种情况下,司机会以一种蔑视的态度使硬币经过车的顶部而弹回到他们的脚下。[18]

付小费规范化对工资产生了负面的影响。由于车行司机完全依赖于他们在一天中所赢得的乘客数量,所以出租车司机的焦虑,或者称为"的哥焦虑症",逐渐在对更高小费的追求中表现出来。纽约出租车司机以对小费的过分追求而闻名,而顾客也相应地给予回应。作家罗伯特·鲁亚克(Robert Ruark)在1957年曾经抱怨道,"如果在我付小费之后,他们不说声谢谢,那么在我下车后就不会随手将门关上。"旅行的商人也承认,即使他们在国内不付给出租车司机小费,但在纽约情况就不一样了,纽约出租车司机冷眼相对,以至于他们经常支付更高的小费。[19]当讨要小费有困难时,出租车司机就会以其他的方式增加他们的工资收入。身份模糊的人包括那些"充满活力的人",短暂停留的开会的人,大学生,一些寻找夜间作乐、并期望出租车司机为他们指路的人。向这些人索要虚高的车费,出租车司机通常不会感到自责或是内疚。这些人经常喝得烂醉,所以事先增加车费是明智之举,因为他们经常忘记偿付车费或是小费。可遇而不可求的是,出租车司机会遇到一些名人——电影明星,政治家,演员或是新闻记者——他们会认真地倾听出租车司机的谈话,以期望获得可以在报纸专栏、夜总会的活动或是政治性讲话中得以运用的一些草根智慧。一些人还为此类知识的获取付钱。一位在与出租车司机做交易的过程中为自己换来好名声的名人是喜剧演员杰克·本尼(Jack Benny)。尽管以其吝啬的态度而著称,但本尼却经常付给出租车司机两三倍的小费,以避免出租车司机讥讽地说出:"他果真像他们所说的那样小气"这样的话来。本尼在付出高额小费之后甩出一句话:"我并非像他们所说的那样富有",让人大倒胃口。[20]

与名人的接触使出租车司机们考虑他们自己的名声和命运。詹姆斯·马雷斯卡的成功启发了其他的司机们,也促使专栏作家海·加德纳(Hy Gardner)声称自从《我的旗帜降下来》出版之后,"我从来没有遇见过一个没有同样文学抱负的出租车司机。"加德纳讲述了一段轶事,反映了出租车司机的这种渴求。他上了一辆出租车,并且向司机问道最近他是否读了或写了什么书。出租车司机回答是否定的,但他说他可以讲一个好听的故事。不久前的一个夜晚,他搭乘了一位先生:"你知道,年轻人,晚礼服,高筒帽,手套——全套行头,一个常见的阿道夫·门乔(Adolph Menjou,二三十年代红极一时的电影明星。——译者注)似的人物。"在中央公园快速游览了一段路程之后,乘客向司机哈里(Harry)问道,他是否想要穿一次小礼服,并且与他一起在城里游玩。哈里回答道:"不行啊……开车必须一直要到清晨4点呢。此外,我也没有小礼服。"乘客于是让他在第八大道的一个商店处停下来,租了一套小礼服。之后,两个人去了沃尔多夫·阿斯托里亚酒店,又去了斯托克俱乐部,在那里,他们与名人互相微笑致意,并且品尝了香槟酒。再后来,他们"逛了纽约市所有值得去的地方,夜总会、酒吧等,并与很多漂亮女郎见面及跳舞"。在午夜将尽时,该乘客给了哈里一份"两张10美元的钞票"作为他的收入。他们谈论生活,乘客也向他坦露了他一年只能拥有一次这样的机会。事实上,他承认一年之中只有一次能将所有的休假薪金用于这样一个晚上的机会,哈里羡慕他并问他是做什么工作的。"我是做什么工作的……同你一样,哈里,我开出租车。"[21]

加德纳的故事也许有些杜撰嫌疑,但是另一位出租车司机却公开显示了他对于名望的渴求。出租车司机斯坦利·伯曼(Stanley Berman)因在1960年代早期成功地混入约翰·肯尼迪(John F. Kennedy)就职大厅的总统包厢的人群中而轰动一时。《出租车周刊》刊登了一幅伯曼坐在特德·肯尼迪(Ted Kennedy)、罗伯特·肯尼迪(Robert Kennedy)、杰奎琳·肯尼迪(Jacqueline Kennedy)和副总统林登·约翰逊(Lyndon Johnson)中间的照片。伯曼由于一个新闻记者让其通过而取得了进入大厅的机会。伯曼声称,在活动场所中,主持人将他误当作罗伯特·肯尼迪,而且他"出乎意料地"被特工推进了总统包厢。他一直坐在那里,直到新任总统和他的父亲、约瑟夫·肯尼迪(Joseph Kennedy)来到这个预先安排好的地点。两个人带着疑惑的眼神看着伯曼,直到年长的这位男人走到出租车司机面前,对他说:"先生,你坐在我儿子的座位上了。"伯曼于是礼貌地移出了几个位置,而后坐在了为罗伯特·肯尼迪专门预留的位置上。有一段时间,那个计策的确起了作用。伯曼得到了肯尼迪家族两个成员的亲笔签名,他甚至还帮助新任总统解开了缠绕在他腿上的电线。然而,当其他名人陆续到来之后,游戏就结束了,特工人员突然命令出租车司机在一分钟之内离开大楼,否则就会面临拘捕。

伯曼此前已经在女王伊丽莎白二世(Queen Elizabeth II)庄严坐在沃尔多夫·阿斯托里亚大厅中举行官方招待会时,走上前去征得了女王的亲笔签名而赢得声望。后来,伯曼擅自参加了新泽西州州长休斯(Hughes)的就职仪式,伯曼使自己恰好就坐在新任州长的后面,并且当前任州长向与会者介绍新州长而其正在检查他的演讲稿时,伯曼的脸透过新任官员的肩膀被拍摄了下来。伯曼还由于干扰了1962年全国直播的在好莱坞举行的奥斯卡金像奖颁奖典礼再现了他的绝技。当女演员谢利·温特斯(Shelley Winters)宣布一位获奖者的名字时,伯曼从舞台的一侧走了出来,抓住了话筒,并将特别奥斯卡奖送给了喜剧演员鲍勃·霍普(Bob Hope)。霍普俏皮地说没想到在仪式上会出现一位出租车司机,但是确实需要一个看门人。《洛杉矶时报》宣称,如果伯曼没有出现在沉闷的奥斯卡颁奖典礼上,就不会有那最精彩的一刻。伯曼一直待在洛杉矶,沉浸在他15分钟的声望之中,并且在后来的几天中,在报纸的一个漫谈栏中与他的女朋友伊夫林(Evelyn)得到了更多的关注。他宣称已经说服他的女友在没有收到邀请函的情况下去参加一个裸体主义者的群体聚会。斯坦利同时夸耀说,杰里·刘易斯(Jerry Lewis)打算拍摄一部关于他非同寻常经历的电影。尔后,他回到了纽约,继续开出租车。伯曼声称他已经作为不速之客用蒙骗的办法参加了2000多场仪式了。他收集的大量亲笔签名证实了他此言不虚。在肯尼迪就职舞会的几年之后,他由于在市政厅门前领导了反对攻击出租车司机的抗议活动,而成为公众注目的焦点。他在41岁时死于血液失调,此前一直在布鲁克林由其双亲照顾。[22]

从这则故事中可以得出什么结论? 难道只是叙述一个古怪的不请自到者吗? 毕竟,伯曼只是纽约市3万出租车司机当中的一位。他擅自闯入肯尼迪就职仪式的事直到事情发生8个月之后才被公开,他之所以这样做也是因为当他在车行中炫耀他的英勇事迹时,其他出租车司机拒绝相信他所说的话。伯曼有一张他和总统家庭的合照。照片和相关的故事首次在《纽约的美国报人》(*New York Journal American*)杂志刊出时,引起了一场轰动。在真相揭露之后,伯曼沉浸在名誉的光环当中。商业性杂志《出租车行业月刊》对伯曼的欺骗性行为却给予了认同,并利用他的故事反映了公众对出租车司机所持的政治态度。近来,晚间脱口秀节目的主持人杰克·帕尔(Jack Paar)做出了许多对出租车司机的贬低性评论。杂志上幸灾乐祸地说,在总统的就职舞会上,帕尔只是在舞会的地板上跑来跑去,而普通的出租车司机伯曼却坐在了最上层的精英们中间。

当然,帕尔是合法地出现在那儿,而伯曼在他的诡计被发现之后则被赶了出来。出租车司机偏爱不请自到及与声望的短暂接触,表现了在这一行业中极为普遍的不安情绪。他们经常出现在新闻当中,但只是偶尔以受人尊敬的形式出现。他们经常会与重要的和著名的人物接触,但是工作一天之后,却几乎没有什么可以为它所炫耀的。与那些在工作单位形成一个社团并对可能魔术般地跨越社会阶梯的假想不抱幻想的工厂工人不同,出租车司机们经常在与富有的或声名狼藉的人的瞬息接触中被吸引。他们较高的公众形象只是使这种迷惑变得更加不可收拾。伯曼只是演绎了许多出租车司机对名望和财富的渴望。他完全沉浸在对上层阶级的羡慕之中,只是想充当一个有特权身份的人。他在媒体上引起的关注只是使他更加热衷于对名望的追求。

出租车司机们非常敏感地意识到他们在媒体报道中的形象。尽管他们可以自嘲,但正如他们对雷德·斯克尔顿的电影作出的反应一样,他们对负面的描写却很敏感。例如,《出租车周刊》的工作人员对1953年由20世纪福克斯电影公司推出的由丹·戴利(Dan Dailey)和康斯坦斯·史密斯(Constance Smith)出演的电影《出租车》(Taxi)作出了强烈的反响。《出租车周刊》接受了戴利作为出租车司机"仁慈、和善和极富有同情心"的形象,但却对电影中的部分内容提出了反对,如戴利不仅咒骂乘客,偷乘客的东西,而且看起来还对城市的部分街区是一头雾水。周刊同时也担心影片中喋喋不休的对话效果和前后不一的性格特征及不合情理的剧情设计,即让一个出租车司机载着一个女人漫无目的地行驶了几个小时之后,先是欺骗她,后来又爱上了她的故事。《线索杂志》(Cue Magazine)同意这些质疑,并认为,"出租车司机丹·戴利比我所遇见的纽约市任何出租车司机都要更加令人讨厌。"

115 　　电影情节确实包括许多贬低出租车司机的情景。电影中出租车司机埃德·尼尔森(Ed Neilson)(戴利饰演)故意带着乘客绕远道兜圈子,但是该乘客却告诉尼尔森他过去就住在纽约,而且知道最近的路线,并且生硬地抛给了他一个五分镍币的小费。当尼尔森在移民局遇见了他倾心相爱的女孩时,却由于她为12.5美元的路程仅付了5美元的车费而生起气来。尽管如此,电影总体上还是受到了好评,并且一度非常受欢迎。出租车司机们却心怀不满。几年之后,《出租车周刊》推出了一个专栏,把一个出租车英雄与"一个喋喋不休的、未剃胡须的、乞丐似的出租车司机"相对比,这个出租车司机完全是"闲话专栏作家和手中掌控时间的广播或电视评论员"所杜撰的。后来,出租车司机的抗议迫使作家哈里·戈尔登(Harry Golden)收回了在他的《只为了两美分》(For Two Cents Plain)一书中对出租车司机的诋毁。出租车司机的抗议也促使"杰克·帕尔"节目的制片人休·唐斯(Hugh Downs)在广播中为他贬低纽约市出租车司机的诚实程度的玩笑道歉。他们还说服演员佩里·科莫(Perry Como)为其讽刺出租车司机对乘客进行偷窃的幽默短剧请求司机们原谅。出租车司机们也严厉批评了篮球教练弗兰克·麦圭尔(Frank McGuire),因为他开玩笑说由于每天有1.8万名出租车司机疯狂驾车、试图超越他们,所以纽约的男孩们应该成为灵活、机敏和必须聪明的运动员。麦圭尔否认他打算诋毁或者诽谤出租车司机,并声称他的球员当中就有一位是出租车司机的儿子,但还是为他一番话所引起的误解进行了道歉。[23]

　　出租车司机中最大的赢家是新闻记者海·加德纳(Hy Gardner)。在他的《纽约市旅行指南》当中,加德纳将普通的纽约市出租车司机称作"已经暂时从事这项工作27年、诚实的、努力工作的、细致周到而且技术甚佳的司机"。加德纳提到,一天工作12至14小时的出租车司机,加上小费在内,一个星期可以赚 120 至 140 美元。尽管他承认一些人是"好斗的自命不凡的人",但是他认为那些帮助警察追捕罪犯的、接受过表彰、"司机执照上贴着小金带"的人才是英雄。然而,当警察给这些英雄出租车司机开罚款单的时候,却责怪他们说:"你们!应该比其他家伙做得更好。"[24]

加德纳讲述的出租车司机的故事是,一个出租车司机搭乘一位富有但孤独寡居的贵妇环游世界。当这位女士得知司机还是个单身汉的时候,即刻邀请将他的车开进船舱,并与她一同航行欧洲。一到达法国的勒阿弗尔(Le Havre),他们便将出租车从船上拖出来,打开计程器,开往巴黎、尼斯、蒙特卡洛,然后通过法国并经英吉利海峡开往伦敦,后来又去了罗马、柏林和斯堪的纳维亚半岛上的国家。整个行程中,计程器都在滴滴答答地响。经过为时两个月的、旋风般似的旅行,两个人返回了纽约,这位慷慨的乘客付给了司机 12457 美元的车费。她说"现在,欧文,请送我回布鲁克林的家吧。"这个出租车司机喊道:"布鲁克林?对不起,夫人,你可能必须乘坐其他出租车。每次我去布鲁克林,都开着空车回到曼哈顿。"[25]

海·加德纳还引证了一个乐于助人的出租车司机的例子。在一个雨夜里,一位年轻的女士要打车去上城。当出租车在红灯处停下的时候,她看见了一位虚弱的、上了年纪的妇女。乘客帮助了这位老妇人,并最后将她送回家中,这与她要去的地方偏离很远。后来,当出租车司机和这位女士到达她原来想去的地方时,出租车司机不收取全程车费,并对这位女乘客说:"我愿意为那位老妇人付一半车费。"[26]

对这种正面积极态度的报道,抵消了将出租车司机看作是天生白痴的印象。出租车司机慷慨相助的故事使那些将出租车司机看作是正宗纽约人的美国人十分入迷。美国人在出租车司机的俚语中有所启迪。一个关于犹太人与工人阶级的行话相结合的绝佳例子也许是华莱士·马克菲尔德(Wallace Markfield)的讽刺小说《英年早逝》(*To An Early Grave*),后来被制成影片《拜拜,勇士》(*Bye, Bye Braveman*)。在小说中,几个到曼哈顿参加一个朋友葬礼的犹太人同一个出租车司机发生了一次小的碰撞。出租车司机急于轻描淡写地处理这件事及摆脱责任,他首先冷嘲热讽地与这几个人说话,并问道他们是否为犹太人,并煞有介事地声称,"宗教是什么?嘿—嘿—嘿和念经似的背诵?胡扯,都是胡扯。"他说,最好是像他的那位意大利籍的车行老板一样,"让每天都充满仁慈的兄弟之情"。这位司机(他的名字从来没有被正式提及)称他感到幸福,因为他妻子对患癌症的担忧只是一场虚惊,还因为"我会绝对拥有楼房隔壁的四个半房间",最后因为"我的米尔顿(Milton)将要去斯卡伦(Scaroon)庄园做男服务员。在那儿,甚至连一个餐馆刷盘子的都会带1500到1800美元回家。"司机这番套近乎没有效果,场面变得紧张起来。出租车司机把给那几个犹太人开车的司机称为"笨蛋",并愤愤不平地说,尽管"读高中时,除了一次之外,每次分科考试我都取得了88分以上的好成绩",但现在是开出租的,就被几个犹太人看不起了。司机质问道"难道大萧条是我的错吗?"很快,几个人扭打起来,并将双方的鼻子打出了血。当斗殴结束之后,出租车司机让另一个男人去见他的律师,"柯尼夫(Conif,与司机斗殴者的名字)这个小偷","让他自寻烦恼去吧。"可以想象,这样的情景一天当中在城市里不知上演了多少次。[27]

117　　逐渐地,这一行业的种族特征发生了转变。二战之后,有更多的非洲裔美国人加盟开出租。尽管多数美国人都将著名的广播电视系列片《阿莫斯与安迪》(*Amos'n' Andy*)中温和的阿莫斯作为黑人出租车司机的原型,但是其他的描绘则表现得更加固执己见。朱利安·梅菲尔德的小说《潮流》中的出租车司机吉米·李(Jimmy Lee)就责备了他的调度员。与他争吵的一个原因是,"作为一个黑人的部分代价,就是他永远不会为争取自己的尊严和荣誉而进行的斗争感到满足。"第二个令人信服的原因是由于他是"一位有着良好记录的出租车司机。所以他可以在任何地方找到一份工作。"[28]

除却詹姆斯·马雷斯卡的厌女症,在1950年代出现了同在二战期间类似的、为数众多的女性出租车司机。来自犹他州盐湖城的玛丽－伊丽莎白·"布"·舍伍德(Mary-Elizabeth "B" Sherwood)就是1954年82名女性出租车司机中的一位(那时有32086名男性出租车司机)。由于对那个经常需要她在服饰上进行超出她收入能力范围的投入的办公室工作感到不满,布因而转向了出租车行业。她相信她与多数男人挣的钱差不多。她最喜爱的故事是一个在车费上还差三美分的醉汉,跟跟跄跄地下车走进了他的房子,但回来时却拿出一块牛排充当小费。战时最后一位女出租车司机叫做贝蒂·菲什拜因(Betty Fishbein),当1958年《每日新闻》在它的周末版描写她时,她仍在工作。菲什拜因女士曾经是一位综艺娱乐的夜总会歌手,但是由于"娱乐界的生命是转瞬即逝的,并且我在其他方面也没有受过训练",所以便从事了开出租这一行业。女人们在她们开出租车的丈夫生病的时候,也会临时打打替补。[29]

随着电视成为向美国观众传递种族和阶级状况的更为普遍的形式,制片人经常创作有关工人阶层剧本的喜剧节目,诸如《度蜜月的人》(*Honeymooners*),《赖利的生活》(*Life of Riley*)及《戈德堡一家》(*The Goldbergs*)。在由苏格兰歌手珍妮·卡森(Jeannie Carson)出演的《嗨,珍妮》(*Hey Jeannie*)中,她饰演了布鲁克林出租车司机艾尔·默里(Al Murray)的朋友。其中一个情节是艾尔决定将他的出租车藏在一个朋友的车库中,以便他可以利用那段时间去观看在埃布特斯场地举行的道奇人队的比赛。车行老板察觉到默里在他的工作时间闲荡,于是高谈阔论地说出租车是公众服务设施的一部分,默里的出缺"减少了我的利润"。车行老板的秘书为了工人阶级的团结,即刻将此事告诉了珍妮,并对她说车行老板正开车到处寻找艾尔和他的出租车。珍妮于是将出租车开出车库,寻找他的朋友。由于她习惯于在道路的左侧行车,因而被警察制止了。警察对这个变成了临时出租车司机的移民妇女很是同情。而她则在她朋友的老板抓住他之前及时赶到了球场,并将出租车交给了她的朋友。反过来,他也向车行老板表示了道歉。正如乔治·利普希茨所表明的,影片中充满了工人阶级的怨恨情绪。其中,妇女被看作是大众抗议资本家贪婪欲望的行动者。同时,在阶级关系上并没有发生变化。[30]

出租车司机与乘客之间的种族交往经常会使气氛变得紧张。非洲裔美国人司机吉米·李是如此讨厌被一位乘客叫做"乔治",以至于他将出租车突然停住,把那个男人从后座上拖了出来,并将其打翻在人行道上。1953年,问题激化了。一位名叫弗洛伦斯·西尔弗(Florence Silver)的乘客向纽约市出租车管理办公室、纽约州反对种族歧视委员会(New York State Commission Against Discrimination)及《出租车周刊》提出申诉,说一位出租车司机对她说,除非他确认乘客是白人,否则他就不会在中央公园西区搭载乘客。她抗议该出租车司机的态度不符合民主原则,这位司机回答说他是为了自己的安全考虑。西尔弗写给《出租车周刊》的信引起了一连串的反响。赫尔曼·库兰德(Herman Kurland)写了一封信,义愤填膺地质问西尔弗她是否考虑到,有多少"出租车司机经常被绑架,拦劫,刺伤,枪杀,有多少经常被拳打脚踢……?"库兰德坚持说,黑人司机不想在哈莱姆工作,但黑人乘客在哈莱姆之外举止得体,支付小费,只是在哈莱姆之内行为不端。库兰德坚持说道"黑人不需要本·戴维斯(Ben Davis)作为精神领袖,因为他们有布克·华盛顿(Booker T. Washington)。"在《出租车周刊》的下一期中,一个"出租车司机的妻子"言辞激烈地质问西尔弗是否考虑过开出租车的丈夫或父亲的安全。她再次重申了黑人司机不会在哈莱姆工作的观点。[31]

尽管出租车司机在美国大众文化中有了一席之地,但是他们在1950年代仍能感受到贫穷的冷酷。在1950年代将要结束的时候,出租车司机们的经济条件更加恶化了。油价仍旧居高不下,而市政府还是制定了每载客一次就要交10美分税的规定,这样,市政府的报告中显示纽约市的出租车车费比率属于全国的最低水平。在出租车司机和车行业主巨大的抗议声及许多新闻记者和演员们的谴责之下,一角钱的税款在 1960 年 1 月份被取消了。出租车司机也需要对付那些关于诽谤出租车司机绑架及对乘客进行人身攻击的流言飞语。纽约市出租车管理办公室对出租车司机数量日趋减少的形势的反应,是同意给兼职司机发放许可证。"非法载运者"或没有准驾证章的出租车司机,越来越成为一个问题。纽约市议会在 1958 年通过了禁止非法出租车驾驶者营业的法案,但是问题仍旧十分突出。[32]

1950 年代初的几年,人们如此熟悉的出租车司机的传奇形象看起来已经成为遥远的过去。1960 年代末《纽约时报》一则人物特写所描写的主人公是一位司机,他向公众申明,他和他的兄弟们及部分姐妹们"既不是一个载有丰富多彩的民间智慧的流动展览馆,也不是一个特尔斐阿波罗神庙的圣殿"。相反,就像近来在纽约市出租车管理办公室一个警官向一批新出租车司机所作的训话一样,"听着,这是一份孤独的工作,并且你们中的许多人将要在太阳底下打拼——但要记住,你们和市里其他苦力一样,不过是一场追逐美金的恶作剧中一条普通的猎狗而已。"1950 年代的经济繁荣成就了一些出租车司机,但是却使绝大多数人仅停留在贫困线上,每天的工资所得比身无分文强不了多少。[33]

出租车司机孤立无助的一个主要原因在于他们明显缺少组织。自从 1956 年卡车司机工会组织不力的行动失败后,没有一个工会站出来收拢出租车司机这盘散沙。自有车司机继续陶醉于他们作为街道精灵的美名,但是,车行司机清楚,如果没有工会,他们就会处于铁石心肠的老板们的摆布之下,这些老板认为司机们有求于车行,不把司机放在眼里。出租车司机在下一个 10 年中努力通过创建工会联盟以挫败这种固有模式。

第六章 组建工会的努力与困境：1960—1980 年

1960 年代是出租车司机试图组织起来的高峰期,其中在 1965 年还创建了一个被广泛认可的劳联－产联的地方分会。出租车司机在一位颇有资历的工人领袖哈里·范阿斯代尔(Harry Van Arsdale)的富有成效的领导下联合起来。在此后几十年时间里,老罗伯特·瓦格纳(Robert Wagner Sr.)成为第一位对司机们试图联合起来的努力予以理解和支持的市长。尽管有了这样成功的组织,但席卷整个出租车行业的巨大变化还是削弱了工会的力量。

成功的工会组织是经过数年的斗争才得以实现的。1960 年代早期,组建工会的初步尝试都不太成功。卡车司机工会曾再次试图将出租车司机组织起来,但只召集了 900 人,并在终点站出租车公司和全国出租车公司以及其他几家大型出租车公司的选举中失利。同时,市政府打算将运价提高 10 美分。出租车营业牌照即准驾证章的价格剧增到 2 万多美元。纽约市出租车管理局严厉地处罚收费过高的司机。

1961 年,瓦格纳市长重新采取了市出租委员会尝试改革出租车行业的方法。由前邮电局长詹姆斯·法利(James Farley)领导的工作组,意识到在全国的主要城市中纽约市的出租车资费是最低的。该委员会再一次建议出租车起步价提高 10 美分,并力促这一收益用来为司机们提供医疗保险计划,剩余收益的近一半则直接给予司机们,而车行老板只能获得收益的四分之一。报纸上出现了反对意见,尤其是《纽约世界电讯报》,但法案最终还是通过了。这一成就并没能安抚劳工。由于通货膨胀削减了提价的效益,车行业主们一年后又找到市政府,寻求另一项提价以平息日益高涨的工会运动。他们要求市政府批准一项提价措施,其中45%将直接给予司机们,55%将给予一个为医疗和其他利益设置的信托基金。[1]

出租车司机们努力给公众留下好印象。很多公司发现出租车司机能够为其产品大做广告。连锁旅馆、广播公司、电影公司和饭店鼓励司机们在出租车里向尚未确定去处的乘客们推销其产品。WHN 广播公司(纽约市第一家广播公司。——译者注)在一段短暂而失败的摇滚乐节目播放之后回归常态,开设了一个名为"神秘地点"的竞猜游戏。进入这个频道的司机们,可以在一整天的时间里不断跟踪节目所提供的线索,猜到正确地点的可以参加抽奖,奖品是一个晶体管收音机,还能为他们的妻子获得一个吹风机。

社会公众对出租车司机的认同在 1960 年代初达到新高度,这一声望对于他们提高运价的斗争是很有益的,它在困难时也能派上用场。大量诸如此类的故事口口相传:乘客们帮助穷困的出租车司机,对他们遇到粗鲁无礼的主顾表示同情,向出租车行写信表扬司机的良好行为,因司机归还失物而给予酬劳。在 1965 年组建工会的关键时期,《读者文摘》上一篇记叙出租车司机以各种方式帮助警察、富有勇气和慈善行为的文章发挥了很大作用。作为对这种声望的回应,瓦格纳市长宣布 1965 年 1 月 27 日为"出租车日",并在列克星敦酒店的夏威夷厅举行了答谢宴会,对 100 名出租车司机进行表彰。司机古斯塔夫·德特马(Gustave Detmar)是一位 1941 年 12 月 7 日在珍珠港的军舰上服役过的老兵,他因制伏一个携带武器的抢匪而受到表彰。酒店外,友好的工会纠察员提醒来宾工会活动正在进行。[2]

尽管如此,司机们意识到媒体的关注也有偏颇。一部非常成功的电视节目《东边、西边》(*East Side West Side*),从出租车司机爱德华·阿德勒(Edward Adler)手中购买了剧本,并在长岛的克罗伊(Kroy Service)公司的修理厂里拍摄了大部分情景。车行业主们惊愕地发现电视拍摄者更换了他工厂的标识,白天他的电话也不能使用了,工厂里到处是闪亮的舞台背景,并且完全打乱了换班安排。电视剧的女主角,李·格兰特(Lee Grant),把办公室当成了她的化妆室。当哥伦比亚广播公司试播了名为"开局总不会坏"(No Bad for Openers)的片段时,行业杂志却不予置评,并非常严厉地指责阿德勒"对他以前出租车司机同行们很不友好且刻薄无情"。这家杂志责备他"通过凌辱和诽谤司机们得到大量的金钱和欢乐,而他的故事正是来源于这些人,在当地咖啡馆里用一杯咖啡就能够换到"。阿德勒将出租车司机描绘为"沉迷的赌徒、骗子、说谎成性者、小偷、甚至游手好闲之徒"。杂志认为阿德勒之所以继续持有其出租司机执照是因为电视节目的制作并不稳定。因此,杂志反诘道:"为什么他要恩将仇报呢?"[3]

司机们挫败了有些媒体丑化他们的企图,即使在小费问题上也一样。纽约的司机们依赖小费生活。不像伦敦的同行们可以通过提高运价来获得更多的利润,纽约的司机们感到提高运价往往意味着更低的收入,因而倾向于将小费作为提高收入的最佳方式,尤其是小费更易于逃税。小费是对更好服务的一种奖赏,但也有一个司机觉得小费带来了奴颜婢膝,好似大声乞求:"先生!我脱下帽子求赏小费50美分。"

司机对小费的依赖在艾伦·丰特(Allen Funt)的经历中体现得很明显,他是著名电视节目"纪实影像"的制作者。这个著名的节目将人们对意外事件的反应拍摄下来。丰特第一次去伦敦时,坐上一辆出租车,行驶中递给司机一张卡片,上面写着"只付车价,不给小费"。伦敦司机泰然答道:"随你吧,如果你给我小费,那挺好。如果不,那与我无关。"当丰特在纽约重复同样一幕时,他首先询问司机到目的地的确切车费。听到回答说这取决于交通情况,他递给司机这张卡片。司机扫了一眼,甩下一句:"找别的车去吧!",就扬长而去。但不一会儿,这司机又开回来了,向丰特解释说:"嗨,老兄,别拿出那种卡片给司机,不然,你就永远搭不上一辆出租车。如果你不想付小费,那是你的事。但是,别到处招摇你的卡片!"这并不是钱的问题,这位司机仅仅想维护他的尊严。[4]

有过多年失败的组织经历以及摇摆于小丑和罪犯之间的公众形象,出租车司机自尊受到很大伤害,对于他们来说,捍卫尊严是一个真正的目标。一位社会学者对 1964 年至 1966 年间参加康奈尔大学产业和劳资关系学院研究项目的 250 多名出租车司机和工会成员进行了问卷调查。这位学者发现,在提交回执的司机中有一半以上每周工作 5 天,每天工作 9 小时,收入为 85 至 115 美元,也就是说,他们每小时的收入为 2 至 3 美元,即一天收入约 20 美元。他们中的大多数都是开车已经超过 10 年以上的老司机,年龄超过 50 岁。在工会组织活跃的年代,这些司机们没有带薪假期、病假工资、养老金、人寿保险,并且在 1964 年 12 月之前,没有任何的住院保险和医疗保险。车行业主们经常阻止司机们要求得到纽约州失业保险的任何尝试。司机们不能获得任何工作资历,不能对工作提出任何个人要求。车队的班次分派都是临时决定,这导致了偏袒、贿赂和纠纷。很自然的,这一调查认定司机们感到不受尊重,因老板们和市出租车管理局的压迫而备受困扰。一位司机将这种工作形容为无药可医的"疾病"。充斥在报纸、电影和电视上的"令人恶心"的出租车司机形象也使他们受到了潜移默化的影响。出租车司机的形象确实是负面的,这一职业的声望比它在 1940 年代晚期的时候还低。现在,出租车司机的地位和煤矿工人并列,比农场工人还低。由于营业牌照太贵,对很多人来说,成为一名自有车司机是可望不可及的事。[5]

考虑到他们失望的情绪,并且经历了多年的失败尝试,看来将出租车司机组织起来的行动是不可能成功的。1964 年,全职的出租车司机成立了一个名为出租车司机联盟(Taxi Driver Alliance,简称 TDA)的组织,并考虑寻找出色的领导者帮助他们争取更好的工资待遇和医疗福利。司机们意识到以前致力于联合的努力之所以失败,部分是因为司机们怀疑自己被野心家或空想家所利用,于是他们转向资深的工人领导哈里·范阿斯代尔。范阿斯代尔是国际电气工人兄弟会(International Brotherhood of Electrical Workers,简称 IBEW)和超过 100 万会员的纽约市工人中央委员会(Central Labor Council)的领导人,也是罗伯特・瓦格纳市长的一个有力的支持者,在拉瓜迪亚时代之前的历任市长中,该市长是最为同情出租车司机的一位。[6]

出租车司机联盟与哈里・范阿斯代尔在 1964 年 6 月 29 日会面,他答应,只要他们能获得 1 万个司机的签名,他就出任新工会的领导。一个月后,出租车司机联盟收集了各类司机的 1.3 万个签名。范阿斯代尔将金钱和从国际电气工人兄弟会带来的有经验的招募人员投入到征集新司机会员的努力中。范阿斯代尔很灵活地决定暂不收会费,直到工会获得广泛认可。范阿斯代尔同情出租车司机,认为他们确实受到了剥削。司机们也以信任他作为回报。社会学家亚伯拉罕・纳什(Abraham Nash)采访过的一些出租车司机评价说,范阿斯代尔是一个"伟大的人",是"坚定不移的舵手"。他们认为他是"声名卓著的劳工领袖","我们可以信赖的领袖"。一个人说到:"有像他那样声望的人,我觉得我们不再是一盘散沙了。"据纳什所言,司机们感觉到以前的组织行动中缺乏诚实、奉献、自信、信任、真挚、力量和必胜的这些品质。他们相信范阿斯代尔的诚实是他获得支持的首要因素。对范阿斯代尔经验的信赖和为瓦格纳的支持所鼓励,司机们很快签署了入会书。[7]

除了范阿斯代尔的呼吁,1959 年由两个劳工组织委员会合并形成的劳联-产联纽约市劳工中央委员会的工作也很重要。他们向出租车工会的组织者们提供一个免费的募款机构、4 个区的办公室、律师和法律工作人员、资金、技术支持以及通过康奈尔大学劳工学院提供的教育机会。几个月内,出租车工会有了一个"核心人物"和在每个汽修厂进行活动的委员会。无论何时工会需要对付难缠的老板们,都能够定期开会商量,并掌握那些愿意支持示威或参加警戒线的司机名单。[8]

有一个最大的绊脚石,困扰了工会和出租车行业好多年。1960 年代早期,兼职司机的数量几乎接近"立场坚定"的全职司机。据 1960 年全国劳资关系委员会的一项规定,兼职司机与全职司机有同等投票权。范阿斯代尔害怕兼职司机会反对工会,并且国家劳资关系委员会(National Labor Relations Board,简称 NLRB)的一次公开选举就可能断送他的努力。国家劳资关系委员会,经由1947年塔夫脱-哈特利法修正,允许自由雇佣制从而限制了很多工会机构。瓦格纳市长立场尴尬,他的父亲是一位美国参议员,曾起草了创建国家劳资关系委员会的瓦格纳(·Wagner)法。瓦格纳市长提出了一项动议,使纽约市能够发起这种选举,并为工会提供一份议价许可证书。但是,这一新策略没有给予工会在劳资关系中协商的全权。对于新方案受益的怀疑导致了意见分歧,继而导致了它的失败。范阿斯代尔号召出租车司机们来个"一天假期",这是自1949年以来的第一次全行业罢工。罢工获得几乎百分百的支持。司机们都呆在家,部分也因为受到暴力威胁。事实上,100多辆出租车被毁坏,18个人被捕。[9]

随后的几年中,瓦格纳市长同司机们紧密合作,支持出租车运费上涨,聆听司机们同出租车管理局的争执,并赞同将大部分增收盈利给予司机。当司机采取"休假"18个小时来提醒纽约人他们存在的价值时,瓦格纳市长令人惊讶地出席了1964年9月15日的出租车司机联合委员会的一次会议,并声明支持他们的努力。10月1日,数千名司机为成立工会举行集会。[10]

1965年3月25日,在麦迪逊花园广场举行的群众性大会上,超过9000名司机集会表示对工会的支持,这展现了工会运动日益增长的力量。在会上演讲的有受到热烈拥戴的范阿斯代尔,瓦格纳市长,国际女装工会的主席,一位全国知名的劳工领袖戴维·杜宾斯基(David Dubinshy),以及卧车行李搬运工兄弟会的成立者菲利普·伦道夫(A. Philip Randolph)等民权运动中的知名人士。除了吸引这些著名人士与会,瓦格纳市长还指派了经验丰富的劳资关系谈判代表特德·基尔(Ted Kheel),和前法官查尔斯·墨菲(Charles Murphy)来帮助联合行动,并核查有关车行没有缴纳一年前最近一次资费增加而应付税款的申诉。[11]

1965年5月1日,基尔委员会建议只要每周工作至少三天,全职司机和兼职司机就都应有选举权。在调度员拒绝给工会积极分子分配出租车之后,昆士区一家汽修厂的司机们举行了一次"野猫罢工"。诸如此类公司不合作的情况阻碍了进一步的协商,直到瓦格纳命令要求纽约市工人中央委员会在6月15号和16号举行工会选举。超过1.2万名司机投票,市政府警告说,如果选举成功,公司应有"道义上的责任"与新工会进行磋商。这个打算最终落空。出租车公司和国家劳资关系委员会的代表们被激怒了,他们告到法院并赢得了一项冻结投票的禁令。司机们则在6月28日举行了罢工,以资报复。几乎百分百的公司所辖的司机和20%的自有车司机响应了罢工。大量警察出现在罢工现场抑制了过分的暴力行动。7月5号罢工结束之后,范阿斯代尔只得同意与国家劳资关系委员会合作,这一转变促使在7月份安排一次新的选举。[12]

在这次罢工期间,布朗克斯区标准出租车公司(Classic Cab Company)里出现的和局,证实了哈里·范阿斯代尔领导的价值。劳联－产联的地区负责人迈克尔·曼(Michael Mann)回忆了这一艰难谈判的过程。标准出租车公司的老板放言将打开车库大门让不参加罢工的司机们出去工作。超过200名司机将车库大门团团围住,准备同公司和工贼们大战一场。大约50或75名警察和不计其数的便衣侦探也做好了应对暴力冲突的准备。在现场的还有一辆装满了荷枪实弹的特警的卡车。当大门打开出租车鱼贯而出时,局势一触即发。范阿斯代尔迅速冲进一家小糖果铺,抓起电话打给在家的市长。听到说市长阁下生病了,他告诉市长助手这是哈里·范阿斯代尔的电话。瓦格纳市长接起了电话,他为打扰市长而道歉,同时也警告说局势即将恶化。警察们已经过于粗暴,如果骚乱爆发的话,他将不能负责。瓦格纳要求与当班的警察队长通话,当时陪着范阿斯代尔的曼,冲到街上找到警察队长,将他带到电话边。瓦格纳与队长交谈了几分钟,就化解了一场潜在的街头混战。警察离开了,车库大门也关上了。曼这时才理解为什么范阿斯代尔会花大量的时间与市政府官员打交道。若是过去的情形,不参加罢工的司机将开车出去,警察们将使用一切手段驱逐抗议的罢工司机,结果是又一个工会行动将会失败。范阿斯代尔与市政府的密切联系防止了这种失败。[13]

根据出租车车行老板们与出租车司机组织委员会达成的一项新协议,任何司机只要在过去3个月内工作了26天就可以投票。与过去那种无工作时间限制的开门选举相比,这是一项进步。投票选举将以公司为基础,并与卡车司机工会的选举一起进行。几个星期后,司机们受到胁迫,起而进行野猫罢工。瓦格纳市长对这种境况深感忧虑,于是任命前任市长安东尼·因佩利特里(Anthony Impelliteri)为"出租车沙皇"(taxi czar,人们对出租车行业中握有实权的人的诨称。——译者注)暂时代理,直到选举举行。工会通过两个步骤获得承认,最初是7月21日,37个公司中工会以压倒性的多数获得通过。然后在12月又举行了一次选举,在42家公司中有28家工会获得了胜利。尽管车行方面持续反对工会,起初他们想通过一项资费上涨计划来证明工会是不必要的,后来就任何暴力事件诋毁瓦格纳市长、国家劳资关系委员会和范阿斯代尔,并将三者告上法庭试图推翻选举结果,但是工会的胜利给予司机们更多的工作保障并支持他们拒绝公司有可能强加的每日定额。[14]

出租车司机工会努力创建了一些类似于其他工会的社会福利项目,并作为劳资关系中的一项重大胜利而受到喝彩。现在有了养老金和教育项目、信用合作社,并为全职司机们提供健康福利。工会也惠及自有车司机们,其提供的医疗福利项目比私人提供的要好。工会还努力建设文化事业,对自有车司机的报纸《出租车周刊》中体现的出租车行业文化进行效仿。它的《出租车司机之声报》(*Taxi Drivers' Voice*)有各种专栏,报道来自市里各出租车公司的新闻,刊登有关老司机的文章,赞扬获得工会资助的大学奖学金的司机子女,挖掘有关劳工和出租车历史的故事,以及呼吁政治行动等等。与工会的社会民主倾向一致,该报为马丁·路德·金和罗伯特·肯尼迪的被刺发表了极度忧愤的社论,并呼吁司机们为休伯特·汉弗莱(Hubert Humphrey)1968 年的总统选举投票。汉弗莱收到了出租车司机们的签名支持信并回以一份感谢电报。1968 年,出租车司机们参加了他们的第一次劳动节游行,并自豪地与汉弗莱和劳联－产联主席乔治·米尼(George Meaney)并肩前进。[15]

工会遇到了新的挑战。资费仍然很低,在市政府将起步价从 0.25 美元提高到 1.25 美元之前,谈判在经常性的罢工威胁中持续了两年。为了制止司机们利用下班回场的标志来拒载非洲裔美国人,市政府采用了定时装置阻止司机们随意开关回场指示灯。为了打击迅速增加的对出租车司机的袭击,市政府为不当班的警察发放了特殊的出租车许可证,在行车中允许他们携带枪支。资费的争论,再加上由于新规章而对约翰·林赛(John Lindsay)市长的重重怒火,司机们举行了野猫罢工,这导致了对工会作用的质疑。在那些有经验的劳工组织者眼中,司机们期盼的太多、太急。食品和商业工人联合国际工会的主任欧文·斯特恩(Irving Stern)回忆说,出租车行业的劳工们太冲动,缺乏对集体谈判所需求的耐心和理解。他记得,很多司机们后来反对范阿斯代尔,因为他们原本期待"他一开始就提供一份和电气工人相似的优惠合同,而后者已经有 75 年的工会历史。"他批评出租车司机们在工会一登记,就要求立即得到好处。[16]

工会也面临年轻司机们的挑战。这一行业也像其他行业的劳工组织一样,深受代际紧张关系的折磨。有经验的老司机们和新的兼职司机们之间摩擦不断。当大学生、嬉皮士和年轻的激进分子把开出租车当作一种兼职工作时,他们对工会为养老基金而在每次载客收入中提成一角钱的做法极为愤慨,因为他们中绝大多数都不在意是否能得到这笔养老金。林赛在 1969 年 5 月 27 日签署了一项法令将获得出租车执照的最低年龄从 21 岁降低到 18 岁。1969 年仲夏,超过 600 个留着披肩发的大学生开起了出租车。他们与乘客谈论发型、越南战争、黑人政治，用挣来的钱吸食大麻。一些乘客开始以敌意的眼光打量他们，也有的给予理解和友善。车行则非常欢迎这些可遇而不可求的精力充沛的司机。一家大型出租车公司的老板斯坦利·维桑科（Stanley Wissak）对这些学生司机们能够工作较长时间而感到万分高兴："一周的六个夜晚这些孩子们都在工作。我需要他们，公众也需要他们——如果他们希望在纽约市坐上出租车。"年轻的司机们对城市地理并不熟悉，一个司机告诉记者说他不得不向其他司机们打听如何去时代广场。比起老司机，他们的观念更自由，大学生司机通常都搭载黑人，部分地缓解了这一正在恶化的城市问题。[17]

即使许多人仅仅工作一个暑假来为大学生活挣钱，雇佣兼职司机和大学生们也导致了一种文化冲突。[18]除了对一角钱养老基金提成的持异议外，学生们、嬉皮士和激进分子们对车行的管理和工会都表示不满。由于工会合同对兼职司机的不公平，与老司机的文化冲突以及公司严格的管理条例，这种兼职工作培养了一种玩世不恭的态度，例如有些人在工作时吸食大麻，或者同样令车行非常恼火的——开车不打表。兼职司机们很快学会了将连接顶灯和计价表的电线切断，这样即使计价表停止工作时，出租的标志灯也不会亮。司机们就可以私下里和乘客议价了。由于大众对司机们抱怨公司管理常有共鸣，很多人都接受议价，而这些钱就装入了司机的腰包。1973年，出租车公司声称由于这种"抢劫"行为一年将损失超过300万美元。[19]

"嬉皮的哥"有着和萧条艺术家同样的怪诞。他们通常受过良好教育，爱做梦充满幻想，有些或许是源于耽溺于酒精，因而将开出租车视为一种解脱，可以摆脱他们所鄙视的主流社会的种种羁绊。最终，"嬉皮的哥"还是不得不面对一个苦涩得多的事实，即大多数纽约人都循规蹈矩地干着一份工作。哈里·蔡平（Harry Chapin）1975年风靡世界的一首歌曲《出租车》，就一针见血地揭示了"嬉皮的哥"苦乐参半的生活实质。故事发生在旧金山，但与纽约市的情况类似。这首歌讲述了出租车司机哈里和从前的情人休（Sue）的一次偶遇，休现在过得很成功,偶然搭上了哈里的车。尽管哈里说她看起来很面熟,但休最初一口否认,直到看了他的执照后,才给予一个承认的苦笑。就如时常发生的那样,出租车是一个能使外表上坚强的情绪变得柔弱的地方,哈里回忆当年"她希望成为一个女演员,而我希望学会飞翔"。最后,当哈里将出租车开上她家的车道时,这种瞬间的亲密感就消失了。车费是2.5美元,但休给了他一张20美元的钞票,头也不回地说:"哈里,不用找了。"有些男人可能会因此而动怒,但哈里只是默默地看着休走进了她的豪宅。这首歌的结尾部分重复着对于她想成为一个女演员的回忆,穿插着哈里的独白:"在我的车里飞翔……赚取小费,飘飘欲仙。"[20]就像在20世纪二三十年代,出租车司机可能会和他的乘客分享一瓶走私酒,在1970年代"嬉皮的哥"与乘客分享大麻也是寻常事,这也有助于使枯燥的开车时间生动起来。

尽管学生和激进分子司机可能受到媒体更多的关注,但大多数普通司机的故事反映出这十年间出租车行业中种族观念的改变。在1970年的罢工中,纽约时报描绘了其对普通出租车司机的看法。西斯托·拉莫斯(Sixto Ramos)在一年前听从开了20年出租的叔叔的建议,成为了一名出租车司机。他出生于波多黎各,以前是个工人,他发现开出租是一个正确决定。他一周收入150美元,加上他妻子每周挣140美元,位于布鲁克林斯洛普公园(Park Slope)的便宜公寓每月只需84美元,这样他家还能有不少积蓄。他已经为即将出生的第三个孩子存下了好几千美元,并每周向留在波多黎各的父母亲寄钱。他认为开出租车目前来说是理想的,但他不想一辈子都干这个,因为"神经绷得太紧"。[21]

在1960年代中期,再次有少量妇女开上了出租车。1965年,204个女性拿到了出租车执照,在当时纽约市4.4万个出租车执照中只占极少一部分。女司机们证明了自己在了解城市方面与男司机不相上下,但是她们要面对私人生活方面的老问题。在做游轮服务员工作的空闲期开了3年出租车的艾达·科斯塔(Ida Costa),感到"很想把自己的历史写下来张贴在车内。因为每个晚上乘载的 40 位多位乘客中,大概只有 2 到 3 个不会问她为什么和怎么干上了这一行。"她也发现自己成了那些一上车就开始大倒苦水的男人们的"免费精神病医师"。男司机看起来比女司机的困扰要少。一位有 15 年驾龄的老司机"红帽子"本·麦克(Ben "Redcap" Mack)认为:"应该有更多的女司机,这样就可以把那些不中用的男人从出租车队伍中淘汰出去。"[22]

种族紧张情绪在 1960 年代晚期又重新抬头。在好莱坞改编自 1950 年代的小说《英年早逝》(To An Early Grave)的电影中,幻想遭遇了现实。电影编剧将犹太裔出租车司机换成了一个非洲裔美国人,并由非常著名的演员戈弗雷·坎布里奇(Godfrey Cambridge)扮演这个角色。电影名为《拜拜,勇士》(Bye, Bye Braverman),坎布里奇以显著嘲讽的方式饰演了一位聪明但固执的出租车司机。当坎布里奇在现实生活中遭遇一个出租车司机的种族歧视时,出现了一个讽刺的局面。1969 年的圣诞节,他向警局控诉一位出租车司机拒载,那位出租车司机在他胳膊夹在车窗里的情况下,竟拖着他跑了 10 个街区。他告诉警察,这个名叫威廉·施赖贝尔(William Schreiber)的司机,将车窗升起并以每小时 30 英里的速度开动,还试图"通过与其他车夹靠的办法将他甩掉"。该司机则告诉警察,他认为衣冠楚楚的坎布里奇是一个"抢匪……我已经被抢了两次了",并拒绝进一步的解释。坎布里奇本人在其夜总会里扮演受到讽刺的拒载黑人的出租车司机,声称简直"怒发冲冠"。他说:"我已经厌倦了在那些不愿意载我去目的地的家伙们面前示弱。"

坎布里奇说他当时刚和女演员琼·方丹(Joan Fontaine)出席了一个宴会,稍后去了几个迪斯科舞厅,并没有饮酒。他送了几个住在东区(East Side)的白人妇女回家,然后打算回到在中央公园西边的自己家。在三至四辆出租车对他视而不见后,无奈,他推了推前面的一位白人妇女,对她说:"甜心,我需要你的白色"。坎布里奇随即用他价值 13 美元的蒂凡尼的哨子来伪装成一个门童。当出租车司机施赖贝尔为这位妇女停下时,坎布里奇紧跟着就打开了后门,没想到出租车立刻开动,在大街上拖着这位演员,经过红灯时,施赖贝尔对他大吼:"我要杀死你。"直到另外一个黑人司机用自己的车迫使出租车靠边,坎布里奇才得到解救。他的腿部被严重磨损擦伤。

坎布里奇自己以前也是个出租车司机,曾在一个司机试图在他妻子面前把门关上时,将出租车的门扯脱下来。那件事导致了该司机被停工3天。至于施赖贝尔,坎布里奇声称:"我一定要将这个家伙送上法庭。"这位喜剧演员花了四年时间与帕特服务公司(Pat Service Company)打官司并获得了2000美元的伤害赔偿。在好几年时间内,出租车司机拒载纽约黑人的行为时时被提及,这一问题在是否许可"吉普赛出租车"(gypsy cab,无照经营的出租车。——译者注)的争论上影响很大。[23]

《哈珀》杂志的著名编辑威利·莫里斯(Willie Morris)注意到出租车司机中日益增长的种族情绪。作为一个出租车迷,莫里斯非常享受这种时光:"在弯弯曲曲的街道上迅捷地掠过,就像船儿在怒涛上乘风破浪;与霍珀(爱德华·霍珀[Edward Hopper],美国著名画家。——译者注)笔下幽灵一般的人物共进晚餐的人的幽暗的轮廓;远目所及,顺着宽宽的安全岛上一连串的红绿灯有节奏地变化着——在曼哈顿来来回回,下一个要去的地方,只有上帝知道。"而且他认为出租车司机"统治着城市",他发现他们中许多都属于"我曾遇到过的最贫穷、最可怜的人,比最糟糕的密西西比州离群索居者还要贫穷"。

莫里斯与一个名叫奥赖恩(O'Ryan)的司机打过一次难忘的交道。有一次他和作家马歇尔·弗雷迪(Marshall Frady)、詹姆斯·迪基(James Dickey)乘出租车,坐在出租车的后排交谈。司机听出了他们的南方口音,以为他们是关系不睦的同事,恨恨地来了一句种族主义者的恶骂,"像这样的谩骂,甚至在密西西比河三角洲地区,我都从来没有听过!"弗雷迪听到这种露骨的种族主义叫嚣,向前倾过身,悠然说道:"奥赖恩先生,如果这里有任何事情我不能忍受的,那就是一个外行的种族偏执狂。"[24]

出租车对非洲裔美国人的歧视激起了公众的怒火,市政府也实施更严厉的监督政策。自有车司机因对非洲裔和拉美裔人的种族歧视而臭名昭著。当抱怨日多,市政府出面干预。1966年3月5日,市人权委员会的威廉·布思(William Booth)对出租车司机们进行了一次夜访,观察他们经过非洲裔美国人乘客时的情景。当报告表明针对司机的抢劫案从1963年的438起剧增至1979年的3208起时,许多司机都相信是城市中的少数族裔们所为。因而,司机们回避黑人聚居区,并且也拒载黑人中产阶级乘客。不去哈莱姆、布朗克斯或布鲁克林的部分地区,可以减少回曼哈顿的"空车费",不过,种族偏见仍是在较远的市区和曼哈顿上城区缺少黄色出租车的更重要的原因。为了应付这种情况,非洲裔美国人索性自己开"吉普赛出租车",或没牌照的出租车,戏称这些车的颜色"不是黄色的,但能去任何地方"。

没牌照的黑车数量在1960年代迅速增加,从1961年全市约300辆到1970年超过8000辆,而到1979年时,达到了4万辆。市委员会研究了吉普赛出租车的现象之后,力促更好的保险规章出台,并有一阵子考虑过增加准驾牌照发放数量,但这一计划与自有车司机的既有利益发生了冲突。[25]然而,布思委员主张市政府应该向非洲裔聚居区的"吉普赛出租车"发放许可,因为有牌照的司机们不屑于干这个活。

1968年7月8日,市议会通过了一个法令,禁止没牌照的出租车使用通常代表出租车的黄色、橙色、红色和金色。布思对这一点点的回应不以为然。市政府规定"吉普赛出租车"的门上必须标明本车只通过电台定车,不能沿街随时拉客。随后于1970年1月1日生效的一个法令规定黄色是全部有牌照的出租车的官方颜色,里面装备有防弹隔离以保护司机,并派遣便衣警察去开出租车。"吉普赛"司机们抗议这些法规,烧了7辆黄色出租车。尽管约翰·林赛市长说这些法令不公平,他没做什么去废止它。[26]

1970年,出租车司机们与纽约市非洲裔民众间的关系恶化了,司机们指责黑人们对出租车司机洪水般的暴力行为。1970年夏天,在对资费上涨进行的更激烈争论的过程中,工会和大都市区出租车行业公会(Metropolitan Taxicab Board of Trade)——一个自有车司机的组织,都对该市在一系列的武装抢劫出租车司机的事件之后加强了保护措施而感到满意。市政府继续派出警察假扮司机开出租车,并要求所有的出租车里安装现金保险柜。

自有车司机的报纸和工会的报纸在报道谋杀事件时,处理方式有明显的不同。1968年,在第七起谋杀出租车司机的事件之后,《出租车新闻》的编辑和发行人阿瑟·戈尔(Arthur Gore)告诫说,对司机的袭击不仅仅是瘾君子和一小撮抢匪所为。相反,他认为:"那些好战分子,通过一贯的'反白人社会'活动,激起了对司机的直接袭击",以保护黑人社区的吉普赛出租车。他声称类似的花言巧语间接煽动了"极度情绪化的"或"头脑简单"的人,进行肆意而恶毒的袭击。在卡尔文·威廉斯(Calvin Williams)的攻击事件上就很明显。威廉斯在布鲁克林区经营着一家颇有规模的私人出租车行,并曾言辞激烈地反对在出租车牌照管理系统中的种族主义。1968年,威廉斯被控在布鲁克林的贝德福德斯托伊弗桑特(Bedford Stuyvesant)焚烧了数辆有牌照的出租车。他后来抱怨说认罪是为了保护他人。相反,工会的报纸发表关于谋杀黑人还有白人司机的悲惨故事,而非不加掩饰的种族歧视。

在这些煽动性的言论中,出租车司机对受袭的愤怒与对经济问题的忧虑相关。在拉美裔司机本杰明·里韦拉(Benjamin Rivera)被谋杀之后,工会号召成员们举行一次24小时的罢工来纪念他的死亡,并提醒公众注意到出租车司机的危险。市政府、公司和工会进行了匆促的谈判之后,一位仲裁人禁止了一项计划好的对谋杀的抗议活动。工会号召数千名司机参加了在第五十二街和列克星敦大道交汇处的大众殡仪馆为里韦拉举行的追悼会,随后他们护送灵柩穿过第五十一街来到圣·帕特里克大教堂。仲裁人规定只要司机们的集会超过1小时就算罢工,工会和车行达成的协议也是非法的。

大约 1500 名司机参加完葬礼之后沿着第五大道游行。里韦拉被杀时所在的那辆出租车缠绕着黑纱,中间是美国国旗和 41 岁受害者的大幅遗像。车后是由 6 个护柩人陪送的覆盖着美国国旗的棺柩。大约 100 辆出租车开着灯跟随在棺柩后面。出席者比工会预期的要少,这个城市的 6800 个车行中的大多数出租车和 5000 名自有出租车仍在街上工作。愤怒的游行者冲着经过游行队伍附近的出租车大喊:"工贼!","从街上滚开!"。[27] 这一事件还有一个令人痛心的注脚,即当局没有能够在美国、加勒比海地区以及拉丁美洲地区找到里韦拉的任何活着的亲属,并打算将他葬入制陶工人的墓地。工会了解到里韦拉是一个二战老兵之后,获得了允许将他葬入长岛弗雷明代尔(Farmingdale)的松树坪国家公墓。

在车行和工会之间的协议在这一年底失效后,并经历了以里韦拉的死为顶点的暴力之夏后,双方的尖锐恨意蔓延到资费问题的争吵上。司机们开始在高峰时段收取超过正常计价的额外费用。12 月初,谈判勉强进行,工会召集了一次罢工。近 7000 辆车行出租车停开了。一些司机用私车拉客,这削弱了罢工效果,同时,吉普赛出租车司机们利用去机场的旅客需求继续载客。种族平等权大会的哈莱姆分会主席伦纳德·德尚(Leonard De Champs)要求警察和市政府允许吉普赛司机们在罢工期间无限制地进入市中心,此举无疑会加剧紧张情绪。同时,罢工对纽约人的影响好像不大,尽管一些上层阶级人士发现他们必须乘公交或地铁。第五大道上的公司报告说罢工并没导致多少收入损失。12 月 21 日,出租车司机们接受了一个新合同,重新开始工作,但他们警告说如果市议会不尽快宣布一次涨价,他们将再次罢工。市政府以要求司机们改善到机场的远程服务为回应。林赛市长要求组成一个新委员会来管理出租车行业。[28]

为了管理这一行业并避免市长陷入更深的政治非议,1971 年 1 月 29 日,纽约市政府宣布了关于纽约市出租车委员会(Taxi and Limousine Council,简称 TLC)的计划;市议会迟至次日晚才开会同意成立新委员会和资费上涨50%,这两个建议都是市长提议的。1971年3月2日,市长签署法令成立了纽约市出租车委员会。新委员会被授权管理有牌照的黄色出租车和没牌照的吉普赛出租车,后者仍然被限制上街揽客。事实上,目前没牌照的出租车司机收入的70%都来自于上街揽客。警察局很少就非法上街揽客开罚单,并且警察们不愿意也较少巡逻至下曼哈顿以外的地区,这使得吉普赛司机们有利可图。[29]

林赛市长建立纽约市出租车委员会的举动得到了(前面提到的)卡尔文·威廉斯的大力支持,他是黑珍珠车行的老板,布鲁克林区新当选的纽约州议员。在一次访谈中,威廉斯反对使用"吉普赛"一词,强调纽约州给了他的公司和司机们许可,而所谓的吉普赛司机们根本没得到过许可。他嘲笑那些不敢在哈莱姆和其他黑人居住区载客的有牌照的司机们的恐惧,声称针对出租车司机们的抢劫和袭击只占这些社区犯罪案件的约1%。他早前被控告焚烧黄色出租车的事件,又重演了一次,威廉斯被控告试图贿赂一个"吉普赛"司机理查德·福特(Richard Ford),撤销了对其子布拉德利·威廉斯(Bradley Williams)袭击、抢劫和偷盗汽车的指控。[30]

无牌照出租车行的运作方式非常有特点。他们有一个全行业的协会,布鲁克林私人汽车协会(the Brooklyn Private Car Association),该协会由43个私人出租车公司组成,运营5000辆车。最大的车行就是威廉斯的黑珍珠车行,其主要营业范围是布鲁克林区,1969年时拥有约100辆车。黑珍珠和它的竞争者们以日为基础将车出租,在周一到周四,每天收费14美元略多,在周末从周五到周日收取16美元。公司提供车辆和调度服务,但不提供汽油。这一方法,也被称为"租马",在1970年时是无牌照出租车所独有的,然而在随后的10年中,有牌照的出租车也采用了。[31]

纽约市出租车委员会没解决多少问题。1972年夏天,更多的司机被杀死在他们的出租车里。吉普赛司机们收入极差。相比于有牌照的司机,更多的吉普赛司机们在抢劫行为中被杀,这种现象一直持续到现在。在任何事情上几乎都难以达成协议的出租车工人工会(The Taxi Workers Union)和个体自有出租车协会(The Independent Taxi Owners),在1972年春天联合起来反对市出租车委员会管理吉普赛出租车的计划。秋天,黑珍珠车行宣布将不再遵守市出租车委员会要求公司车辆去掉计价器的规章。威廉斯公开谴责市出租车委员会的种族歧视是为了保护有牌照出租车系统的利益。其他的批评家指责市出租车委员会充满了腐败和权钱交易。[32]

这一行业在1970年代的困境影响到方方面面。车行面临很多大的问题。数十年来,公司都依赖于较低的人力成本,便宜的汽车和维修费用,以及通过完全抵押一部分牌照而获得贷款,这也可以使公司免除保险义务。在1960年代晚期,人力资本比预期上升了近60%,汽车和修理费用剧增,而银行在一系列损失惨重的保险支付之后降低了贷款额度。此外,多年来车费没有上涨,使得纽约市成为美国大城市中出租车最便宜的一个。廉价的资费,糟糕的劳资关系,白班和夜班同价,以及开出租车的危险导致了出租车和司机的短缺,尤其是假期、周末和晚上。[33]

另一个利润下跌的征兆来自出租车行业自身。1940年代豪华的"陆上游艇"的风光早已远去。在1960年代,尽管出现了大量的竞争者,但切克尔牌汽车仍然是出租车的不二选择。在1960年代早期,近4000辆切克尔在大街上运行,还有2700辆福特,2600辆道奇(Dodge),1100辆史蒂贝克(Studebaker),1000辆雪佛兰(Chevrolet),以及各种其他牌子的出租车。德索托的出租车在1930年代十分常见,1965年后逐渐消失了。在1960年代中期,街上的切克尔牌出租车数量减少了3/4以上,同时,低廉的道奇牌出租车成为主流,福特系列中的低端车型紧随其后。[34]

成本还是很高。一家会计公司被委托评估每天的成本,估计必要的开支包括汽油、轮胎、司机的工资、加上保险费,这意味着在1966至1967年间,车行从每一辆出租车上获得的利润仅为562美元。出租车车行牌照的价格从 1960 年的 2 万美元剧降至 1971 年的 1 万美元。相反的是,个体出租车司机的牌照价格在 1960 年代稳步上升,从 1960 年的约 2 万美元上涨到 1970 年的 2.8 万美元,所以,私人所有权吸引了买家。即使是在 1971 年 10 月颁布再一次资费上涨 17.5%,也不能阻止大出租车车行的损失。[35]

迫于成本的压力,车行使用尽可能便宜的汽车。不同于 1940 年代和 1950 年代那些光鲜靓丽而舒适的出租车,1970 年代的道奇车狭窄,不舒适,在前后排之间横隔着贴得花花绿绿广告和警示标语的树脂玻璃板。纽约人向报纸编辑写信抱怨出租车的肮脏和不安全。乘客们竞相搭载宽敞的切克尔车,但这种型号的出租车从街头消失了。也有一些公司对出租车进行了装饰,以吸引乘客。一家叫海伦养护(Helen Maintenance)的公司,采用切克尔车,配以绿白格子纹的塑料座椅和相称的内壁装饰。该公司甚至将座椅安全带涂成蓝色,其中还有白云和唱歌的小鸟。流行艺术收藏家和出租车企业家罗伯特·斯卡尔(Robert Scull)合并的一家名为斯卡尔的天使(Scull's Angels)的公司提供更大、更宽敞的出租车,并在早晨高峰期时提供免费早餐,尽管鸡蛋的包装纸、塑料勺子和果汁盒子只能使后排座位变得更脏。[36]

大多数 1970 年代的出租车只是对小轿车进行了微小的改装。它们是为了外表美观而不是功能合用而设计的,车身矮并不合适出入,尤其是对老年人和残疾人。《时代》杂志将出租车内部描绘成"这样一个世界:地板上是廉价烟蒂和纸杯,脏兮兮的车窗,难看的内部装饰,裂缝的座椅上黏着嚼过的口香糖和黏糊糊的糖纸,锯齿状的金属凸起等着将上下车乘客们的衣服粗暴地撕开。"后座是如此的难受以至于一个记者声称乘客是被迫进入了一种"麻痹的瑜珈姿势,首先是手紧握至关节泛白,膝盖抵着下巴,眼睛呆滞或者昏昏欲睡,骨头咔嗒咔嗒地响,牙关紧咬吱吱摩擦"。与司机的接触通过树脂板上的一个小孔,"用来递钱和在后排吸烟"。这位作者开玩笑地说,在纽约采用耐用舒适的伦敦出租车的尝试的失败,是因为出租车司机"当他们发现乘客很享

第六章 组建工会的努力与困境:1960—1980年 163

受旅程时就拒绝采用"。[37]

为了改变市民的不良印象,1976年现代艺术博物馆组织了一个展览,名为"出租车设计:今天现实的解决方案"。博物馆邀请了多家汽车制造商提交更好的出租车的设计方案。这一展览的合办方包括纽约市出租车委员会以及纽约市出租车司机工会(美国产业工会联合会3036号地方分会)。大众汽车公司和沃尔沃汽车公司都提交了设计,还有美国机器与铸造公司设计了一款蒸汽动力的汽车。展览非常成功,公众们对这些新颖的出租车赞不绝口,名流们和模型车合影,并打算在走投无路的纽约市出租车行中引进它们。《出租车周刊》的阿瑟·戈尔揶揄道:"展览就是一场作秀,根本没什么意义。这好比是为一个处于癌症晚期的行业规划未来。"代表4900名自有车司机的个体自有出租车协会的阿尔·坎纳(Al Kanner)认为欧洲车不能适应纽约市恶劣的路况。低矮的道奇和雪佛兰仍然是这一时期出租车的主流。[38]

在出租车行业每况愈下的同时,工会也是问题重重。司机工会10年前曾向司机们许诺了那么多,现在面临着越来越多的阻碍。兼职司机们怀疑范阿斯代尔最初的选举存在腐败。持异议者在1971年春天组织了基层联盟(Rank and File Coalition),指责范阿斯代尔操纵选举,努力想把他赶下台。联盟出版了一份月报,在出租车后座安装了能感应压力而自动打开计价器的电子装置后,就开玩笑地把日报的名字定为《电椅》(Hot Seat)。1972年,《电椅》发表评论说:"过去,由于我们一盘散沙,工会因而能够操纵我们。3年前的罢工中,工会的头头们能在我们的要求没有得到兑现时就宣布停止罢工。但是,只要我们能联合起来,今年他们就不能那么做。"《电椅》指责司机们不打表的行为是联合不能成功的原因。同时,《电椅》的编辑们决定工会将帮助管理者确认那些"抢劫"的司机们,这样做能使工会参与到车行的"内部事务"中去。

基层联盟触发了司机们对范阿斯代尔深深的不信任,并对工会只向全职司机们提供福利——这将一半左右的司机排除,而他们都缴纳了养老基金费——的决策感到愤怒。因为工会收取会费和养老基金费是从每一次载客收入中自动提取1毛钱,而每一次的载客收入都是不断变化,时多时少的,兼职司机感到在工会中无能为力,受到排斥。工会的官员们奔走于各个公司试图缓和这种不满,对不公平的抱怨统一回应是:"你们正在试图破坏工会。"对出租车司机和他们能够成为良好的工会会员抱有很积极态度的范阿斯代尔,最终于1977年辞职,他的告别演讲中说到联合就是一切,保持工会的强大是最重要的。[39]

在某些方面,基层联盟反映了1940年代后期司机们的挫折和愤怒。一个司机谈到他是多么喜欢在哈莱姆工作,星期天送黑人们去教堂,甚至去上城因为那里比中城开车更流畅。然而,一天夜里,一个黑人抢劫了他。这位司机开始变得更像种族主义者,对黑人乘客没有好脸色。另一个基层联盟的成员注意到很少有非洲裔美国人参加该联盟的聚会,有一天晚上一个成员说,我很高兴司机们拒载黑人,因为这可以使白人们更容易搭上出租车。每个人都哈哈大笑。[40]

在基层联盟解散多年以后,成员们再次聚集来讨论它的历史和重要性。其中一个重要问题就是关于"吉普赛出租车"的争论。在一篇概述联盟历史的文章中,作者回忆了黑人社区中每况愈下的贫困如何激发了犯罪,尤其是针对出租车司机的罪行。恐惧的出租车司机拒载黑人。因此,吉普赛出租车公司出现了,为被"黄色"的有牌照出租车所忽视的黑人社区提供服务。作者认为,公司和工会都强烈反对吉普赛出租车,并在报纸上发表煽动性的文章来鼓吹种族恐怖。没牌照的"吉普赛"出租车司机们如此孤立,他们漠视纽约市出租车委员会发出的呼吁:接受管理、获得法律认可。事后来看,基层联盟的元老们认识到他们在支持吉普赛司机们反对其天敌——公司和工会上失策了。联盟中几乎没有非洲裔美国人司机,他们的声音也无人倾听。回头看看《电椅》上的文章,元老们认识到没有以一种系统的方法来解决种族问题,而是过于关注阶级分析。并且,他们对工人阶级种族主义的批评,也还是出于一种高人一等的优越感。一个与吉普赛司机们的真正联盟本来是可以建立起来的。他们觉得工会是赤裸裸的种族主义,而联盟则是过于谨慎,以至于错失了建立工人阶级真正联盟的重要机会。[41]

相比于分析他们自己对种族关系的忧虑,基层联盟更集中于经济收入问题。在一份关于这一行业的主要弊端的声明中,基层联盟指出工会甚至拒绝给那些开了几十年车的全职司机们养老金。为了有资格获得养老金,一个司机必须连续工作25年,达到65岁。这一规定将许多曾经一度转行的司机们排除在外,无论转行时间长短。即使那些得到了养老金的司机们也很难对65岁时每月100美元的养老金感到满意。希望继续工作同时又拿养老金的退休者,就只能干这一行,并且只能在星期天和节假日工作,通常这是一年中收入最少的日子。联盟指责工会没有推动资方改进出租车的质量,被称为"移动的死亡盒子"的出租车源自于资方"延期维护"的政策,这导致了刹车失灵、转动不协调的发动机、松弛的传动、无效的减震器、不适用的雨刷、不灵活的驾驶杆和光秃秃的轮胎。故障意味着在维修人员赶到之前几个小时的白白浪费。联盟指出司机们遭受了数不清的健康问题,包括长期的"头疼、背疼、膀胱和肾脏疾病、肺部毛病"。一氧化碳中毒是一个主要的威胁,但是据联盟所说,工会并未研究过这一问题。联盟指责工会实行"自上而下的控制",并认为它已经成了一个倒向资方的叛徒。他们相信只有回归到社会主义的草根组织才能保证出租车行业的境遇得到改善。[42]

这些争执导致了1971年11月15日举行一次特别选举。工会胜利了,但选举将是年达成的一份合同的批准延迟到1972年的12月。范阿斯代尔在1974年11月勉强再次赢得选举,但是也许是意识到他的权威不再,他于第二年辞去了主席职务,并于1977年离开了工会委员会。随着他的离去,出租车司机们失去了他们与市政府的最佳联系,司机们再也没有一个极具说服力的、维护他们利益的人。[43]

因为一些司机在机场的宰客行为,1970年代早期公众对出租车司机的印象不佳。一群司机曾联合起来退款给一个法国来的女秘书,因为她在从肯尼迪机场到市区的路上被狠狠宰了一刀。司机们还帮助她找到了那个骗子。乘客们抱怨年轻的司机们不熟悉路况,或者,更糟糕的是经常闯红灯,成为对行人的威胁。州参议员卡尔·麦考尔(Carl McCall)曾将一个司机送进了警察局,因为该司机拒绝载他去哈莱姆而被拘留了5天。令人悲哀的是,针对司机的暴力行为仍不绝如缕。刚从莱曼学院(Lehman College)毕业不久的布鲁斯·谢尔(Bruce Scher),1976年的夏天在其工作的第二天就被杀死在他的出租车里。在他的尸体被发现数周后,两个年轻人因这一案件被捕,其中一个才13岁。在纽约市历史上这可怕的年份的年末,一个下班后把开出租车作为第二职业的交警,在皇后区被谋杀了。[44]

也有一些较好的时候。自有车司机米海尔·科纳普拉尼科(Michael Konaplanik)将遗忘在其出租车上的价值3.3万美元的稀有硬币物归原主。科纳普拉尼科是个肩负1.3万美元准驾证章抵押和6000美元出租车抵押金负担的司机,但他还是归还了这个装有18世纪罕见硬币的小盒子,没有留下姓名,失主甚至通过催眠术试图想起出租车的车牌号。科纳普拉尼科受到了人们的赞誉,并为他的诚实得到了3000美元的奖金。这比几年前获得的回报要高。当时他把一张飞机票还给一位部长、把一张工资支票还给一家纽约公司时,对方竟连谢谢都懒得说。其他的司机也有归还一位著名俄国诗人的笔记本,归还公文包,以及归还旅客们的支票等等,均被加以报道。[45]

为了分担市政府的劳资关系协调职能而成立的新的纽约市出租车委员会,输掉了一项重要的法庭诉讼——使迷你车行(mini-fleet)的建立成为合法。迷你车行是由没有工会会员资格的几个司机,共同拥有几辆出租车而组成的小公司。每一个新的迷你车行都意味着工会失去了3个会员。工会在试图阻止迷你车行的增加,或者试图通过禁止其采用的"两班轮换制"(double-shifts)以降低其优势上,都徒劳无功。从1973年到1980年,工会会员从2.5万名下降到只剩约7千名缴费会员。并且,银行很乐意给迷你车行贷款,就像他们和个体牌照所有者一样,这导致了一个新市场,将该市的牌照价格追涨到新高度。到1979年,超过2/3的车行牌照归于迷你车行。在1970年代,超过4700个车行牌照转变成了迷你车行所有,车行里只剩下2100辆出租车。这一大规模的转变意味着车行将不再是出租车行业的主体。[46]

现在,作为他们出租车和牌照的所有者,迷你车行的司机们挣得更多,通过更小心的驾驶降低了维护和修理的成本,也减少了空载的时间。迷你车行的司机们可以通过瞒报收入更方便地逃税,分析家认为其占实际申报收入的50%。他们自己掌握自己的行车记录,迷你车行的司机们记录的每天行车次数比车行的司机们更少,这意味着要么是逃税,要么是没有实行"两班轮换制"——这可以控制维修成本但使得傍晚和夜间的出租车更少了。迷你车行的出租车更愿意利用无线电,这也降低了他们上街揽客的次数,再次减少了在街头可以搭乘的出租车。无线电还增加了出租车的快递业务。出租车司机们可以在没有乘客陪同的情况下递送信件、包裹、设备和医药品,收取同样的费用。司机们甚至把车停在不许停车的地方,自己跑进大厦送货,还能将物品送到远郊区的目的地。这样做,司机们是抢了那些雇佣非熟练工人、利用大众交通工具的快递公司的饭碗。[47]

瞒报收入和成本风行于出租车行业。公司的营运以一种令人迷惑的由单个出租车组成的内部组织来应付税费和保险费的重压。也许对于大众来说更恼火的是这样一种倾向,迷你车行只回应无线电预定,对大街上乘客伸手招呼视而不见。无线电预订出租车能够选择乘客,根据纽约市的规章,这在某种程度上是违法的;他们还经常附加"预订费"(reservation fees),为确保顾客而非法收取。毫不奇怪,这样一来,顾客们经常得到更好和更友善的服务,包括准时达到以及能在高峰期搭上出租车。尽管城市规章禁止选择乘客,无线电调度员甚至可以接受未列入电话号码本的电话号码预订,在其"黄金连线"(golden lines)电台,可以播送全市任一特定乘客的地址。[48]

迷你车行和带无线电的出租车再现了一个至少从1930年代就消

失了的现象:出租车站点霸王,即司机停在酒店门口的停车道上不走,除了那些到机场去的乘客,其他一概拒载。就像一个老司机对他们的描述:"宝贝儿,如果不是拖着一个拉箱,除非你对着他们的耳朵说'泛美'(Pan Am,美国泛美航空公司。——译者注),他们是不会从赛马新闻里抬起头来的。"一个开了33年出租车的老司机,描述了他将客人送到一个豪华酒店之后,决定在停车道上候客的经历。看门人让他开出去,他拒绝了并等了近20分钟。在那期间,看门人陪着好几个拖着衣箱的乘客出现,并将他们全部带到了后来的其他出租车上。这个司机意识到:"如果我不分点钱给看门人或是那个该下地狱的家伙,宝贝儿,我将坐在这里跟玛士撒拉(Methuselah,《圣经·创世记》中的人物,据传享年965岁,非常高寿的人。——译者注)活的时间一样长。"记下这一经验之谈的记者,几天后在做机场生意的候客出租车那里发现这是绝对真实的。她跳上一辆出租车告诉司机去肯尼迪机场。尽管按表来算是约20美元(1980年),但司机坚持收25美元,加上预先等待的费用。当她表示抗议并决定坐另外一辆出租车时,他告诉她任何一辆出租车都是这个价格。她准备记下他的名字,这时他"用毛茸茸的手捂住了他的行车执照,让她下车",并对她说她"如果不立刻离开,将会非常后悔"。

在华尔街附近,这种类似的行为虽没有那么粗野,却是一种权力地位的体现方式。这里高贵的珀若(Peugeot)出租车列队等候已预订了的经纪人们。不像一般的出租车司机们得不停地穿梭在城市的大街小巷,这些出租车收费很高,还节省了汽油费。小说家汤姆·沃尔夫(Tom Wolfe)刻画了这些乘客和司机们的装腔作势。《空之篝火》(*The Bonfire of the Vanities*)里的主人公,舍曼·麦科伊(Sherman McCoy)形容"出租车如何每天排队等着载上一个年轻的'宇宙巨人'(Master of the Universe,是1980年代美国很风靡的一部动画片,其主角希曼是一个无所不能、宇宙最强的大英雄。——译者注)去华尔街。每天早上的10美元旅程,这正是一个'宇宙巨人'所要的。"麦科伊的父亲一直

第六章 组建工会的努力与困境:1960—1980 年

坐地铁,好像这是一件大事。尽管地铁中涂鸦、抢劫、谋杀,老麦科伊并不愿意放弃地铁。他的儿子正相反,通过坐在由一个能调侃世界大事的机灵的老司机驾驶的闪亮的新出租车里去上班,努力把自己和普通大众绝缘。这种装腔作势和犬儒主义的出租车之旅让舍曼·麦科伊很满足,也让他感觉熟悉自在。毕竟,他解释说,"如果你可以坐在出租车里沿罗斯福大道兜风,那么为什么非得挤入城市大战的战壕里去呢?"司机们的这种做法逐渐普及开来时,纽约市出租车委员会规定了到机场的统一价格。但是,为华尔街人士预留出租车的做法直到 21 世纪初仍然刺激着纽约的普通居民。[49]

虽然出租车行业面临着数不清的各种问题,但知识分子仍然对出租车和出租车司机有某种迷恋。威利·莫里斯善意地嗔怪出租车司机往往在旅途中喋喋不休地唠叨,把城市光怪陆离的八卦新闻都数落一番。莫里斯欣赏司机的心态,他们有时把自己摆在跟名人同等的位置上,并自觉与名人亲密"无间"。搭载乘客时很多偶遇都会引发一些老练的挖苦和善意调侃。一个一直郁郁寡欢的司机,在等红灯时突然注意到演员杰克·莱蒙(Jack Lemmon)从车前走过,立即大叫起来:"嗨!杰科(Jacko),宝贝儿,你在做什么,杰科!让他们下地狱,杰科!"莱蒙摘下了他的帽子,夸张地向司机深鞠一躬。另一个司机用一声吼叫把乘车的威利·莫里斯从打盹中惊醒:"唐尼(Donny),甜心!回到了你的小镇,是不是,唐尼?揍他们,宝贝儿",唐·阿米奇(Don Ameche)挺高兴的,向司机"轻快地行了一个军礼"。[50]

艺术家和电影摄制者也被出租车司机们吸引。一个理解出租车职业是如何杂乱与动荡不宁本质的艺术家,是抽象表现派画家阿尔·赫尔德(Al Held),他于 1959 年创作了巨幅壁画"出租车组画"。赫尔德想象他的作品——从纽约市大街上出租车的"印象"中得到的灵感激发,是对现代主义和原始主义,精神和空间关系的一种调和。赫尔德的作品不太在意大街上出租车的外在形式,而是更强调纽约市交通的一种精神上的表达。虽然壁画有其空间性质,赫尔德用一种原始主义的方法来在"过程中表现形式"——出租车无意识、无休止地在大街上穿梭,却创造了经历、色彩和象征。[51]

最倾心于出租车司机的艺术家或许是雷德·格鲁姆斯,其表现纽约街头生活的巨大的装配艺术品总是包括一个斜靠在黄色出租车上抽烟的司机。在他的"喧嚣的曼哈顿"(Ruckus Manhattan)展览中,出租车居于显著位置,体现了一种对纽约市的街道和人群充满幻想的、流行艺术的演绎。1976 年他的色彩斑斓的画作"雨中的时代广场"(Times Square in the Rain),展现了挤满了一堆出租车的十字路口。1982 年,格鲁姆斯在纽约市伯林顿大厅(Burlington House)举办的展览中包括一个巨大的出租车复制品,1992 年他在中央总站的新候车大厅里安装了一个巨大的出租车纸模。参观的人走进出租车时司机就会大吼一声以示欢迎。也许他最受欢迎的作品就是流传广泛的三维出租车纸模。[52]

1970 年代晚期热播的电视剧《出租车》抓住了这个行业具有的反主流文化的特质。受到 1975 年马克·雅各布森(Mark Jacobson)一篇名为"时髦出租车行的夜班"(Night-Shifting for the Hip Fleet)的文章的启发,《出租车》一剧背景选定在西村的查尔斯和哈德逊大街拐角处的著名的多弗(Dover)车行里。文章惊呼,"胡佛村"(Hooverville,1930 年代大萧条时期破产者和赤贫者在城市边缘搭建的简陋帐篷和住房。——译者注)似的经济窘迫使得很多人开起了出租车,并描述了大学教授、牧师、东欧的音乐节目主持人、音乐家、雕刻家、演员和作家是如何加入到出租车的夜班行列中。在雅各布森的文章发表以后,MTM 制作公司购买了该文的电视改编权,将其主题融入到多弗出租车司机们的生活中。主要演员包括:托尼·丹扎(Tony Danza)、马埃吕·埃内尔(Maeilu Henner)、贾德·赫希(Judd Hirsch)、兰德尔·卡弗(Randall Carver)、杰夫·科纳韦(Jeff Conaway)、丹尼·德维托(Danny DeVito)和安迪·考夫曼(Andy Kaufman),富有多种族和城市主义的色彩。赫希扮演的男主角亚历克斯(Alex),是一个有着世故的智慧和经验的中年职业司机。大多数的幽默故事发生在厂内,调度员路易斯·德帕尔马(Louis de Palma,德维托扮演),是一个尖酸刻薄而又愚蠢可笑的丑角。就像40年前奥德茨的戏剧《等待莱夫蒂》一样,所有的出租车司机们,或许除了亚历克斯,都是失意的人、渴望成功的演员或专业人士。每一个人都有他们小小的成功和更多的失望。亚历克斯有一次遇到他失散已久的女儿,但他女儿坚持说她与他没有任何关系,因为她的母亲一直告诉她说她的父亲有个大农场。

另外一个情节中则展示了冷酷的阶级定位。伊莱恩(Elain,亨娜饰演)载了一个粗鲁无礼的乘客,途中让她住嘴还指责她绕远路。作为即将成为一个艺术画廊的设计者,她被邀请参加一个豪华的派对。她邀请亚历克斯陪同她参加派对,有一个条件是不能说他们是开出租车的。在派对上,亚历克斯谎称其工作是在油矿灭火,并打动了一位金发碧眼的美女。这时,伊莱恩恰巧遇到了下午搭过车的那个粗鲁乘客,出于愤怒,她向那些道貌岸然的与会者们宣布她和亚历克斯都是真正的出租车司机。金发美女立刻抛弃了亚历克斯,骂他是个废物,在他的皮鞋上啐了一口。亚历克斯喝醉了,离开舞会时心情糟透了。后来,伊莱恩打电话给他说那群与会艺术人士事实上很佩服她居然能干两份工作,那个粗鲁的乘客还补给了她一笔可观的小费。亚历克斯只是出于他与伊莱恩的友谊情绪才平静下来,这种友谊贯穿全剧。对他来说,任何一次进入精英阶级的圈子最终都是一场灾难。[53]

1976年马丁·斯科塞斯(Martin Scorsese)完成的《出租车司机》,是史诗般的作品,是好莱坞有史以来摄制的最阴郁的影片之一,也是有关出租车司机最重要的一部影片。由罗伯特·德尼罗(Robert De Niro)扮演的特拉维斯·比克(Travis Bickle)的故事详细叙述了一个前水兵成为出租车司机的孤独与愤怒。伯纳德·赫尔曼(Bernard Herrmann)为影片创作了华丽的布鲁斯音乐,抓住了比克的孤独,以及电影镜头中非同寻常的纽约的街道和人物。影片的主要内容是比克对贝齐(Betsy,由赛比尔·谢泼德[Cybil Shepard]扮演)迷恋,一个漂亮的金发女郎。贝齐的阶级、教育和兴趣都使她远远高于她的这位出租车司机崇拜者。与40多年前詹姆斯·卡格尼的《出租车》里司机肤浅的罗曼史有显著不同,比克追求贝齐时第一次约会糟糕透顶——他竟带她去看色情电影,结果,贝齐跳上一辆出租车绝尘而去,只留下沮丧的比克站在路边,约会就此画上句号。比克将绝望的怒火发泄在对一位总统候选人有计划的刺杀上。侥幸逃过特工们的追捕后,比克开着出租车汇入了市中心的车流中,他开枪打死了诱骗一个十几岁少女(由朱迪·福斯特[Jodie Foster]扮演)卖淫的皮条客。比克不仅没有因为这次枪击而被捕,反而被视为解救青少年而成了小报上的大众英雄。最后,电影中极其华美的一景是比克和贝齐重逢,但这次是作为乘客和司机,而不是情人,一直到贝齐到了目的地下车。这一幕阐释了在两人间横亘着的社会深渊:在一个中产阶级女性和一个颓废的出租车司机之间不可能有一个浪漫的结局。[54]

《出租车司机》与其在美国电影史上的崇高地位相一致,受到不计其数的评论和注解。最近,约翰·博德纳和詹姆斯·桑德富有洞察力地提出,比克代表了年轻的、愤怒的无产者英雄,对他而言,只有暴力能管用。其他人认为电影体现了城市作为"一个孤独的战场,几近疯狂的巨人怪物们横行其中"。[55] 这些评论几乎没有从特拉维斯·比克是一个出租车司机的角度出发。正如詹姆斯·桑德观察到的,比克的乘客中几乎都是性怪癖者。阿科尔塞斯在影片中加入了无数病态的乘客,包括在一个特写中他亲自扮演的一个乘客,既是种族主义者又被带上绿帽子。桑德强调这部电影"不是纪录片"。然而,电影中对位于第五十七大街的出租车车行有很真切的反映,在这里比克被雇佣,等待被挑选上工,在他的出租车里轮班。比克与其他司机们在贝尔莫尔(Belmore)的小饭馆碰面,那是当时出租车司机们最喜欢去就餐的地方。诚然,这部电影更关注比克个人的偏执情感,而不是出租车行业。即使这样,很多评论将比克与真实的出租车司机联系起来。《纽约时报》的文森特·坎迪(Vincent Candy)将他描述为"人们在最野蛮的噩梦般的旅程中遇到过的一个妄想狂司机"。[56]

尽管直接的纪实很少,《出租车司机》仍然是表现出租车行业的重要作品。影片发生在纽约的一个灼热的夏夭,影片中描述了一个肮脏堕落、道德败坏的城市,比克立誓要用鲜血来洗净它。正处于出租车行业的一个重要变革时期,比克也代表了愤怒的、受到威胁的白人司机,他们意识到出租车行业中旧的、独立的世界正在衰落,而非洲裔美国人和移民们正在蚕食他们的传统领地。在贝尔莫尔小饭馆的一个场景中,摄像机跟随比克疑虑的眼光,凝视着一桌漠然盯着他看的黑人皮条客们。比克的愤怒不同于1970年代对于种族自由主义的叙述,他的种族主义使他看起来是一个局外人,一个失败者。即使种族融合如今在纽约市和全美国都下降了,比克仍然是一个病态的角色。

《出租车司机》第一次在荧幕上塑造了出租车司机作为纽约市局外人的形象,这也逐渐成为大众对出租车司机的印象。正如电影编剧保罗·施拉德(Paul Schrader)所说,出租车司机是城市中边缘人的一个象征,一个在同胞眼中的"隐形人",一个"只有乘客搭上出租车时才短暂存在,然后又陷入被遗忘和不存在的人"。更早年代的司机们可能会质疑施拉德,但是这部电影预示了一种社会上对出租车司机的新看法。一个出租车司机可能会像比克一样心理失常,或者很快将到这个地步,非白人和外国人也可能如此,总之都是美国社会中的局外人。出租车司机一度是美国人心目中的英雄,一度又是可爱的莽汉,现在成了被排斥的一个群体。[57]

在20世纪六七十年代,出租车司机最终通过努力组建稳定的工会,其为部分司机提供了正式的医疗保险和养老金,但却最终激起了年轻司机们的不满,他们可能把开出租作为一种职业,但多半是更辛苦的兼职工作。尽管从1968年到1981年六次提价,因为通货膨胀,这一职业仍然收入很低。这一行业的主要变化使得工会的联合力量华而不实。由于车行将准驾牌照廉价卖给迷你车行,司机们每班次的收入在1970年代一直都没变化,而且再也不能得到像1940年代初期那样称心的收入水平。一个行业分析家认为,排除通货膨胀因素,2003年出租车司机的年收入低于大萧条前一年1929年的水平。电视和电影上的出租车司机们的形象,反映出他们难以忍受的贫困和孤独。更大的改变为时不远了。[58]

出租马车司机。照片由爱丽丝·奥斯汀(Alice Austen)拍摄。奥斯汀于19世纪晚期拍摄的这帧照片抓住了纽约市出租马车司机强健的工人阶级的本质。本照片由斯塔腾岛历史协会同意转载。

《出租车》,活页乐谱。1910年代中叶,歌词作者试图说明,乘坐出租车对年轻情侣来说是一次浪漫的旅程。本照片经南希·格罗斯(Nancy Groce)同意转载。

约翰·斯隆(John Sloan)的油画《拉斐耶特》(The Lafayette),1927年作。其街景描绘了一个看门人挥舞旗子为一对富有的夫妇招来出租车。原作(28:18)是约翰·斯隆朋友于1928赠送的礼物,照片由纽约大都会艺术博物馆保留所有权。

在拉塞尔·霍尔曼(Russell Holman)1928年的电影《超速》(Speedy)中,哈罗德·劳埃德(Harold Lloyd)扮演一个出租车司机,巴布·鲁思(Babe Ruth)扮演一个惊恐不安的乘客(伦敦:读者图书馆出版公司,1929年)。超速疯狂的驾驶和像发动机一样说个不停的嘴巴成为纽约市出租车司机新的公众形象的一个缩影。本照片由作者收集,经威斯康星电影和戏剧研究中心许可复制。

1934年卡尔·布罗肯奥尔（Carl Brockenaur）的公共出租车驾照。自1920年代始，所有出租车司机都不得不随身携带有其牌照号码和相片的塑封卡。作者收集。

詹姆斯·卡格尼（James Cagney）在《出租车》（*Taxi*）中的宣传剧照（华纳兄弟公司，1932年）。卡格尼扮演的活泼自信的出租车司机集中体现了好莱坞对于纽约出租车司机的理想化形象。威斯康星电影和戏剧研究中心同意转载。

维加(Weegee),《在出租车里》。维加的经典黑色电影剧照使我们进入出租车里,可以看到远处街灯下有一个人在等车,不知是福是祸。纽约乌布(Ubu)画廊和柏林加莱里·贝林松(Galerie Berinson)画廊同意转载。

德索托－斯凯维尔牌出租车。与切克尔车一样,是对乘客来说最舒适的出租车型之一。作者收集。

二战期间的女出租车司机。由于数千名出租车司机奔赴战场,妇女们顶替了他们的位置,这是空前绝后的现象。作者收集。

20世纪中期的许多粗俗的明信片之一,暗示出租车里性爱的可能,但与司机无关。作者收集。

"水手和女出租车司机",1949年伦纳德·伯恩斯坦(Leonard Bernstein)执导的《寻欢作乐》的演出海报。在著名的伦纳德·伯恩斯坦–杰尔姆·罗宾斯(Jerome Robbins)的音乐喜剧中,布伦希尔德·"希尔德"·艾什泰哈齐(Brunhilde "Hilde" Esterhazy)扮演强势女性的出租车司机。作者收集。

《出租车——纽约之夜》,特德·科纳(Ted Croner)1949创作。科纳是纽约学派摄影家,表现了出租车如幽灵般的机器在深夜疾驰。纽约市霍华德·格林伯格(Howard Greenberg)画廊同意转载。

切克尔汽车的广告。深受欢迎的切克尔汽车,现在是纽约市旧日记忆的一部分,但在 1950 年代是最通用的出租车。作者收集。

画册《纽约市出租车司机》封面,1959 年。1950 年代,出租车司机满腹经纶、八卦新闻、半瓶子醋的知识,成为时代偶像。作者收集。

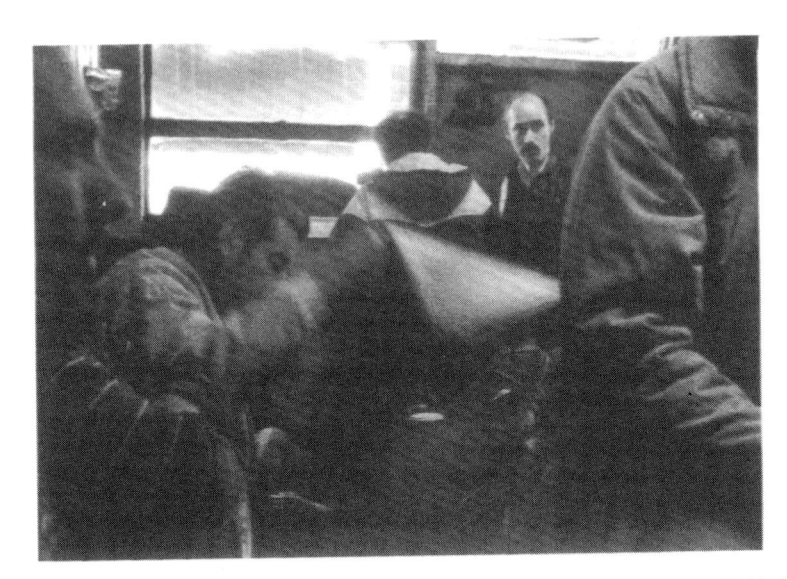

在获得出租车之前，的哥们不得不在这所空气混浊、没有取暖设施的房间里等待租车。"房间里的待选司机"，载于安布罗斯·克兰西(Ambrose Clancy)和彼得·多纳霍(Peter M. Donahoe)：《夜路：一份工作传记》(纽约：新阿姆斯特丹书屋，1990年)。经彼得·多纳霍同意转载。

为了打发工作中的无聊，出租车司机们对于智力算术题非常熟练，并常常整理零零碎碎的硬币，计算着今晚收入。"乔纳森，边开车边数钱"，载于安布罗斯·克兰西和彼得·多纳霍：《夜路：一份工作传记》(纽约：新阿姆斯特丹书屋，1990年)。经彼得·多纳霍同意转载。

第七章 承租司机和无产阶级：1980—2006 年

在 20 世纪的最后 20 年里，纽约市的出租车行业经历了很多重大的变革。最重要的变化是土生美国人司机数量的下降，其位置被来自俄国、非洲和亚洲，主要是来自印度和巴基斯坦的新移民所替代。在较早的年代里曾经有过的现象如今更加显著，即开出租车成为移民们部分地实现其美国梦的最初一步。1979 年在出租车行业的规章制度上的一个主要变化阻碍了他们的这些梦想，使得这些新美国人中的大多数成为了国际无产阶级。

这一变化就是出租车的日租成为合法，即历史上所谓的"租马"。1979 年 2 月 15 日，纽约市出租车委员会做出了自 1937 年哈斯法施行后最重要的一次制度变革，允许出租车日租，这时加盟工会的车行里只有 2500 辆出租车了。现在车行老板可以将车以固定租金租出去，并将汽油费转嫁给司机——除了这些费用，其他挣得的钱都归司机所有。被租车较高的工资吸引或由资方推动，司机们逐渐地放弃了工会会员身份，加入了这一新系统。在新的租车法通过的过程中，无论工会是否串通一气，或者更可能是工会无力去阻止它的通过，新的法令都决定了这种传统行业工会的死亡。将来，只有草根的努力才能成功吸引那些已疏离于工会的司机们。租车也意味着更少的兼职司机，因为临时开出租车不能负担日租费用。[1]

租车法极大地改变了出租车行业。由于曾在佣金制下工作的老司机们被迫转向租赁制，集体谈判时代里获得的好处都没了。工会一直坚持到 1997 年，尽管它只剩个空壳。出租车租赁对于车行或公司来说吸引力是明显的,因为能确保它们每天的收入,汽油成本和司机不打表的损失都被排除或避免了。1980年2月,市政府促成了10年内的第5次涨价,随之而来的是在夜班时每次载客行程都收取特定50美分的附加费。[2]

租车制经过一段时间才被司机们理解。现在,司机们作为"独立承租人",要支付每天使用出租车、汽油及维修的费用,再加上每日可恶的租费。司机们作为独立承租人每月上交工会15美元的会费,加上一种一天2美元的"租车许可"费,尽管工会的力量在新体制下已经被大大削弱了。年龄较大的,有经验的出租车司机不喜欢租车制,因为这对他们限定更多,并取消了公司和司机之间的任何个人联系。就像一位司机所说,"在租车制下,我们工作时间更长,挣得更少,公司和执照管理部门给的压力更大。"车行老板和调度员经常就较少的承包额找老司机的麻烦,迫使他们从佣金制转向租车制。租车制意味着司机们不能再累积获取公司的养老金,在工作中奖金也没有任何意义了。其他的损失是个人方面的。司机们现在为了挣钱不得不在街上呆得更晚,他们中有家庭的人认为这给夫妻关系带来了麻烦。许多司机顺从了新体制,但其他一些人则在资方逼迫时以打碎出租车挡风玻璃,戳破轮胎来报复。出租车司机们现在只是将之视为达到目标的一种过渡性的谋生手段,骑驴找马,不再是一种职业选择。这意味着出租车群体是经常变动的,更多缺乏经验、不在行的新手们加盟。[3]

在1980年代中期,租赁在公司和司机的关系中成为主流。年轻的新司机们认可租车制,为其能较快挣钱、责任较少而吸引。一项对租车制的严谨的研究确认租车制的支持者是女司机和未结婚的司机们。奇怪的是,家中妻子失业的已婚司机更倾向租车制。更合乎逻辑的是,残留的承担工作义务较少的兼职司机们更喜欢租车制。更有经验的司机们讨厌租车制,渴望能回到佣金制。无论一个司机支持租车制与否,这一制度的某些方面使得大多数司机很不满。许多费用使得司机们烦恼。最初,司机们支付超过200美元的押金给公司,离职后45天才能取回。1980年代中期，白班的日租费是50美元，夜班是70美元。到1990年代早期，租费上涨了约20%，一个星期六的早班是61美元，星期五的晚班每车为86美元。到1993年，出租车司机兼作家艾娃·皮卡科娃报道说，那种费用已经是"过去的天使般的低价"，由于保险成本激增，已使每夜每班的费用高达110美元。公司和工会收取额外的费用。司机们还得付汽油费。不管油箱充满与否，司机们得按满箱付钱，1992年时每天这类费用得花15美元以上。司机们对每月会费之外还得支付每天2美元的"租车许可费"给工会，非常不满。司机不许迟到，甚至经佣金制转来的老司机如果迟到几次也会被开除。在电视剧《出租车》的背景地多弗车行里，一个司机因迟到被开除之后，通过诉讼讨回了数千美元的收入损失，算是少有的成功。出租车回厂迟到，公司每小时收取罚款20美元，反过来，因为车辆故障而浪费的时间公司每小时却只付区区5美元。如果司机取消预订时不提前48个小时通知公司，这一班的全部费用将从他们的押金中扣除。经常的记录疏忽和错误很少被纠正，导致司机和公司之间相互扯皮。司机们不得不支付他们自己的税费和社会保险费。[4]

租车制也催生了一批中间人，即经纪人，其代理的业务和可出租的执照都来自自有车司机，他们将出租车和执照通过中间商转包给司机。执照经纪业自1970年代中期就已兴起，随着1979年租车法而发展成型。第一家经纪执照的公司是由穆尔斯坦因（Murstein）家族经营的车行，其自1937年就涉足这一行业。现在，一位车主能从其执照的日租金中攫取多少全由市场决定。由于老司机和较小的车行离开了这一行业，经纪人致力于从买卖交易中获得现金收入。经纪业务公司逐渐把来自不同车主的执照统一管理。经纪人通常向执照所有者每月支付约300美元，另加上每月100美元的保险费，司机们每周上交250美元之后，再无任何义务。通常，承租司机们会向经纪人购买一辆车，这样经纪人就充当了商人和银行，这就为剥削司机大开方便之门。一辆出租车，尤其是使用年限快到期的，会花费大量的维修费用而没什么转卖的价值。一旦执照被卖或丢失，司机就只剩下一辆无用的汽车。一次不能及时支付款项就会导致贷款被收回。经纪公司欺诈性的账目手续给司机们带来很多麻烦，他们的工作时间表中几乎不可能有时间花在抗争这种不公平的做法上。

租车制并没有带来独立性，反倒成为执照所有者、出租车公司和经纪人们从软弱可欺的司机们身上榨取金钱的一种方式。[5]结果，实际上拥有自己执照的出租车司机更少了，自有执照的比例从1937年有关法令规定最低限的42%，到20世纪末下降到30%以下。尽管根据1937年哈斯法，设定这一比例是非法的，但没有什么举措来改变这种情况。自有车主的组织和迷你车行通过经纪人创建了一种极其类似于老车行的实体组织。1970年代形成的迷你车行在80年代末期消失了。剩下的车行，自有车司机和迷你车行的经营者都雇佣所谓个体承包者的出租车司机，其注定要成为一种工资奴隶。[6]

富有争议的各种问题自1970年代以来一直持续存在。纽约市警察局派出侦探们在机场假装成本地乘客来制止对游客们的车费欺诈。市政府回应关于出租车司机不熟悉城市地理的报告，在1981年要求所有的司机都带上一份纽约市的详细地图。稍后，又为司机们开设了一所教他们认识城市的学校，并让他们乘坐观光巴士环游全城。市政府制定了服装标准，禁止穿T恤，并要求穿有袖的衣服和长裤，或者长及大腿中部且没有洞的裙子。对司机的暴力袭击和谋杀还是令人悲哀的有规律地发生。执照的所有权仍主要是白人的特权。报刊文章对于只有少数的非洲裔美国人才能获得贷款以购买执照的现象予以谴责。[7]

自1970年代以来的一个进步是出租车变得更宽敞、载客量更大。深受欢迎的切克尔出租车停止了生产，剩下的一些也逐渐从街头消失。迟至2006年，一个退休的出租车司机开着一辆切克尔车环行全城，搭载乘客但不收费，不过他对小费来者不拒，并且通常都远多于正常的车费。[8]20世纪末期，在职的司机们都使用耐用而结实的汽车。在1980

年代,还有一些道奇和普利茅斯(Plymouths)保留下来,连同为数极少的切克尔,其中一些主要用于怀旧。雪佛兰科普瑞斯(Chevrolet Caprice)和福特皇冠维多利亚(Ford Crown Victoria)是这一行业的主力,在1990年代几乎全部的出租车都用它们。雪佛兰公司于1994年结束了科普瑞斯的生产,自那以后,皇冠维多利亚成为纽约市最常见的出租车。它们常常被用作警车,为适用于出租车进行了改装;总的说来,出租车司机很少购买新车,大多数长期开着旧车。大多数个人所有的出租车都安装特殊的框架结构来应对纽约市的街道,将出租车的使用寿命延伸到30万英里以上,一年平均要跑6.33万英里以上。

大多数自有车司机使用巨大的 V-8 发动机,但是车行认为大发动机易于导致事故,而选择较小的四缸发动机。能一次通过年检的出租车是极罕见的。刹车不灵活,散热过度,以及一些严重的结构缺陷,例如失效的球窝接头,破裂的底盘和发动机配置等等,都意味着出租车在能通过年检标准之前必须频繁地回到车身修理厂。除了糟糕的悬挂系统使得乘坐非常不舒适外,大多数乘客们可能不会意识到这些问题。

乘客们不得不看的是一大堆的标语"水泡"般地出现在出租车内的分隔屏上,提醒他们注意《乘客权利法案》。多年来,纽约市出租车委员会要求出租车播放录下的名人讲话来提醒乘客使用安全带。在可以接受的程度内,这些消息不会遭到普遍的反对,在乘客区短暂地播放录像广告片也是惯例。纽约人普遍能接受安置在出租车内的广告和滚动消息,但拒绝大声播放录音消息的小屏幕。在这一问题上,司机们和乘客们取得压倒性的一致,录像广告和"多嘴多舌的出租车"公告被取消了。[9]

皇冠维多利亚出租车直到21世纪仍是纽约市出租车行业的主力,几乎没有例外。新世纪的第一年,丰田、本田和五十铃的小型客货车也被用于出租车,还有约16辆福特探险者。自有车司机们和经纪人们拒绝了在大街上使用伦敦那种更宽敞、更具特色,也更贵的专门出租车的呼声,并说,"在这里,我们的目标是尽可能的保持出租车的平民化"。

这种对廉价却呆板的出租车的偏爱极大地激怒了一群建筑师、设计师和城市规划者,他们要求一种全新设计的纽约市的出租车。这是自1970年代出租车司机们忽略了现代艺术博物馆的设计原型之后的第一次类似举动。一个著名的建筑评论家保罗·戈德伯格(Paul Goldberger)回忆设计家和博物馆长对1976年展览很热心,但是出租车行业的经理们,车行老板和城市管理部门对此不予考虑,并且,或许是觉得展览有着精英优越感而被激怒,司机们敬而远之。2005年,设计者们设想的出租车有着数字地图、更简洁的仪表盘、遮阳篷、滑门、更易于轮椅出入以及面向后的前排座椅。另外的一个计划是奖励给使用混合发动机的出租车更便宜的执照,这演变成了纠结不清的官僚文章。另一个方案包括使用手机招呼出租车、更多的出租车候车点、为司机提供各种便利设施的休息点。纽约市出租车委员会对这些计划表示谨慎的赞同,但坚决不同意将出租车的黄色更换掉。纽约市出租车委员会的委员认为,"如果出租车不是黄色的,我再也不觉得它是一辆出租车了",浑然忘记了在1970年之前出租车就是五颜六色的。[10]

尽管数量巨大,但大众还是认为出租车数量不足。幽默作家拉塞尔·贝克(Russell Baker)有一句名言:"当你需要它时,随地可见的出租车就没影儿了"。爱德华·科克(Edward Koch)市长通过将出租车执照数量增发一倍来寻求解决之道,但执照的价格剧增至10万美元以上。科克市长以及纽约市出租车委员会的主席和一本评价很高的关于出租车行业的著作的作者戈尔曼·吉尔伯特(Gorman Gillbert),都部分地认为执照数量的增加将会缓解长期存在的拒载问题。自有车司机们的组织大都市区出租车行业工会的会长唐纳德·斯托普尔曼(Donald Stoppelmann)于1987年1月13日写了一封言辞尖锐的信给吉尔伯特,指出工会成员对于更多执照的前景感到"震惊和沮丧"。出于执照数量的增加可能会导致现有执照价格下降的忧虑,斯托普尔曼认为拒载的原因是"经济的而不是种族的",并且更多的出租车只会阻塞街道。这是对付大众交通中存在问题的失败举措。斯托普尔曼提醒吉尔伯特,在美国没有一个地方出租车数量的增加意味着对外围地区的服务改进。他预言更多的"出租车困在寸步难行的交通堵塞中而不能为乘客服务"。当科克试图将颁发新执照的计划与资费上涨的方案捆绑在一起,回应是一场大规模的出租车阻断交通事件。没有执照的司机也予以支持,抗议一个给纽约市出租车委员会新权力来管理他们和增加费用的计划。即使工会不再有太多的号召力,并且车行的司机们在新的租车制下烦恼不堪,自有车司机们仍然保持着足够政治力量来中止任何增加执照数量的新计划。[11]

又花了15年时间,科克才得以实行其计划。他最初的打算之所以步履维艰,部分是因为增加的400辆出租车将导致更多的空气污染。直到市政府在90年代早期陷入了经济危机,它才得到了州政府对拍卖新执照的许可。纽约市在1996年和1997年的三批拍卖中以创纪录的高价出售了这些执照,为市财政创收了8500万美元。购买者喜欢"干净的"执照——没有前主人或留置权——的观念。另一批执照在2004年初进行拍卖。总数达900张的执照将在2004年至2006年出售。其中一些执照将被指定在保证使用可上下轮椅的出租车的竞标人中进行拍卖。第一次公开拍卖执照带来了创纪录的价格,公司执照344400美元,个人执照292600美元,为市财政创收9680万美元。[12]

搭出租车在纽约仍然很便宜。即使是在1980年4月实行了自1971年以来的第5次提价之后,司机们抱怨说车费仍然很低。新的价格将短途的平均费用提高到1.8美元,将2.5英里的旅程提高到3.2美元。纽约市出租车委员会允许提价因为它认识到汽油费、保险费和人工费都大规模地增加了。纽约市出租车委员会也要求迷你车行一天营运24小时,上足保险。作为回报,车主可以将其出租车的第二班次租出去,这样在自有车司机的世界里引入了新体制。如委员会所预期的,纽约人接受了大幅涨价。一个锁匠认为他和出租车司机的聊天是每天唯一的愉快交谈。一个看门人承认,"所有的东西都涨价,出租车费为什么不?"当纽约市出租车委员会把涨价推迟到4月时,纽约人得到了一个短暂的缓刑。[13]

  1980年代,在美国13个最大的城市中,纽约市出租车的平均车费仍然是第4低位的。当纽约市的公共交通费用从1970年的30美分增长到1980年的75美分时,它相当于出租车的短途费用的1/3还多。这意味着当三个乘客合租出租车的话,每个人的费用比乘地铁或公共汽车还便宜。虽然车费仍然很低,但向租车制的转变又将执照的价格推升到1980年3月的6.8万美元。租车制能使执照所有者获得稳定利润。纽约市出租车委员会推迟车费涨价的一个原因就是它开始关注这一行业中有争议的经济程序。委员会认为有3种不同的记账方式存在:车行采用的,老自有车司机采用的和新自有车司机采用的。既然纽约市出租车委员会要求第二班次出租,这样认可了一度违法的租马制,新的有执照的司机,在执照的抵押贷款的压力下,不会报告来自租出班次或自己当班收入的真实数额。出租车司机和联盟工人工会会长本·戈德堡(Ben Goldberg)指责4700个迷你车行司机中只有30个记录了关于第二班次的报告。工会的力量严重削弱,以至于当它于1983年号召一次罢工时,没几个司机遵从。纽约市出租车委员会也发现许多新的有执照的司机在为其执照获得贷款时,缴纳了额外的且不公平的出租车增容费,并支付每年24%的高得离谱的利率,因为由于银行常常认为新出租车司机的贷款有风险,想获得执照的人只好寻求极高利率的私人贷款。对于这些司机来说,涨车费的必要性比老司机或车行老板要明显得多。[14]

  保险费、税费、汽油费,以及机动车税增加了10倍,这些营运成本的剧增意味着1980年代晚期对于自有车司机来说是更艰难的时代。仅1987年至1989年间,对于个体司机来说,营运成本上升了20%还多。[15]

  使事情更糟的是一种新的专车服务的出现,它们只接受在曼哈顿中心区和机场的无线电订车,并提供质量更好的车和有竞争力的价格。

于1982年实行用无线电进行联系的专车很快侵入了对于自有执照的司机们来说利润丰厚的机场和市内长途生意。到1987年,已有超过6000辆被称作黑色出租车的,专为更富裕的和公司里的纽约人服务。在1990年代早期,可以通过无线电预订的专车的数量增加到8000辆,到2004年,达到近1万辆。很多有执照的司机以亲自开专车,而将自己的黄色出租车租出去的方式顺应其发展,没有被这些"黑色轿车"挤垮。[16]

工作条件也没有任何的改善。车行的司机仍然不得不在脏兮兮的车库里等待下一个班次。艾娃·皮卡科娃在其文集《给我钱》里描述了这种经历。皮卡科娃事实上喜欢她工作的这个车库,然而也描述了等待被挑选上工、躲避调度员的调戏,这时,其他的司机"冷得发抖,踩踏泛着彩虹色的浮油,沾满鞋底,用几种语言相互交流昨晚的危险和糟心事。黄色烟雾形成的厚云从车库飘起"。那里一个修理工正在给出租车上色。黄色的烟雾附着在一切东西上。有辆车坏了。即使新车,以及她开着的算不上新的那辆车,每两到三个星期就会出故障,然后"以一种不怎么好看的方式,将车鼻子吊挂在一辆拖车的屁股下面,回到车库"。当车库派人出来救援他们和出租车时,司机不得不等着。不过损失了时间和金钱的司机仍然能够品尝一下有机会从"其单独乏味、灰蒙蒙的黄车"中逃离出来的滋味。[17]

由于工作条件的恶化和对乘客的竞争力下降,司机们公开发泄他们的不平。出租车司机们的习性惹人不满。行人,尤其是那些外国游客,强烈抱怨司机们的危险行为。一个在1980年代早期访问纽约的中国作家钱晓(Xiao Qian)叙述了去吃早饭的恐怖经历:"每天早上,害怕的发抖,我们不得不穿过在出租车司机残暴统治下的大街——他们把车开得好像发了疯,决心要撞倒每一个人一样"。糟糕的服务质量也激起了公众的强烈抗议。一个关于司机拒载盲人妇女和其导盲犬的故事使纽约人大为反感。英国女演员维多利亚·坦南特(Victoria Tennent)被一个不知道要怎么走的司机载着开了老远一段路,而且他问过的任何其他司机也不知道该怎么走。旅客们在高峰期不得不想尽办法来搭上一辆出租车。[18]

在任何时间,搭出租车都需要城市生活的智慧。出租车司机兼小说家艾娃·皮卡科娃巧妙地描述了乘客们招呼出租车的各种方式:"在麦迪逊大道上,一位年轻女士会自负而老练地举起左臂,她的右手抓着皮带,拴着一只快被勒死的可以抱在膝上的那种小狗。股票经纪人训练有素地挥舞着手。音乐家的臂膀是恳求的,温柔的,"把他们知道不合适放在出租车里的大型乐器藏在后面。她看到"困惑的游客将手臂、腿、伞,甚至脑袋,摇晃得像风车一样"。有经验的司机能讲出下曼哈顿第九十六街的乘客们自信的举起手臂与希望搭车去哈莱姆和其他区的行人们急躁的举手投足之间的区别。

稍后,作家科尔森·怀特黑德(Colson Whitehead)叙述了在雨天搭上出租车的必要技巧。他写到,出租车的可获得性小到"如同车流边缘伸出的一闪而过的纤细手指。上游某个街区的讨厌鬼在你伸出手前就搭走了它,正如你是下游某个街区下一个乘客的讨厌鬼"。急切而焦躁的渴望回家的人们,用"搭出租车超级电脑(the super-computer of cab-catching)进行计算,包括日期时刻、风的方向和力道,太阳黑子……所有在搭上一辆出租车中重要的因素"。一个缺乏这种本能的、城市性知识的妇女:"她招呼它,因为她以为是空车,然而它飞驰而过,后座里自鸣得意的乘客们根本没注意到她"。一旦坐在了后座里,成为"王族"所需花费的只是钱袋里的一点点出租车费。[19]

大多数旅程都是平淡无奇的。纽约市 1982 年发布的一项研究表明,典型的出租车乘客是 35 岁的白人妇女,一年挣 27500 美元,住在下曼哈顿第九十六大街,非常不喜欢乘坐公交车。这一报告公布数天后,一位妇女写信给《纽约时报》评论说,尽管出租车的服务还有不足(她提到有一位从来没有听说过中央总站的司机),但搭乘出租车仍然远胜等待公交车和挤地铁。[20] 即使名流们也搭乘出租车。安迪·沃霍尔(Andy Warhol)的日记揭示在 1980 年代他每天都乘出租车。他的税务律师建议他记下每天在城里短途旅行中所有出租车的费用。在夜晚兜风,美术馆开放、跳蚤市场购物和去他的工厂之间,沃霍尔一天乘坐约6次出租车,每天经常性的花20多美元在乘出租车上。[21]

伯尼斯·坎纳(Bernice Kanner)是一位运载这种典型出租车乘客的女司机,她对一天中的乘客们提供了绝好的形容。按次序来,从早上5点半起,她的乘客有一位来自北卡罗来纳的基金会官员去拉瓜迪亚机场,一位回到曼哈顿餐厅的主厨,一位儿童抚养法的顾问去中央总站搭火车前往阿尔巴尼,商业周刊的一位广告销售人,一个为NYNEX(为纽约和新英格兰五个州提供服务的电话公司。——译者注)工作的杨克斯人希望快点去世界贸易中心,一位妇女和她讨论香水,一位花旗集团的房地产投资人,一位从事人头马白兰地进口贸易的法国人,一位上了年纪的律师,以及这一天里40多个其他顾客。坎纳发现女性实业家是最吝于给小费的。一天结束时,她筋疲力尽的慢慢开回车库,路上停下来把油箱加满。在车库里,她交上她的行程卡,付了75美元的租费。[22]

坎纳是新一代出租车司机中的一员。出租车司机的队伍变化得很快。克里斯蒂娜·奥科森伯格(Christine Oxenberg)认定在变革的1980年代有3种类型的司机:职业型,知识分子型和移民型。在其成年时期一直开车的职业司机将开出租车作为自己的生活,并不追求其他工作。这些司机很满足也很自豪,这份工作虽然发展缓慢但毕竟是稳定的,可终身相许。职业司机从不和不愿交谈的乘客聊天,相反他会估计什么事情是合适的,且"可能会得到更多的小费"。没有什么可以使职业司机就范。奥科森伯格曾目睹一个司机将一个东倒西歪的醉汉揍出20英尺远。司机耸耸肩,说到,"当你开了30年车时,这种事情迟早会发生"。职业司机时常对待乘客态度倨傲。有人讲过吝啬的演员鲍勃·霍普(Bob Hope)的故事。霍普拒绝了司机的攀谈并告诉他不要期望小费。霍普告诉司机如果给小费他一年将花去约2.3万美元。旅程结束时,司机对霍普说本打算找他要个签名的,但是因为他的个性如此令人恶心,这次搭车不要钱了。霍普在前座留下1美元的钞票,司机追赶着将钱向逃跑的这位演员扔过去。

许多老司机在1990年代仍然工作,他们中有些很有个性。糖果人伊莱·雷斯尼克(Eli Resnick)用塑料鲜花将他的车装饰起来,并与乘客们分享糖果来使他们高兴。拉链人(the Zipper Man)将他出租车的挡泥板贴上了拉链。圣诞老人(Santa Claus)的出租车一年四季挂着缎带结成的花球。疯狂的帕特(Mad Pat)是哈佛大学的毕业生,他对纽约市街道的了解达到了一门科学的程度,能够比其他任何一个司机都更快更安全地将乘客送到目的地。坐在方向盘后的还有一些昔日的名流,例如拉里·利文森(Larry Levenson)——1970年代早期以来著名的性用品商场"柏拉图的静修"(Plato's Retreat)的前老板。开出租车仍然吸引着更年轻的人,渴望它声称会给予的自由。艾拉·艾森斯坦(Ira Eisenstein)是一家大会计公司的会计兼审计师,此前为联邦政府工作了9年,并想知道他的生命是否就这样流逝了? 一天,他坐上一辆出租车遇到了交通拥堵。司机告诉他在这次载客之后就准备去体育馆。问他为什么能那样做,司机回答说只要他高兴就可以,因为他拥有这辆出租车。此情此景触动了艾森斯坦,于是他辞去了会计工作,购买了执照和出租车,开始了出租车司机的生涯。他早班工作,下午接一些看戏的乘客,享受他干净的出租车和出色的音响。他承认开出租车或许不是结局,但目前来说是"活得挺好"。[23]

作家唐纳德·韦斯特莱克(Donald Westlake)的诗歌"出租车之舞"(Taxi Dance)反映了乘客和职业出租车司机之间的讽刺大战,1980年夏末发表于纽约时报上。它记下了司机们不得不忍受的"十美分十分之一","6小时一班"报酬和辛劳,而同时对新手3倍收费,但这些新手从来不知就里。

   有时我认为唯一的次数
   你觉得可能是第N次

你需要的全部是厚颜放肆

来吧,大亨,十美分十分之一—[24]

这一挽歌持续了9个诗节。

到1980年代中期,租车制改变了出租行业的种族构成。移民主导了这一职业。一位出租车司机学院的访问者了解到学生中1/3是白人,大约同样数量的是非洲裔美国人,17%是拉美裔人,13%是亚裔,近3/4出生于美国之外。本科毕业的司机占总数的约14%,9%有相当于本科的教育程度,余下的人中少于一半是高中毕业。尽管出租车司机学院尽了最大努力,许多新来的司机几乎不能讲英语,这种素质使得怀旧的乘客悲叹,"那些知道如何去城市里每一个地方的老派的司机们到哪儿去了?"[25]

到1980年代晚期,出租车司机们来自于超过80个不同的国家。他们中许多拥有执照。学者们认定自1965年哈特-塞拉尔(Hart-Cellar)法之后来的移民们在到达美国时可能有更高的教育程度和较多的财产。他们或者贷款,或者凑集资金购买执照。在这方面很成功的一个集团是俄国犹太人,1980年代在移民出租车司机中他们人数不少。一些人在他们社区布赖顿比奇(Brighton Beach)附近的地区工作,而另一些人相信"出租车是一所全人类的大学",穿行于整个城市。在某些方面,俄国犹太人类似1930年代的"萧条艺术家"。如同1930年代的司机们,俄国犹太人面临着向下的流动性,不能获得与他们教育和技能适宜的工作,因为美国当局不承认他们的专业执照和经验。语言也显然成为一道屏障。49岁的马克思以前在莫斯科是个律师,美国和俄国法律系统的不同和语言困难迫使他开上了出租车,他接受了命运的安排:"这不是一种我能够称之为在智力上有挑战性的生活,但是,我能很好地供养家庭。这就是美国的全部,不是吗?"对于像马克思一样年纪较大的人,习惯于谋生但年纪太大而不能再从底层开始,开出租车是一种企业家式的社会流动途径。它比较便宜并容易入门,还能提供一种没有老板约束的工作环境。典型的做法是，一群俄国人将他们的资金凑集起来租车，建立一个共同储蓄基金来购买执照，并分班开车，这样出租车一天能工作24个小时。[26]

1990年代的出租车行话为早前的出租车司机行话增加了许多新词。机场的外国人被称为"傻帽"（suckers），"出盘"（bid）是一个能发现"傻帽"的好地方。"呆子"（chump）是一个要求司机等一会儿，他下车打个电话却不再回来的乘客。"欢乐时刻"（big time）是指某个乘客要求司机找零一张50美元的钞票，司机的回答可能是"嘿（对不起）！你肯定来自泽西州！"一些词汇很容易流传数十年。"英镑"（pound）是5美元加小费，向调度员"买路"（shell out）是向他行贿。一个旧词赋予新的含义是"租车局"（hack bureau），现在用来指纽约市出租车委员会。[27]

到1990年代中期，从印度和巴基斯坦的旁遮普地区来的跨国和移民工人日益成为出租车司机的主流。绿色革命——以失去生计的小农户们为代价来鼓励大规模的产业化农业——推动了大量的移民来到美国，并且政府积极努力出口失业的年轻人出国务工，旁遮普人大量聚集于纽约并开起了出租车。他们遵循着一种链式移民的模式，先行者在对新国家和工作有了经验之后，介绍亲戚和朋友跟着他们走。这种过渡相对容易，因为开出租车已是印度人和巴基斯坦人城市文化的一部分。在印度巨大的电影产业中，出租车司机扮演着重要的角色。在1954年的黑色电影（表现危险和暴力的犯罪片。——译者注）《出租车司机》（*Taxi Driver*）中，主演是德夫·阿南德（Dev Anand），导演是他的兄弟凯坦（Chetan），主角出租车司机从歹徒的手中救了一位年轻女子，并帮助她走上了歌唱道路。女主角也理解了印度出租车司机的粗犷文化。影片的高潮是出租车司机们和歹徒们的枪战。[28]

到1990年代中期，印度人、巴基斯坦人和孟加拉人在纽约市申请出租车执照的数量从1984年的10%剧增至1991年的43%。这一时期，美国土生司机的比例从20%下降到10.5%。来自南亚次大陆的司机们聚集在第三十街区和列克星敦大道交叉口的新餐馆里。[29]更好的教育,工作期望值过高,可享受迁往郊区和政府的福利政策意味着土生美国人,尤其是白人,较少可能去当出租车司机。找到了工作并在公共部门受到政策优惠的非洲裔美国人和波多黎各人,将出租车司机的工作留给了新来的合法或非法移民们。纽约市出租车委员会要求申请者只需出示一次临时工作许可证,这样再次申请时可能会使签证过期的移民们开上出租车。[30]

　　土生美国人对出租车行业敬而远之的首要原因是租车制的出现。在佣金制和1960年代晚期工会的努力下,正式的车行司机能够指望每周的薪水、一些工作保障、带薪的假期和其他一些好处。现在,被划为独立承租人后,出租车司机们失去了这些福利。低工资和工作条件差是明摆着的,土生司机们大多都放弃了开出租车。另一方面,1980年代晚期和1990年代,旁遮普地区的新移民来到纽约市,比起一二十年前到来的教育程度更高的移民们,他们的资源更少。他们缺乏在印度或巴基斯坦的一所城市说英语的学校的教育,或其他易于谋生的技能,所以这些旁遮普人利用家族和社会的关系网以及经济网络进入到出租车行业。朋友们帮助新来者获得临时工作直到他们的出租车执照被批准。车行老板会根据其他旁遮普人的私人推荐而接受新的申请者。尽管一些厂主要求路试以确定驾驶技能,另一些只要确保班次是满员的就满意了。正如历史学家比尤·马修(Biju Mathew)所指出的,开出租车是世界上少数几种工作之一,工人们意识到他在一天结束的时候可能比早晨开始的时候所得还少。这种不稳定性是这一行业持续人员流动的主要原因。[31]

　　当亚洲的司机们开始主导这一行业时,它的行话就变了。乌尔都语和旁遮普语的词汇开始普遍使用。旁遮普语里,"小"(chotta)意指拉瓜迪亚机场,而"大"(badda)表示肯尼迪机场;"老人"(Babba)是俚语中的林肯中心;对于百老汇的音乐剧"猫"(Cats),司机们称为"比利"(billi);当考虑反对不参加罢工的司机们的行动时,出租车司机谈论"沙卡"(chakka)堵塞,或故意在马路中央使自己的轮胎漏气来阻塞交通。诸如烤肉和烤肉串之类的食物,对于大都市中谋生的人们来说是很寻常的,在《纽约时报》发表了一篇关于出租车司机偏爱的熟食店的故事之后,就开始与出租车司机紧密相连了。[32]

在 21 世纪初期,越来越多的非美国人成为出租车司机。纽约市出租车委员会 2004 年的记录显示超过 90% 的有执照的司机是外国出生的。巴基斯坦人、孟加拉人和印度人在其中占 38% 以上,而前苏联人占 10% 以上。穆斯林国家,包括上文提及的三个国家,加上埃及和摩洛哥,占 2002 年至 2004 年新雇佣的有执照的司机的 50% 以上。来自海地、加纳和尼日利亚的非洲裔人总计在司机中超过 8.5%,这是黄色出租车的司机中曾有过的最多的黑人。[33]

尽管有一些例外,新移民出租车司机比过去那些司机受过的教育更好。尽管统计学家布鲁斯·沙勒(Bruce Schaller)在纽约市教育方面的数据上没有突破,但他发现全国来看超过 40% 的出租车司机至少参加过几年的大学学习,并且 14% 有大学文凭。这一数字无疑与这一职业的吸引力联系较少,而与收入更好、更有声望的职位的缺乏有关。的确,出租车司机们的全国平均工资为近 2.7 万美元,使得他们在上一次的人口普查中实际上落后于邮递员、办事员、卡车司机、巴士司机、信使、监狱守卫和体力劳动者。出租车司机也比从前更老了,在纽约市其平均年龄略微高于 42 岁,并且尽管大多数人一周工作超过 40 个小时,很少有人认为他们自己是全职司机。[34]

在 1990 年代,妇女开始回到出租车行业,尽管 2004 年在全部的出租车和专车司机中她们的比例仍然只有 2.5%。在她们中间有捷克作家艾娃·皮卡科娃(Iva Pekarkova)。在 1980 年代中期到达美国之后,皮卡科娃原本是"布朗克斯区南部一个普通的社会工作者,低级的女服务员,可怜巴巴的酒吧卖酒员"。当她成为一个"漂亮体面的出租车司机"后,发现她不得不无休止地回答同样的问题。所以她写了一本名为《艾娃问与答》的小册子。在这本复印的小册子中,皮卡科娃否认对夜间行车感到害怕,并写到,她喜欢那些教给她城市和生活知识的乘客,即使她"很少有机会能听到某人完整的生活故事。车走的距离太短了,而交通也不够拥挤,纽约太小了"。皮卡科娃详述了夜间行驶的辛苦,包括被抢劫,并建议司机们不要为保护他们的钱与劫匪搏斗。她稍后写了一本优秀的小说《卡车停在彩虹边》(*Truck Stop Rainbows*),是关于一个妇女在东欧与卡车司机相遇的一夜。[35]

司机伯尼斯·坎纳对成为一个出租车司机的新资格作了很好的描述。她在苏珊养护公司申请执照。公司收了她公证过的申请,开了执照费用支票,让她去机动车局,这里她把普通司机的执照升级为专职司机执照。在收到新执照后,她带齐她所有的行业证明,一份有效的体检表,有效的社会保障卡复印件,有效的 30 美元支票(纽约市出租车委员会的费用)和 13 美元(指纹费用),将这些全部交给委员会。在约定时间过了好几个小时以后,一个带着米勒啤酒公司(Miller beer)棒球帽的职员很高兴地指出她的医生没有填写其行医执照的日期,她必须赶快回来才不至于失去排队中的位置以参加今天最后一场英语测试。克服这一障碍之后,她说服另一个职员接受她复印的社会保障卡并不得不提交了光线较好的另一张新照片,然后她等了一小时来回答关于主要景点地址和基本英语的无聊的问题。她注意到仍然有 20% 的申请者没有通过测试。在等待了她的出租车执照 4 个星期之后,她终于报到上班了。[36]

她的调度员建议她藏起不同数额的钞票,这样小偷就不会席卷一空。调度员告诉她带上 20 美元找零、驾驶执照、零钱夹、5 个区的街道地图、《纽约市官方出租车司机指南》和一本闲暇时看的小说。作为向出租车司机这一职业转变的标志,调度员的明智建议是小心开车,沿着街道的一边前进,不要突然变道,在开出去之前检查每一辆车的凹痕,在检查了车的液体系统之后要确认行程单上机修工的签字。[37]

坎纳参加了由纽约市出租车委员会开设于第五大道南部的出租车

司机学院,在这里她聆听一个兼职的初中教师为多国学生开设的课,涉及一次行车的平均时间(9 到 11 分钟),以及一些规则,如禁止推荐餐馆,禁止藏着棒球球棒当作武器,并详细传授如何用多种语言回答一些简单的问题。学生们了解到乘客们有权调节收音机和空调。监督执行这些规则的是城市里的各种警察和超过 170 个出租车巡视员和隧道管理局的官员。司机们可以拒载醉汉或精神明显有问题的人,但是必须在纽约市 5 个区的任何地点搭载任何一个"正常"人。教师提示说,大多数人不会费心去投诉,但是不易用车的残疾人最有可能将投诉坚持到底。在听了这些概述之后,学生们观看一部关于出租车司机欺骗乘客手法的电影。教师指出,因为司机们要考虑保险费成本,"他们中有一半将在 6 个月内退出这一行,80% 将在第一年末放弃。"诸如此类繁琐的许可文件、令人疑惑的建议和悲观的结论,都会使最坚定的申请者却步。[38]

坎纳是许多描写开出租车经验的作家之一。与较早年代的出租车司机的传记有所不同,1990 年代的出租车司机作家们主要关注的是钱。弗拉基米尔·洛巴斯(Vladimir Lobas)讲述了另一个司机是如何教训他的:"把这个装进你的傻脑瓜里……一个出租车司机要思考的只是一件事:如何挣钱。100 美元。每一天。"在洛巴斯的自传里,可以看到,出租车司机们热衷于机场订车,长途旅费,并回避会少挣钱的短途。洛巴斯不像詹姆斯·马雷斯卡那样担心后座的女乘客,而是将很多时间花在与各个酒店的看门人培养感情上,并试图获得最多的小费。他最终偶然发现了一个方法,他用沉重的硬币来找零钞票以致看门人觉得累赘不堪。洛巴斯会给一个看门人 5 美元的钞票,并拒绝任何超过 3 美元的找零,实际上向看门人贿赂 2 美元以图被分配到下一个走出酒店的"肯尼迪"。[39]

移民司机和较老的司机在智力生活方面有共同的倾向。有的出租车司机才智一流。克里斯蒂娜·奥科森伯格(Christine Oxenberg)采访的一个出租车司机讲述了一段到肯尼迪机场的令人刺激的旅程。她载的乘客是安斯科姆(G. B. M. Anscombe),路德维格·维根斯坦的文学上的承继者和剑桥大学哲学"皇家教授"。出租车司机和安斯科姆谈起她在巴纳德学院(Barnard College)发表的一次演讲。司机告诉她他不能理解她的部分演讲,安斯科姆教授解释说那是因为她照着准备好的稿子讲,而且漏了一张。司机深感荣幸,决定免收车费以表示敬意,安斯科姆这位著名的学者表示接受,并解释说事实上她的钱包忘记带了。[40]

还有其他令人兴奋的机遇。丹尼丝·莱弗托夫(Denise Levertov)在她的诗歌《诗人的力量》里,回忆了出租车司机和知识分子能够找到共同语言的黄金岁月;在"乘出租车,从布鲁克林区到皇后区"里,她问外貌明显的西班牙裔司机是否是墨西哥人,司机回答说他是一个乌拉圭的流浪者,莱弗托夫说她曾遇到过的唯一一个乌拉圭人是作家马里奥·贝内德蒂(Mario Benedetti),司机突然放开了方向盘,惊喜地大叫:

> 马里奥·贝内德蒂!!!
> 在他的声音里有
> 哈利路亚(Hallelujah)
> 在阳光闪烁的大路上
> 我们完成一个完美的数字——8
> 向上飞,超过车流,飞翔
> 下面的路在蓝天里。警察,警察![41]

不是所有的司机都能记得诗人们的名字。克里斯蒂娜·奥科森伯格向很多名人询问他们对出租车司机的最好的回忆。小道格拉斯·费尔班克斯(Douglas Fairbanks Jr.)回忆曾有一个司机从后视镜里一直回望他,最后大叫:"我想起来了! 我想起来了。你过去常为扬基队担任投手,对吗?"歌曲作家萨米·卡恩(Sammy Cahn)回忆他钻进一辆出租车,把司机称为"乔"(Joe)。当司机回问他的姓名时,这位作家回答,

"我是萨米·卡恩。"司机不相信他的话,问出租车道上的另一位司机他的乘客是否是萨米·卡恩。另一个司机看了看他,很轻蔑地说,"他完全是放狗屁!"就从旁边开走了。卡恩就告诉他的司机再追上一个人,并问他是否愿意就这一争执拿他的执照打赌。话说到这一步,需要认真了,第二个司机抬头看了一眼,说,"他是萨米·卡恩。"作家阿利斯泰尔·福布斯(Alistair Forbes)注意到他的司机的名字是朱塞佩·威尔第(Giuseppe Verdi,与意大利19世纪著名的歌剧作曲家同名。——译者注)。当福布斯向司机谈起音乐,司机回过头来咆哮道,"不要跟我讲关于我名字的任何废话。在该死的每一天里该死的每一个乘客告诉我同样的事情。你知道吗,我恨音乐。"另一个司机向艺术家基思·哈林(Keith Haring)展示一副从打赌中得来的他的画作,并问他这画是否是真的。哈林告诉他这是赝品并送给他一副真迹。[42]

具有艺术希望和才能的出租车司机是很多的。一位被称为"摄影师"的司机,用宝丽来一次性相机给上车时的乘客拍快照,并把这些拙劣的照片卖给乘客。在司机们中间,至少还有3个更严肃的摄影师。戴维·布拉德福德为萨克斯第五大道精品百货店(Saks Fifth Avenue,纽约市著名的时尚和奢侈品零售百货商店。——译者注)的广告部做艺术导演的工作。他有"一份好工作,规律的工作时间,2个小时的午饭时间,假期和社会地位",但最终还是放弃了这个职位——为了人身独立。在最初困窘的时期,他做过自行车邮差,之后索性开出租车。一位乘客卖给他一架精良的照相机,在随后12年多的时间里,布拉德福德拍摄了街道、人群、工人和他的乘客们。他接受了纽约时报和纽约人杂志的委托拍摄照片,并因这些照片获得了国际声誉。布拉德福德特别喜欢关于出租车的摄影中存在的偶然因素,以及从乘客那里听取来的建议。一个人告诉布拉德福德不要用彩色相片拍摄纽约,因为"纽约只是在表面上五光十色。实际上,这个城市是黑白的"。布拉德福德郑重表示,"我简直不能想象曾经不是一个纽约市的出租车司机的日子。"[43]

在20世纪晚期出租车司机的文化变得更完善。出租车司机迈克尔·希金斯(Michael Higgins)开办了一个小小的媒体帝国,包括报纸、电视节目和广播节目,都命名为《出租车讲坛》(Taxi Talk)。瑞安·韦德曼(Ryan Weideman)则用一种不同的方式来摄影。韦德曼是一位老资格的出租车司机,在他出租车的左上角装了一架闪光灯,用来捕捉他自己和乘客的影像,或单单拍摄乘客们。多年来,韦德曼拍摄了大量的肖像照片,包括诗人艾伦·金斯伯格(Allen Ginsberg)用一首诗来支付车费的经典照片,和一幅生动的照片——后座里的一家人把美元扔到空中,映衬着前座韦德曼无动于衷的面庞。在韦德曼的出租车里,出现过朋克摇滚乐手、拉斯特法里主义信徒(Rastafarians,一种新的宗教运动,认为前埃塞俄比亚皇帝海尔赛拉西一世是上帝的化身和弥撒亚。其特征有使用大麻,内在则反映出多样的黑人中心的社会和政治诉求。——译者注)、电影明星、易装癖者、同性恋、带着三英尺长的三明治的夫妇和无数其他的名流、演员和普通人。1991年韦德曼出版一本相片集,第二年为他赢得了古根海姆奖(Guggenheim fellowship,古根海姆家族,美国的工业家和慈善家家族,在纽约捐助建立了古根海姆现代艺术博物馆,并长期赞助艺术事业。——译者注)。韦德曼用这笔奖金周游全国,给许多城市的几十个出租车司机拍摄了正式的肖像。在2002年,他的作品受到了最重要的画廊展览的邀请。[44]

1990年,两位出租车司机合著的著作《夜路》(The Night Line),采用了更为纪实的风格。作家安布罗斯·克兰西(Ambrose Clancy)和摄影者彼得·多纳霍(Peter M. Donahoe)与同一家车行里的好朋友一道,记录下了各种影像,包括等待上工的司机,车库内部,换班,交钱,以及许多司机在街上工作的照片。这本书也包括许多偷拍的照片,如司机们在驾驶中数钱,交通事故,在机场的插队——都是出租车司机世界里的日常场景。克兰西则负责配以文字叙述。[45]

开出租的诗人们也写了很多读物,最典型的是《出租车王子》(the Cabby Prince)。更严肃的一位是马克·阿兰(Mark Allan),一位自称形而上学的诗人。对于阿兰,形而上学可以适宜于诗歌和开出租车的各种变化中——无论是转弯或走直线,无论是去上城的酒店,还是去下城的酒吧。阿兰于1985年自己出版了一部诗集,名为《冷酷的阿尔贡金人》(*Cool Algonquin*,居住在魁北克的渥太华河谷和安大略省的美洲印第安族。——译者注),描述他对来自皇后区的一位舞者曾经的爱情。[46]出租车行业也有它自己的历史学家。纽约市里最后一辆切克尔出租车的主人博比·洛维奇(Bobby Lowich),退休后不再开车,以便"他能够将时间花在他最喜欢干的事情上,即开着一辆出租车"。他喜欢漫无目的地开着车在城里转悠,随意结识朋友,并享受对他的切克尔的普遍赞美。他认为他自己是出租车行业的一个历史学家,致力于研究莫里斯·马尔金(Morris Markin),该人是切克尔出租车公司的创始人和纽约市最大的出租车车行之一的前所有者。另一位司机则娴熟于在出租车里玩数字游戏,可以算出他的乘客们的生日或其他重要的日子是一周里的星期几。[47]

其他作家看重出租车驾驶中的幽默。吉姆·皮奇(Jim Pietsch)在1980年代晚期出版了两卷本的《出租车司机笑话集》。皮奇1984年开始开出租车,当时试图作为一个音乐家在纽约生存下来。作为幽默的爱好者,他开始询问乘客和其他司机最近是否听到过任何有趣的笑话。尽管大多数没有什么幽默素材,但皮奇还是逐渐为第一卷收集到了足够的笑话,其中许多是他自己创作的。这一努力导致他成为了一个漫画家和一个关于出租车司机笑话的一小时电视特别节目的合作作者。皮奇在某个晚上和一位乘客交换笑话时交了好运,这位乘客原来是一家重要的商业出版社的编辑。

皮奇的笑话几无例外地与他的音乐家生涯联系起来。一个例子是:"你如何称呼一个没有女友的上门推销员?"回答:"无家可归的人"。其他的笑话里有音乐和性。"在一段男低音独唱和早泄之间有共同之处吗?"回答:"两者你都能感觉它们来了,但你对此无能为力。"不过,大多数只是简单的与性及司机们对两性战争的想法有关。有一个笑话,一个人问他的妻子她的生日想要点什么。她回答说:"离婚。"这人回答说,"唧!我没打算花那么多钱。"还有一些拿种族关系开玩笑。一个家伙赶上一个犹太人并问道,"为什么你们犹太人总是用另一个问题来回答问题?"犹太人回答道:"我们为什么不?"皮奇听到的大多数笑话都是黄色的,因此在 2005 年他出版了第三卷《纽约市出租车司机下流笑话集》。皮奇解释道,"不能不承认,最好笑的笑话,通常都是下流的。"1950 年代的传记作家和憎恶女性者、出租车司机詹姆斯·马雷斯卡肯定会同意这个看法。[48]

里莎·米肯伯格 1996 年出的书《出租车司机的智慧》集合了幽默和哲学。米肯伯格信誓旦旦地宣称这本书里的所有谚语都来自于纽约市的出租车司机,有一些是对生活意义的感悟,诸如:"你必须挂念一些事情,否则,你会空虚。"以及"我们都生而贫穷"。对于过失,一个司机说到:"民主只是因为每个人都希望分担过失",然而,最终:"你没有人可以责备,但是你自己和每个人都仍会使你受到责备。"[49]

纽约人想方设法铭记他们的出租车司机。一件艺术品带来了意料不到的问题。1996 年 4 月,纽约市在第四十八大街和公园大道的转角处放置了一座雕像——一个人正在打出租。这件作品被命名为"出租车",由 J. 苏厄德·约翰逊(J. Seward Johnson)雕刻。几个星期里,纽约市不得不从大街上撤走这一雕像,因为出租车司机们为了抢客接连出现事故。[50]

出租车司机在电影中的形象反映了他们被边缘化和被疏离的生存状态。有传统的出租车司机的成功故事,例如西尔韦斯特·斯塔隆(Sylvester Stallone)的拿手作品《莱茵石》(*Rhinestone*,1984 年)和由说唱乐明星奎因·拉季法(Queen Latifah)主演一位女出租车司机的喜剧《出租车》(2004 年)。最持久的传统出租车司机的形象出现在卡通剧《谁陷害了兔子罗杰?》(*Who Framed Roger Rabbit?*, 1988 年)中。吉姆·雅尔姆斯(Jim Jarmusch)受人欢迎的《大地之夜》(*Night on Earth*, 1991),内容是 5 个出租车司机环游世界的传奇。在纽约部分,一位东欧移民开出租车是如此的不称职,以至于被他的乘客、由贾恩卡洛·埃斯波希托(Giancarlo Esposito)出色扮演,接管了方向盘。这个乘客很感激司机愿意载他去布鲁克林区,这个情节的设置反映了一个老问题——纽约出租车司机拒载黑人乘客,尤其是那些想去周边地区的。1994年的喜剧《我的生活在转折中》(My Life's in Turnaround)讲述了一个年轻的出租车司机试图接近美丽而难以高攀的女乘客来改善其生活的编年史。甚至在好莱坞电影里,出租车司机也成为配角。布鲁斯·威利斯(Bruce Willis)扮演的出租车司机的角色在科幻片《第五元素》(Fifth Element,1997年)里类似一个无家可归的流浪汉。梅尔·吉布逊(Mel Gibson)在《阴谋理论》(Conspiracy Theory,1997年)里扮演的出租车司机被反社会的巨大阴谋看法所折磨,他最终是正确的,一个所谓阴谋不能把公众们对出租车司机的看法改变,即出租车司机是自学成才的、迷惑人的反社会的变态分子。有关出租车行业的电视剧在提高出租车司机的名誉上没多大作用。一个午夜受欢迎的剧集是HBO(美国家庭影院频道)的《出租车的自白》,乘客们在出租车后座讲些越轨的异常的性故事。在电视开播之后,这一想法传播到互联网上,在网上它仍是一个色情网址。[51]

纪录片试图反映移民出租车司机们令人同情的一面,但这个用心良苦的举措却更加反映了他们的边缘性。由维韦卡·巴尔德(Vivek Renjou Bald)摄制的《出租车瓦拉》(Taxi Vala,1994年),直截了当地揭示了纽约市旁遮普出租车司机的命运。迈克尔·莫尔(Michael Moore)的系列纪录片《1994—1995年全国电视概览》审视了纽约市出租车司机的种族状况。莫尔拍下了著名的非洲裔美国人演员亚夫特·科托(Yaphet Koto)站在一个街角,一个被判罪的重刑犯和被控谋杀的白人路易斯·布鲁诺(Louis Bruno)站在他身边。出租车掠过科托,载上了布鲁诺。当被问及时,司机们一致认定他们没有看见科托,并且,当看见"通缉"这个白人的海报时,他们非常震惊。在公共广播公司(Public Broadcasting Service)的纪录片《出租车之梦》(Taxi Dreams,2001年)

中,可以发现对出租车司机更富于同情的观点。这部影片跟踪了除一个以外都是出租车司机的 6 位司机的夜班生活,他们试图了解这个城市并竭力挣得维持生存的工资。司机们中有让乘客自己把出租车开到目的地的没技能的新手,也有在安全带下开了 20 年出租车的老手。他已经存下足够的钱买了一座房子和一辆车,还给他在弗吉尼亚家乡的女孩付学费。另一个在母国加纳是一位教师的司机如今在纽约市开了 15 年车。他存下足够的钱将他的妻子和孩子带到纽约,在十多年的时间里他只见过他们三次。对导演詹弗兰科·诺雷利(Gianfranco Norelli)而言,这部影片关注的是通过开出租车融入主流社会的艰难之路。[52]

在 1990 年代,他们的工会因为租车法而被削弱,出租车司机们寻求组织起来的新方法。工作跨越了种族障碍,1993 年出租车司机和左翼积极分子试图改善大多数租车司机和车行司机的境遇。出租车工人联盟(Taxi Workers Alliance)的比尤·马修注意到"从其他地区来的司机们——海地人,西非人,伊朗人——在出租车行业改革运动中自告奋勇地承担了领导职位"。马修解释说,直面种族关系体现出部分工会领导人的一个清晰认识,文化问题可能会彰显。事实上,文化的多样性可以使工会受益于许多司机在其母国的抵抗运动中磨练出的组织技巧,例如海地人反抗杜瓦利埃(Duvalier)的斗争。然而就像他们一开始就知道的,承租司机联盟(the Lease Drivers' Coalition)不得不应对组织出租车司机的老问题。在 1990 年代,高流动性、缺乏稳定的工作地点、跨越民族、种族和国家界限组织工会的方法不多,这些与出租车司机工会在较早时期遇到的困难如出一辙。

但是,最终由于马修的辛勤努力和巴伊拉维·德赛(Bhairavi Desai)的非凡领导,在经过了几年之后,更名为"出租车工人联盟"的这一运动在 1998 年领导司机们进行了 3 次成功的罢工。作为一个在几乎全是男性的出租车司机中少见的女性活动家,德赛意识到一个妇女能够通过成为移民司机们生活和斗争的"女性倾听"(female ear)角色而获得接纳。她的大学毕业生的身份提供了某种程度上的合理性,正如这也意味着一种阶级差异。司机们也很自豪于能够保护这样一位女性领袖。德赛从20世纪五六十年代出租车司机斗争中的一位老司机利奥·拉扎勒斯(Leo Lazarus)那里学到了富有献身精神的激进主义。联盟的领导人努力工作将司机们组织起来,他们中的许多人通过民用波段的无线电用多种语言进行联系。在5月13日、5月21日和7月1日,超过2.4万名司机涌上纽约市街头抗议行业的工作条件。他们不满的是市长鲁道夫·朱利亚尼(Rudolph Giuliani)发布的严酷条例。这些条例包括对司机的粗鲁行为、抽烟和超速处以高达1000美元的巨额罚款。一旦被开了罚单,出租车司机就等于是罪人,直到被证明是清白的,这是一项艰难的挑战。公众被排斥在听证会外,在这些听证会上,最后被判定有罪的案例非常多,几乎鲜有例外。司机们也对糟糕的工作条件和很难跟上租车费和汽油费上涨的工资非常忧虑。朱利亚尼被证明是司机们的死敌,他甚至允许非法营运的黑车侵占出租车行业的地盘。后来,400名司机游行经过皇后区大桥,朱利亚尼命令警察将他们阻挡在曼哈顿之外。[53]

市政府对罢工的反应体现了出租车司机在20世纪晚期的局外人性质。就像乔舒亚·弗里曼所说的,罢工不被认为是一种劳资纠纷,而被视为法律和秩序的力量与第三世界的无政府主义之间的斗争。有一种意见在后来变得更具压力,警长将上街游行反抗不堪重负的规章的出租车司机认定为"恐怖分子"。朱利亚尼市长对罢工发表了一份自相矛盾的声明。在一天的罢工之后,朱利亚尼愉快地宣称,"没有出租车的一天提高了生活质量"。他的新闻秘书附和了这一说法,说到,"总的看来,这是纽约市非常舒适的一天。"罢工后两天,朱利亚尼发布了一项有效期为60天的紧急行政命令,允许黑车在大街上和机场载客,因为"有执照出租车的所有者和(或)司机对纽约市规章和法令的公然违抗……导致了对城市所必需的服务供应的紧急威胁"。他指出机场的情况是最为严重的。朱利亚尼试图用黑车司机替代罢工司机的做法最终被法庭推翻,但是对于朱利亚尼的勃然大怒,深感不便的纽约人以及允许警察镇压所激发的抗议而言已是太迟了。德赛明智地劝告司机们不要进行任何示威活动而是呆在家里,以避免任何"公开违反法律"的指责。虽然致力于组织行动的司机们听从了德赛,其他的司机则"用脚投票"。由于纽约市司机们的负担加剧,雇员更替率在不到5年的时间里激增了50%以上。过去对纽约市出租车委员会的高压政策表示支持的车行老板们现在也抱怨不已,因为琐碎且花费昂贵的传唤负担,好司机们都离开了这一行当。[54]

在20世纪晚期,种族态度损害了出租车司机的声誉。非洲裔美国人尤其对出租车司机的拒载而深感愤怒。纽约市出租车委员会在1980年代晚期的一项研究记录了白人司机如何一贯拒绝给黑人提供服务。市长爱德华·科克威胁自有车司机如果种族态度持续下去就要对他们罚款。许多黑人知名人士证明这一问题并没有结束。哲学家和普林斯顿大学教授康奈尔·韦斯特(Cornel West)在街角等了一个小时,一辆辆出租车呼啸而过,他被气得火冒三丈。韦斯特指出这种耻辱证明了W.E.B.杜波伊斯的名言:种族界限是20世纪的一个主要问题,今天仍然如此。其他著名的非洲裔美国人也开始指责这一问题。哥伦比亚大学的历史学教授曼宁·马拉布尔(Manning Marable)讲述他差点因高烧而死掉,当时他试图打车去医院,却只能眼看着一辆接一辆的出租车对他视而不见地绝尘而去。纽约市前市长戴维·丁金斯(David Dinkins)告诉记者他被出租车司机拒载过。纽约市人权委员会的前主席威廉斯·布思(Williams H. Booth)引证了丁金斯的例子,要求这种伤害需得到赔偿。百老汇的制作人杰弗里·霍尔德(Geoffrey Holder)认为出租车司机不肯为他停车是因为觉得他想要去哈莱姆。记者吉尔·纳尔逊(Jill Nelson)声称"对大多数纽约黑人来说,招呼出租车实质性的伤害不大,但却是一种羞辱的经历足以激起想杀人的怒火"。一个黑人教授告诉她,"在我的一生中,出租车司机的种族歧视大概是我能感受到的唯一的、公开的种族歧视,它使我很想拿出一把枪把轮胎射穿。"纳尔逊对忽略她的司机的报复是经常将他们的执照号报告给出租车委员会,然后出席他们的听证会。她要求对违法行为施加更高的罚款,敦促其他的纽约黑人进行诉讼,在她的文章里提供了向该委员会申诉的全部方法。在文章结束时,她提醒到,在第四十二街和第八大道的很多司机是在自找麻烦:"执照号码 4D84 和 4H71 的司机注意了,我来了!"[55]

在整个 1990 年代晚期,出租车司机对非洲裔美国人乘客的种族歧视问题达到了顶峰。纽约黑人中的普通人和名流都对这一问题抱怨良久,著名影星丹尼·格洛弗(Danny Glover),在 1999 年 11 月上旬的一个夜晚,当出租车从他和他女儿的身边呼啸而过时感到十分恼火。最终,一个司机停了下来,但却拒绝臀部很肥胖的格洛弗坐在较为宽敞的前座。愤怒的格洛弗决定向纽约市出租车委员会提出抗议反对这种态度。格洛弗的名声保证他的控诉得到了足够的重视。

格洛弗的案子并不特殊。正如委员会的调查委员向吉尔·纳尔逊解释的,人员不足意味着不能充分地进行调查。最初提出申诉的乘客最终却并没有出席听证会,这样的例子大约有 1/3。当格洛弗遭受种族歧视的故事传播开来,这一问题迅速政治化了。几天内,州参议员戴维·佩特森(David Paterson)和雷韦朗·阿尔·沙普顿(Reverend Al Sharpton)宣布说他们提出了一项共同起诉反对委员会纵容歧视。一群黑人警察和 100 位在执法机关工作的黑人,掀起了一场敦促本部门更多重视这一问题的运动。普通的纽约黑人告诉记者他们因出租车司机的这种歧视而深受伤害。很快,市长鲁道夫·朱利亚尼宣布了一项名为"拒绝行动"(Operation Refusal)严打措施,利用稽查和秘密警察来诱捕对乘客有歧视行为的司机。违法的司机被罚款并面临没收执照和出租车的威胁。格洛弗的律师批评朱利亚尼采用的是"权宜之计",认为出租车司机需要接受更具针对性的训练以纠正"根植于其母国社会分化"经验上的对非洲裔美国人的歪曲观点。其他纽约人明白朱利亚尼最喜欢刁难贫穷的工人,嘲讽他的计划是为明年美国参议院的竞选活动造势。[56]

格洛弗的痛苦经历也是一种社会倾向的一部分。1980年代晚期的萧条之后繁荣的1990年代里,拒载现象日增,民众的态度也有了转变。向纽约市出租车委员会提出拒载申诉的乘客相信在拒载的理由中经济上的考虑多于种族歧视。司机们也告诉乘客说他们不愿意送客到偏远地区再空车返回,或不想在高峰期被堵在桥梁上或隧道里。有些司机认为去下城比去上城要有利可图。研究表明非白人原告相信,金钱而不是种族是拒载的基础。这意味着在经济困难的时期,司机们愿意去任何地方,但是在繁荣时期,司机们对乘客和目的地是挑剔的。这一观点的另一个例子是空车英里里程。在1990年代,空车里程下降了15%,在21世纪前几年的衰退中,空车里程上升了,乘客抱怨的数量却下降了。[57]

司机们对朱利亚尼的严打措施颇有微词。一个海地裔美国人司机们评论说,"作为一个出租车司机必须确定两件事;其一,你是安全的,其二,你能获得报酬。"这个司机承认他会选择潜在的乘客,不会搭载那些"看起来有危险性的乘客",并且,不幸地感到,"这一问题在我的乘客中是常见的,尤其黑人。"自有车主互助联盟的主席戴夫·波洛克(Dave Pollock)强烈批评朱利亚尼单挑司机的种族问题大做文章。他和其他出租车组织的领导人感到最近几年朱利亚尼对司机太苛刻了,认为纽约市强硬地执行所有关于司机行为的规章法令导致司机的违纪听证会数量翻了一番,达到一年超过8万次,也就是说对于在职司机一年约有2次。行业报纸《出租车讲坛》(*Taxi Talk*)的发行人说到,"你正在被这个城市一点点地盘剥到死!"[58]

这些分歧在纽约市激起了关于种族和肤色的一场论战。格洛弗和他的律师认为,移民司机们深受根源于母国偏见的影响。主要由印度和巴基斯坦租车司机组成,现在超过2000人的出租车司机联盟(Taxi Worker Alliance)的人事主管巴伊拉维·德赛也认为"种族主义者的形象遍布全世界。美国电影、电视和流行音乐的全球影响意味着移民们到达美国时就带有很深的、错误的种族态度"。纽约大学的社会学者阿尔温德·拉贾戈帕(Arvind Rajagopal)也表示同意,认为南亚人试图通过将自己与美国黑人区别开来和坚持白人的价值观来维护其社会地位。纽约大学亚太项目的负责人杰克·切恩(Jack Tchen)认为印度人经常接受一种"模范少数族裔"的老调,其"被右翼保守分子有效的用来反对拉美裔和非洲裔美国人"。德赛呼吁理解司机们每日面对的巨大经济压力并赞成在种族问题上的针对性训练。其他评论家主张司机们需要在大街上有更好的安全保障、犯罪监测设备和有保证的工资。[59]

前市长爱德华·科克在一篇思想深刻的社论里谈到他在1970年代早期就搭载黑人问题与一位犹太人司机的争论过程。那时,科克是一位年轻的国会议员,对司机说:"从你的名字上(在执照上)我知道你是一个犹太人。在我们遭受了一切歧视之后,你怎么能说你不愿意搭载他们呢?"司机猛地将车停下,转向科克,说到:"以我的屁股起誓,你是想做个好人?"在关于丹尼·格洛弗与司机纠纷的争论过程中,科克在去拉瓜迪亚机场的路上与一位加纳司机谈起此事。司机说他经常拒绝其他黑人,因为他本能地认为,他们肯定是让他开车到哈莱姆,然后赖账。科克反驳道:"无论如何,如果你不能恪守法律,那就别干这一行。是的,生活就是不公平的。"[60]

由格洛弗事件引发的争论持续了好几个星期,并且,在情绪化的听证会上,司机们和乘客们相互指责。一个自1972年就开出租车的司机,讲述了当他到达美国时他的偶像是足球运动员佩莱(Pelé)和拳击手穆罕默德·阿里(Muhammad Ali)。他说,可是现在,其他的司机告诉他不要搭载黑人乘客。弗拉基米尔·洛巴斯以一种同样的心态,回忆了一个老出租车司机给予他关于搭载黑人乘客的严厉建议:"记住:你的出租车里永远不应该有黑人,否则你将遭遇不测。"当洛巴斯反驳说他最近的黑人乘客是一位残疾人时,另一个司机回应道:"那不关你的事。一个跛子乘坐一辆吉普赛出租车去哈莱姆,照样是舒舒服服的。"[61]

警察的打击措施最初似乎取得了一些积极成果。随后两年内,警察部门继续打击非法拒载非洲裔美国人的出租车司机。然而,他们的工作方式经常是专横的,并且他们自己也充满偏见。警察常常现场中止司机们的执照,而不是将执照期限延至传唤出庭,即允许他们继续工作直到在听证会上确定有罪。低级法院的裁决结束了这种简单的审判,但是在2004年初,纽约州的一个上诉法庭准许这种快速吊销。虽然如此,纽约市出租车委员会声称,他们严厉的政策导致申诉的数量和执照吊销的数量都急剧下降至几乎为零,这意味着最坏的违法者已经被清除出这一行业。[62]

这些事例有时确实体现了种族歧视,但是,在另外一些场合或许另有隐情。开着毛病无数的出租车司机们被朱利亚尼的生活质量运动搞得很焦虑,他们面临着很不情愿的选择,要么是冒着过高的被传唤的风险,要么是掉头回厂进行小修小补和清洁。有时,密探们控告那些利用下班回场的标志来回避不想搭载乘客的司机有种族歧视行为。出租车司机们相信法庭的审判已经先入为主地认定司机违法有罪,或者利用在过去几十年内的案底记录来定罪。尽管有来自高等法院的警告和出租车司机联盟的起诉,纽约市出租车委员会仍继续采用传唤和形式上的听证会来折磨司机。开始是作为社会态度的一种改革却堕落到对贫困司机的压迫。[63]

如果有区别的话,格洛弗事件也从反面显示了纽约市非白人司机日益恶化的处境。在出租车司机联盟富有勇气的组织努力之外缺乏任何的政治力量、被市长憎恶、忍受日益增长的种族嘲辱和袭击,印度和巴基斯坦的司机们发现自己更多的等同于非洲裔美国人,而不是他们更富裕的居住在郊区的同胞或一般白人。虽然在纽约阶级是一个非常重要的社会指征,种族也一直是一个因素。南希·福纳(Nancy Foner)认为波多黎各人、海地人和其他加勒比地区移民来到城市时,通常对于种族紧张没太多经验,而且看起来都具备良好教育和一些储蓄。然而,因为他们的种族,他们在纽约市除了开出租车之外没有什么机会。[64]

出租车司机的拒载行为引发了确定种族歧视在多大程度上成为一个影响因子的学术研究。一项研究以战火纷飞的爱尔兰贝尔法斯特市出租车司机的做法与纽约市最穷困地区的黑车司机们进行比较。这一研究的主题意味着纽约市最动乱的社区环境与交战地区的社区相似。尽管纽约的司机们说他们相信好运和上帝会保护他们,但很多人还是通过外表和服饰来筛选乘客,并且很多人除了肤色外,还拒载年轻人。当肤色混合着其他因素时,即使在纽约黑人区工作的黑车司机也歧视非洲裔美国人。经济学家格伦·劳里(Glenn Lourie)认为人口分布的几率注定出租车司机和黑人青年将轮流背负恶名。劳里认为可敬的、遵守法律的黑人男性在深夜准备回家时担心遭到拒载,不会去坐出租车而是选择搭朋友车、黑车或者公共交通。结果是在深夜招呼出租车的黑人男性只不过是意图抢劫司机的暴徒的可能性增加了。出租车司机因而变得更不愿意冒险相信招呼他们的人。在这个恶名的循环中,当出租车司机责难黑人男性的时候,年轻的黑人们把出租车司机看作种族主义者。这种社会角色定型甚至也发生在种族内部。一个为《纽约时报》写专栏报道的黑人记者回忆了在1970年代开出租车时对非洲裔美国人的歧视,指出一个错误决定可能就是以他的生命为代价。担心暴力抢劫的司机们采取了保护措施,交上一些买路钱而不是两手空空,这也许可以解释一次拒载与一个行凶抢劫的路贼的联系。[65]

2001年9月11日对世贸中心的恐怖袭击对出租车司机有不利影响。在全部纽约人都经历的巨大社会创伤之外,尤其是那些在袭击中失去亲人的人,大多数出租车司机因事实上立即失去了在曼哈顿中心商业区的全部生意和机场关闭而陷入困境。即使城市中的大部分地区在惨案发生后的数星期内重新开放,中心区的大部分仍持续关闭了数月。整体上纽约市的经济出现了动荡,但是纽约的下层贫困人受到的打击最严重。出租车司机面临着夜班生意的下降,因为游客不再去如中国城、特里贝卡(Tribeca)和苏荷这样的社区。出租车司机没有得到很多纽约人从联邦紧急事务局(FEMA)那里获得的经济援助。尽管恐怖袭击直接导致的业务量下降达到了20%,并且有司机的出租车被倒塌的大楼压垮的事例,出租车司机不被任何联邦援助考虑,甚至不允许填写申请。出租车司机联盟在2003年3月召集了一次集会。有3000到4000名司机聚集在亨特学院的一座礼堂里。这次集会促使了联邦紧急事务局的官员们采取行动。几个星期内,作为出租车司机联盟的一项重要胜利,联邦紧急事务局重启了申请程序,甚至在机场临时办公来帮助司机们申请补助。最终,超过2000名司机得到了他们的那一份补助。

联邦紧急事务局的救助并不能解决司机们的所有问题。以比尤·马修的话来说,业务流失和上交给经纪人的定额费用意味着司机们一周仅挣500美元,而经纪人和车行老板每周从每辆出租车上收取1000美元。司机们讲述被赶出公寓的经历,并且害怕美国移民和归化局以伪造身份的理由拘留并驱逐穆斯林。作为纽约人中最贫困、最缺乏保护的阶级中的成员,穆斯林租车司机感到了9·11事件所导致的本土主义情绪的冲击。[66]

尽管如此,他们成功获得联邦援助鼓舞了出租车司机联盟继续进行组织努力,这一回是利用数据详细说明每一个司机从租车中的所得是多么的少以推动车费涨价。司机们威胁要举行罢工。据马修所说,纽约人基本上同意车费涨价是合理的,只要上涨的车费全归司机所得。在一辆租赁的出租车的利润问题上,也就是无论经纪人、车行或者执照所有者应该从每日的租车中收取多少费用的问题上,纽约市出租车委员会和联盟的谈判中断了。稍后,激烈的讨价还价产生了一个值得出租车司机庆祝的结果。2004年初,纽约市出租车委员会投票决定车费平均上涨26%,这是8年来的第一次涨价。租车的涨价控制在8%,新的车费标准取消了夜班的附加费,这是一个损失,巴伊拉维·德赛认为这将会减少愿意加班的司机的数量。租车能够增加多少钱也还不清楚,尽管该委员会已经宣布了一个每周增加50美元的建议。[67]

联盟在与纽约市出租车委员会的谈判中取得的胜利有着比经济利益更多的意义。在一个企业和市政府都准备限制半熟练工人的工资和福利的时期,联盟创建了出租车行业中自1960年代以来未曾见过的文化和政治上的联合。从历史上看,车费上涨并非寻常而且富有政治意义。联盟不能,或者至少没有尝试去废除1979年的租车法,该法现在使得司机们仅能勉强维持生存。不像1960年代时纽约人对出租车司机表示了极大的同情,现在漠不关心是主流。联盟的会员成分表明出租车职业从土生美国人向与纽约市联系的有限的移民和侨民的全面转变。正如市长朱利亚尼的讲话所表明的,纽约市较老的、现在已经在文化适应的、政治上有力的移民群体将出租车司机视为局外人。出租车司机这一职业看来不是通向成功阶梯上的一级,而更多的是一种维持基本生存的手段和一种帮助远方亲属的手段。

后　记

2006年初，我和妻子匆匆搭上一辆出租车，简要地告诉司机我们要到哪里。就在汽车穿梭般疾驶的时候，我注意到，司机正在对着手机麦克轻声地用乌尔都语讲着什么。我瞟了一眼他的驾照，上面标明他是南亚人。我明白了，司机正在利用长话优惠与远方的家人保持联系，于是我就问他是否在和国外的人谈话，司机很有礼貌地回答说是的，他在与他的妻子争吵。他妻子在哪儿呢？她和家人住在巴基斯坦拉合尔市外的一个小村庄里！出租车司机居然能够跨洋与家人交谈，但却对车后座的人不予理睬，这与以前经常与乘客夸夸其谈的司机形成鲜明对比，我真是惊讶不已。当然，尽管纽约人有时表示担心，出租车司机这样做等于把乘客的安危当儿戏，但我并不觉得这对乘客有何冒犯。[1]

比尤·马修在其对出租车司机的颇有见地的研究中，认为"家庭"对数以千计的构成纽约市出租车主力的南亚人来说已成为一个抽象的概念。根据马修的研究，南亚的司机们很少回家探亲，一来是因为工作不便脱身，二来是因为国际安全和签证等问题。结果，家庭成为一个遥远的记忆，只是通过手机谈话，通过定期寄钱给家人才有一点概念。这是在持续着美国历史上移民不断重复的模式，南亚的出租车司机为了养家糊口，承载着全家的希望，而在纽约，却住在老旧公寓，忍受孤独，吃快餐聊以果腹。同时家人在等着他们的从万里之外寄钱回来。[2]

在纽约开出租，很长时间以来就是一份孤独的工作。如我们在本书中所见到的，出租车司机往往是一个遥远的父亲和丈夫，几十年来一直拼命工作以实现家人的梦想。过去，出租车司机常用与乘客搭讪、插科打诨的方式来排遣孤独苦闷,现在,在2001年"9·11"恐怖袭击和伊拉克战争军事悲剧的阴影笼罩下,种族隔阂日益加深,出租车司机与乘客间的交流已大不如前。特拉维斯·比克(Travis Bickle)在其电影《出租车司机》中,提出了人们熟悉的问题:"你在和我讲话吗?"现在看来已不再适用于今天的场景,消除哥与乘客之间隔阂的建议已得不到人们积极的回应。出租车司机可能用一种与他们服务的对象、讲英文的乘客不熟悉的语言与朋友或家人谈话。当出租车司机像其他服务业工人一样,不必成为美国人时,他们只是漂泊在世,满足那些与他们无大关联、并且也对他们的疾苦不感兴趣的富人们的需要。[3]

出租车司机们在文化以外的很多方面都发生着变化。2004年纽约市出租车委员会的报告公布的资料,通过车辆出租的具体数据显示出出租车行业在多大程度上影响了其劳工的状况:自有车司机占所有司机的29%,是有史以来的最低比例,从1982年的37%直落下来;44%出租车是以长期方式租给司机,主要是通过大型租借代理人或大型车行,这个比例与10年前的19%相比是一个跳跃式的增幅;另有27%出租车是按天或白班、夜班租用的,这个比例与1992年的40%相比有很大下降。准驾证章的价格,个体出租增到24.7万,车行出租增到28.3万,2004年4月的一次3000个新的准驾证章拍卖会,把其价格再次提高到个体出租车29.2万,车行出租车34.4万。尽管2000年出租车车费大幅上调,平均每次载客、包括小费和其他开销,增加10美元,但乘出租的人依然很多。虽然新司机多半仅在经济不景气的时候数量才会增长,但在过去10年里,出租车司机数量稳步增长了2万左右。全职司机占司机总数的比例达40%左右,另有约30%是不固定开出租。[4]

虽然皇冠维多利亚依然是标准车型,但也有新车型如运动型多用途车(SUV)和微型面包车成为出租车,还有其他新的、改良型的出租车在计划之中。[5]70年来出租车司机头一次不再过度看重准驾证章了。对其颇有微词的司机们谴责准驾证章是导致麻烦的根源。在出租体系内,占有准驾证章之类的出租车许可意味着其拥有者大可不必亲自开车,而是可以与中间商一道,获得稳定的收入,甚至本人都可以不在本市居住。毫不奇怪,一个对此愤愤不平的司机告诉马修:"准驾证章是我们问题的根源"。新一代出租车司机比过去更加疏远乘客了。

出租车工人联盟是40年来出租车司机最重要的劳工组织。如果说在维护出租车司机利益方面还有欠缺的话,那么,它在出租车司机的收入方面取得了实质的成绩。与所有出租车司机工会一样,它需要保持话语权。巴伊拉维·德赛是一位令人鼓舞的、有奉献精神的、正直的领导人,但在实现一个真正的工会组织方面还需要大量的帮助。联盟是一个希望,因为它超越国家、种族和性别的界限。它能很快地适应新的挑战,诸如反对全球定位系统,该系统只是跟踪出租车司机的位置,而不是为他们提供地理信息。[6]

随着南亚、海地、非洲、俄罗斯和其他国家移民加入出租车司机的队伍,他们以我们难以预测的方式在改变着这座城市。纽约市作为大熔炉的形象随着阶级和收入差距的扩大已不准确,然而,出租车司机的人性因素依然存在。新人、新的美国人、新的纽约人将带着他们各自经历汇入进来,出租车司机的语言远不止是依第语,乌尔都语(Urdu)更多。某一天可能更多的纽约人能听懂这些语言。在出租车内乘客与司机之间可能谈话交流更少了,但出租车司机总能找到某种方式阐述他们的故事,可能是在互联网上,也可能是用书籍或歌声。

附录(数据表)

表1:出租车与出租车行业的发展状况:1907—2004年

年份	各类出租车总数	一般出租车	社区租用车	公司专用黑牌车	大型出租车	吉普赛出租车
1907	65	65				
1912	2,800	2,800				
1923	15,000	15,000				
1931	21,000	21,000				
1933	15,500	15,500				
1934	14,000	14,000				
1937	13,595	13,595				
二战期间	7,500	7,500				
1947	11,414	11,414				
1964	14,300	11,787	2,500			
1966	15,800	11,787	4,000			
1971	21,100	11,787	9,300			4,400
1973	25,500	11,787	13,700			
1983	34,200	11,787	21,300	1,080		14,000
1996年5月		11,920				
1996年10月		12,053				
1997年9月		12,187				
2000	54,000	12,187	30,800	11,000	3,100	

| 2002 | 50,900 | 12,187 | 27,400 | 11,300 | 4,500 | |
| 2004 | 47,900 | 12,487 | 25,500 | 9,900 | 3,600 | |

资料来源:戈尔曼·吉尔伯特(Gorman Gilbert)和罗伯特·塞缪尔斯(Robert E. Samuels)合著:《出租车:城市交通的幸存者》(*The Taxicab: An Urban Transportation Survivor*)(查珀尔希尔:北卡罗来纳大学出版社,1982年版);爱德华·罗格夫(Edward G. Rogoff):"以纽约出租车系统为例测试的经济管理理论"(哥伦比亚大学博士学位论文,1980年);《纽约时报》,1949年3月20日;布鲁斯·沙勒(Bruce Schaller):《纽约市出租车实录》(*The New York City Taxicab Fact Book*),第三版(纽约:沙勒咨询室,2004年)

说明:

1. 社区租用车指的是在市内邻里供租用的汽车,主要实行现金交易。公司专用黑牌车指的是主要把账目记到公司账上的行政部门的小轿车。大型出租车的收费是按小时和坐满9名乘客为基础的。"吉普赛出租车"指的是没有获得出租或沿街揽客的营业执照的机动车。

2. 社区租用车和"吉普赛出租车"的数据是1964—1983年的估计值。

3. 1992年和2000—2004年关于社区租用车,公司专用黑牌车和大型出租车的数据反映的是有许可证的汽车。一年两次核发执照的制度使2000—2004年可租用的汽车数量比之前几年有某种程度的虚增,因为有许多许可证已不再使用,但是还没有正式失效。

4. 各类出租车包括有准驾证章的出租车,社区租用车和公司专用黑牌车,但不包括"吉普赛出租车"或者大型出租车。

表2：准驾证章的价格和转让数量：1947—2003年

年份	平均价格（美元）		转让数量（辆）	
	自有车	公司或车行	自有车	公司或车行
1947	2,500	2,500		
1950	5,000	5,000		
1952	7,500	7,500		
1959	19,500	20,000		
1960	20,825	19,450		
1962	22,000	23,400		
1964	26,000	34,145	290	
1965	26,000	30,000	610	
1966	25,000	19,000	390	
1968	27,000	16,000	490	
1969	24,500	不详	650	
1970	28,000	14,000	670	
1971	25,000	10,000	430	
1972	26,000	12,000	580	
1973	30,000	17,000	600	
1974	30,000	17,000	590	
1975	35,000	22,000	570	
1976	42,000	24,000	800	
1977	55,000	33,000	680	
1978	63,000	52,000	810	
1979	67,000	53,000	830	
1980	60,000	50,000	700	
1981	60,000	50,000	不详	
1982	57,500	49,300	697	637
1983	68,600	57,900	723	648

1984	75,900	66,200	795	796
1985	84,900	79,000	641	703
1986	101,600	92,900	660	778
1987	108,700	94,600	527	567
1988	129,700	121,500	532	646
1989	139,100	141,400	418	408
1990	128,400	135,700	374	272
1991	126,067	130,360	357	443
1992	128,577	143,199	281	407
1993	137,196	170,200	256	248
1994	155,633	214,221	232	164
1995	169,750	219,958	194	187
1996	176,333	207,292	264	267
1997	199,875	236,500	205	203
1998	229,000	277,318	155	215
1999	212,917	269,500	178	111
2000	217,125	253,864	208	119
2001	188,958	290,458	210	158
2002	200,333	232,250	262	267
2003	224,958	260,917	266	345

资料来源:布鲁斯·沙勒:《纽约市出租车司机实录》,第三版(纽约:沙勒咨询室,2004年)。

表 3：1952 年以来的出租车乘车费用

	起步价	每英里加收	等待收费	每英里加收	每分钟收费	平均车费
1952 以前	最初 1/4 英里 0.20 美元	每 1/4 英里 0.05 美元	每 2 分钟 0.05 美元	0.20 美元	0.03 美元	0.83 美元
1952 年 7 月	最初 1/5 英里 0.25 美元	每 1/5 英里 0.05 美元	每 90 秒 0.05 美元	0.25 美元	0.03 美元	1.06 美元
1964 年 12 月	最初 1/5 英里 0.35 美元	每 1/5 英里 0.05 美元	每 90 秒 0.05 美元	0.25 美元	0.03 美元	1.16 美元
1968 年 1 月	最初 1/6 英里 0.45 美元	每 1/3 英里 0.10 美元	每 2 分钟 0.10 美元	0.30 美元	0.05 美元	1.48 美元
1971 年 3 月	最初 1/5 英里 0.60 美元	每 1/5 英里 0.10 美元	每 72 秒 0.10 美元	0.50 美元	0.08 美元	2.30 美元
1974 年 11 月	最初 1/6 英里 0.65 美元	每 1/6 英里 0.10 美元	每 60 秒 0.10 美元	0.60 美元	0.10 美元	2.71 美元
1977 年 3 月	最初 1/7 英里 0.75 美元	每 1/7 英里 0.10 美元	每 60 秒 0.10 美元	0.70 美元	0.10 美元	3.09 美元
1979 年 7 月	最初 1/7 英里 0.90 美元	每 1/7 英里 0.10 美元	每 60 秒 0.10 美元	0.70 美元	0.10 美元	3.24 美元
1980 年 4 月	最初 1/9 英里 1.00 美元	每 1/9 英里 0.10 美元	每 45 秒 0.10 美元	0.90 美元	0.13 美元	4.06 美元
1984 年 7 月	最初 1/9 英里 1.10 美元	每 1/9 英里 0.10 美元	每 45 秒 0.10 美元	0.90 美元	0.13 美元	4.16 美元
1987 年 5 月	最初 1/8 英里 1.15 美元	每 1/8 英里 0.15 美元	每 60 秒 0.15 美元	1.20 美元	0.15 美元	5.08 美元
1990 年 1 月	每 1/5 英里 1.50 美元	每 1/5 英里 0.25 美元	每 75 秒 0.25 美元	1.25 美元	0.20 美元	5.70 美元
1996 年 3 月	每 1/5 英里 2.00 美元	每 1/5 英里 0.30 美元	每 90 秒 0.30 美元	1.50 美元	0.20 美元	6.85 美元
2004 年 5 月	每 1/5 英里 2.50 美元	每 1/5 英里 0.40 美元	每 120 秒 0.40 美元	2.00 美元	0.20 美元	8.65 美元

资料来源：布鲁斯·沙勒：《纽约市出租车司机实录》，第三版（纽约：沙勒咨询室，2004 年）。

说明：
1. 平均价格的计算是基于 2.8 英里的路程加上 4.77 分钟的等待时间。
2. 附加费和固定收费：
1981 年 5 月，从晚间 8 点至第二天早间 6 点收取夜班附加费；1982 年 1 月，除了 2,300 辆车行出租车之外，一般附加费全部取消；1987 年 5 月，晚间 0.05 美元的附加费扩展到整个出租车行业；2004 年 5 月，从下午 4 点到晚间 8 点的附加费增加了 1 美元；1996 年 1 月，从肯尼迪机场至曼哈顿的固定收费为 30 美元，2001 年增加到 35 美元，2004 年增加到 45 美元；2004 年，到纽瓦克机场的附加费由 10 美元增加到 15 美元。

表4：车行司机的平均收入：1913—1978年

年份	收入
1913	2.50美元/天+小费,每天12小时
1916	2.50美元/天+小费,每天10小时
1917	2.70美元/天+小费,每天10小时
1922	35%佣金
1930s	2.00美元/天+小费(40%)
1933	15.60美元,包括小费/周
1937	白天15.00美元/周,夜间18.00美元/周
1938	40%佣金(3.00美元/天)
1940	42%佣金
1945	70.00—80.00美元/周
1949	42.5%佣金,预订费17.22美元(35.00—40.00美元/周,包括小费)
1952	45%佣金
1960	44%—45%佣金
1966	46%佣金(20.00美元/天)
1967	47%佣金(89.00美元佣金/周,47.00美元小费)
1970	150.00美元/周,包括小费(42%—50%佣金)
1973	43%—50%佣金
1978	43%—50%佣金(213.15美元佣金+小费,每周5天)

资料来源：《纽约时报》,1913年11月6日,1917年1月12、17日,1923年8月23日,1933年2月14日,1938年2月28日,1939年10月29日,1945年6月7日,1952年6月27日,1966年10月2日,1967年11月8日；《纽约世界电讯报》,1937年12月24日,1949年3月29、30日；《纽约美国人杂志》,1961年12月10日；《纽约每日新闻》,1970年11月10日；爱德华·罗格夫:"以纽约出租车系统为例测试的经济管理理论",112页。

表5：有出租营业执照的司机的数量：1918—1979年

年份	数量	年份	数量
1918	8,780	1939	30,438
1919	9,261	1947	33,000
1920	15,000	1949	35,000
1921	15,500	1952	30,000
1922	15,223	1956	30,000
1923	24,000	1959	35,000
1926	24,896	1960	37,000
1927	53,015	1965	44,000
1928	61,432	1966	30,000
1929	65,147	1967	34,000
1930	69,397	1969	36,500
1931	73,626	1973	43,000
1932	75,000	1974	36,000
1934	53,713	1975	36,000
1935	48,916	1979	34,500
1937	47,000		

资料来源：爱德华·罗格夫："以纽约出租车系统为例测试的经济管理理论"，185页。

注　释

序言

[1] 关于纽约市景观的具体概念,见马歇尔·伯曼(Marshall Berman):《纽约时代广场百年景观史》(*On the Town: One Hundred Years of Spectacle in Times Square*),纽约:兰登书屋,2006年。

[2] 《纽约人》2005年5月23日。

[3] 凯特·丹尼尔斯(Kate Daniels):"我爸爸的办公桌"(My Father's Desk),载于《白色浪潮》(*The White Wave*),匹兹堡:匹兹堡大学出版社1984年。

[4] 弗雷德·戴维斯(Fred Davis):"出租车司机及其乘客:车行关系面面观"(The Cabdriver and His Fare: Facets of a Fleeting Relationship),《美国社会学杂志》(*American Journal of Sociology*),1959年第65卷,第158—165页;狄迪梯·米特拉(Diditi Mitra):"轮回的生活:纽约市的印度裔出租车司机"(Rotating Lives: Indian Cabbies in New York City),天普大学博士学位论文,2002年,第66—67页;格里塔·波利斯(Greta Foff Paules):《新泽西州饭店女招待的权力与对抗》(*Power and Resistance among Waitresses in a New Jersey Restaurant*),费城:天普大学出版社1991年。该书关于服务业人员行为的系谱学考察使我受益匪浅。有关培训出租车司机的最好例证,参见迈克尔·桑梯(Michael Santee):《出租车由难变易:开出租如何赢利、舒适、专业化》(*Taxi Driving Made Simple: How to Do It Profitably, Pleasurably, and Professionally*),加州奥克兰:朗德-罗宾出版社1989年。

[5] 戴维斯:"出租车司机及其乘客";克兰西·西格尔(Clancy Sigal):《驾车出行:报告兼回忆录》(*Going Away: A Report, A Memoir*),波士顿:霍顿-米夫林出版社1962年,第473页。

[6] 在此我采用了五种阶级划分模式,该模式见R. S. 尼尔(R. S. Neale):《19世纪的阶级和意识形态》(*Class and Ideology in the Nineteenth Century*),伦敦:罗德里奇-基根·保罗出版社1972年,第30页;有关阶级文化,参见雷蒙德·威廉斯(Raymond Williams):《关键词:文化与社会的词汇》(*Keywords: A Vocabulary of*

Culture and Society),纽约:牛津大学出版社1985年修订版,第68页。

[7] 《出租车时代》(Taxi Times),1964年7月,引自亚伯拉罕·纳什(Abraham Nash):"纽约市出租车司机工会的形成"(The Making of the New York City Taxi Drivers' Union),哥伦比亚大学硕士学位论文,1967年,第6—7页。

[8] 詹姆斯·桑德斯(James Sanders):《赛璐珞天际线:纽约和电影》(Celluloid Skyline: New York and the Movies),纽约:克诺夫出版社2001年;史蒂文·罗斯(Steven Ross):《工人阶级的好莱坞:默片与美国阶级的形成》(Working-Class Hollywood: Silent Film and the Making of Class in America),新泽西州普林斯顿:普林斯顿大学出版社1998年;约翰·鲍德纳(John Bodnar):《蓝领的好莱坞:电影中的自由主义、好莱坞与美国工人阶级》(Blue-Collar Hollywood: Liberalism, Hollywood, and Working People in American Film),巴尔的摩:约翰·霍普金斯大学出版社2003年。

[9] 关于大型运输车司机的内心世界的研究,见劳伦斯·奥尔莱特(Lawrence Ouellet):《18轮金属卡车:卡车司机的工作生活》(Pedal to the Metal: The Work Lives of Truckers),费城:天普大学出版社1994年;有关luftmenchen的评论,见纳什:"纽约市出租车司机工会的形成",第5—6页。

[10] 有关出租车司机的代表性儿童读物包括:贝特西·梅斯特罗与吉利欧·梅斯特罗(Betsy Maestro and Guilio Maestro)合著:《出租车:城市用语大全》(Taxi: A Book of City Words),波士顿:霍顿-米夫林出版社1990年;露西·斯普拉格(Lucy Sprague Mitchell):《行色匆匆的出租车》(The Taxi That Hurried),纽约:西蒙-舒斯特出版社1946年;尤金·贝克(Eugene Baker):《我想开出租》(I Want To Be a Taxi Driver),芝加哥:儿童出版社1969年;卡尔·贝斯特(Carl Best):《出租车!出租车!》(Taxi! Taxi!),纽约:奥查德书社1996年;贝特西·弗兰克(Betsy Franco):《蒂纳的出租车》(Tina's Taxi),纽约:学者书屋1994年;德布拉·巴拉卡和塞尔·巴拉卡(Debra Barracca and Sal Barracca)合著:《小狗出租车历险记》(The Adventure of Taxi Dog),纽约:企鹅出版社1990年;安妮·麦凯(Annie McKie):《泰迪熊与小黄色出租车》(Teddy and the Little Yellow Taxi: A Teddy Taxi Book),伦敦:格兰德缀姆斯1996年。

[11] 戴夫·贝茨(Dave Betts):《对此我很幸运:一个出租车哲学家的自述》(I'm Lucky at That, by Dave Betts the Taxi Philosopher),纽约州花园城:道布尔代-多兰1930年,第146页。

[12] 重要的研究包括:戈尔曼·吉尔伯特与罗伯特·塞缪尔斯(Gorman Gilbert and Robert E. Samuels)合著:《出租车:城市交通中的幸存者》(The Taxicab: An Urban Transportation Survivor),查伯尔希尔:北卡罗莱纳大学出版社1982年;查尔斯·维迪奇(Charles Vidich):《纽约出租车司机及其乘客》(The New York Cab Driver and His Fare),马萨诸塞州坎布里奇市:申克曼出版社1976年;乔舒亚·卢普金(Joshua Mark Lupkin):"打造穷人的车:纽约和芝加哥的公共空间和人

们对出租车的反应"(Construction the 'Poor Man's Automobile': Public Space and the Response to the Taxicab in New York and Chicago),哥伦比亚大学博士学位论文 2001 年;爱德华·罗格夫(Edward G. Rogoff):"以纽约出租车系统为例测试的经济管理理论"(Theories of Economic Regulation Tested on the Case of the New York City Taxicab System),哥伦比亚大学博士学位论文 1980 年。

[13] 乔舒亚·弗里曼(Joshua Freeman):《转变中:1933 至 1966 年纽约市市内交通行业工人工会》(In Transit: The Transport Workers Union in New York City, 1933-1966),纽约:牛津大学出版社 1989 年;乔舒亚·弗里曼:《二战以来纽约市工人阶级劳工及其生活》(Working-Class New York: Life and Labor in New York City Since World War II)纽约:新出版社 2000 年。

[14] 托马斯·本德(Thomas Bender):《未完成的城市:纽约与大都市区的理念》(The Unfinished City: New York and the Metropolitan Idea),纽约:新出版社 2002 年。

[15] 有关出租车当代发展情况的描述,参见比尤·马修(Biju Mathew):《出租车:纽约的出租车与资本主义》(Taxi! Cabs and Capitalism in New York City),纽约:新出版社 2005 年。

[16] 斯坦利·沃克(Stanley Walker):《夜总会时代》(The Night Club Era),纽约:弗雷德里克·A. 斯托克斯出版社 1933 年,第 246—248 页。

第一章 出租车司机的产生:1907—1920 年

[1] 《出租车周刊》(Taxi Weekly),1947 年 10 月 30 日。有关出租车 40 周年纪念,见该刊 1947 年 10 月 2 日文。关于沙利文,见肯尼斯·杰克逊(Kenneth T. Jackson)编,《纽约市大百科全书》(The Encyclopedia of New York),纽黑文:耶鲁大学出版社 1995 年版,第 1141 页。

[2] 《纽约时报》(New York Times)1907 年 3 月 27 日、4 月 26 日、6 月 26 日、8 月 25 日、9 月 5 日、10 月 2 日、12 月 18 和 25 日。关于出租车司机是否粗鲁的争论,可参见 1865 年 8 月 22 日、1872 年 7 月 23 日、1874 年 11 月 4 日、12 月 12 日、8 月 8 日的《纽约时报》。有关出租车价格欺骗的争论,可参见 1865 年 7 月 22 日、1874 年 11 月 24 日和 12 月 12、15、17 日、1876 年 12 月 26 日、1885 年 7 月 18 日和 1887 年 12 月 1 日的《纽约时报》。关于出租车早期史,可参见罗格夫:"经济管理理论",第 54—56 页;维迪奇:《纽约出租车司机及其乘客》,第 59—60 页;吉尔伯特和塞缪尔斯合著:《出租车》,第 33—35 页;卢普金:"打造穷人的车",第 48—51 页。

[3] 《纽约时报》,1908 年 9 月 12 日,10 月 4—27 日。关于殴打、投掷炸弹

和打死人的文章,参见《纽约先驱报》(New York Herald),1908年10月8—22日。

[4] 《纽约时报》,1908年11月7—20日;《纽约先驱报》,1908年11月7—15日;《纽约晚间邮报》(New York Evening Post);关于艾伦的失败,参见1910年6月11日和1911年3月11日的《纽约时报》。

[5] 《纽约时报》,1908年12月19—24日。

[6] 克莱·马山(Clay McShane):《沿着沥青路行驶:汽车和美国城市》(Down the Asphalt Path: The Automobile and the American City),纽约:哥伦比亚大学出版社1995年,第41—45页;《纽约时报》,1869年8月23日;吉尔伯特和塞缪尔斯合著:《出租车》,第25—38页;詹姆斯·弗林克(James Flink):《汽车文化》(The Car Culture),剑桥:麻省理工出版社1975年,第34—37页。

[7] 马山:《沿着沥青路行驶》,第81—101页;弗林克:《汽车文化》,第7—9页,19页。

[8] 爱德华·斯潘(Edward Spann):《新都市:1840—1857年的纽约》(The New Metropolis: New York City, 1840-1857),纽约:哥伦比亚大学出版社1981年,第189—191页,第289—295页;克利夫顿·胡德(Clifton Hood):《722英里:地铁的修建及他们如何改变了纽约》(722 Miles: the Building of the Subways and How They Transformed New York),纽约:西蒙-舒斯特出版社1993年,第37—42页。

[9] 罗伯特·厄恩斯特(Robert Ernst):《纽约市的移民生活,1825—1863》(Immigrant Life in New York City, 1825-1863),纽约:皇家出版社1949年,第216页;霍华德·罗克(Howard B. Rock):《新共和国的技工:杰斐逊时代的纽约商人》(Artisans of the New Republic: The Tradesmen of New York City in the Age of Jefferson),纽约:纽约大学出版社1979年,第216—218页;格雷厄姆·郝吉思(Graham Russell Hodges):《纽约出租马车车夫,1667—1850》(New York City Cartmen, 1667-1850),纽约:纽约出版社1986年。

[10] 《纽约时报》,1894年6月5、11、19、22、27日;1895年5月21日,7月2日;《出租马车司机执照手册,1845—1865》(Hackney Coach Drivers License Bookes, 1845-1865),纽约市档案馆(美国国会图书馆发行的磁带版图书目录)。

[11] 维迪奇:《纽约出租车司机及其乘客》,第57—60页;吉尔伯特和塞缪尔斯合著:《出租车》,第33—35页;欧文·艾伦(Irving Lewis Allen):《城市方言:纽约生活和大众用语》(The City in Slang: New York Life and Popular Speech),纽约:牛津大学出版社1993年,第96页;西奥多·德莱塞(Theodore Dreiser):"无马时代"('the horseless Age'),载于好伸·哈库拉尼编(Yoshinobu Hakulani):《西奥多·德莱塞论文选编》(Selected Magazine Articles of Theodore Dreiser)第二卷,新泽西州拉瑟福德市:费尔利·迪金森大学出版社1987年;《出租车周刊》,1949年7月13日。有关电车早期史及电车优于马拉车的总体评价,参见戴维·基尔希(David A. Kirsch):"电车和历史的重负:对美国汽车系统相互竞争的一个考察"

(the Electric Car and the Burden of History:Studies in the Automotive Systems Rivalry in America),斯坦福大学博士学位论文 1996 年,第 67—68 页,第 2121—2124 页。

[12] 万斯·汤普森(Vance Thompson):"纽约出租车司机及其出租车"(The New York Cab Driver and His Cab),《户外杂志》(Outing Magazine),1906 年 11 月。有关麦克斯韦牌出租车,参见《纽约时报》,1936 年 11 月 22 日,有关皮尔森牌出租车,参见 1948 年 12 月 15 日。

[13] 菲利普·沃伦(Philip Warren):《1600 以来伦敦出租车行业史》(The History of the London Cab Trade:From 1600 to the Present Day),伦敦:出租业出版社 1993 年;G. N. 耶奥加诺(G. N. Georgano):《伦敦出租车史》(A History of the London Taxicab),英国,牛顿－艾博特:戴维－查尔斯出版社 1972 年。

[14] 托马斯·凯瑟娜(Thomas Kessner):《黄金之门:纽约意大利裔和犹太裔移民的流动性,1880—1945》(The Golden Door:Italian and Jewish Immigrant Mobility in New York City,1880 - 1945),纽约:牛津大学出版社 1977 年,第 16—20 页,32—40 页,57 页;《移民委员会报告》(Reports of the Immigration Commission),第 20 卷,第 128—129 页,134—135 页,246—247 页;第 28 卷,第 278—282 页。对于以后的评估,参见《纽约时报》,1928 年 7 月 23 日,9 月 17 日。

[15] 《纽约时报》,1907 年 10 月 5 日、1936 年 11 月 22 日;威廉姆·泰勒(William R. Taylor):《追寻愚人村:纽约的文化和商业》(In pursuit of Gotham:Culture and Commerce in New York),纽约:牛津大学出版社 1992 年,第 39 页;卢普金:"打造穷人的车",第 31—34 页;艾伦:《城市方言》,第 96 页。

[16] 关于企业合并的讨论,参见《纽约时报》,1909 年 3 月 15—18 日,4 月 15 日,7 月 9 日。关于罢工,参见《纽约时报》,1909 年 11 月 8 日至 12 月 16 日,1910 年 11 月 8 日至 12 月 11 日。关于自有车司机如何利用罢工的研究,参见 1910 年 11 月 18 日。

[17] 维迪奇:《纽约出租车司机及其乘客》,第 80 页。

[18] 卢普金:"打造穷人的车",第 84—88 页;《纽约时报》,1910 年 11 月 11 日,1912 年 1 月 17 日至 2 月 17 日;《出租车监察员指导手册》(Taxicab Inspector Examination Instruction Manual),纽约:《文职工作年鉴》(Civil Service Chronicle),1913 年,第 31—35 页。

[19] 切努奇·施里波尔(Chanoch Shreiber):"出租车行业管理的效果"("The Effect of Regulation on the Taxicab Industry"),哥伦比亚大学博士学位论文,1973 年,第 37 页。

[20] 吉恩·威尔逊(Jean Sprain Wilson):《有关小费》(All About Tipping),纽约:麦克法登出版社 1965 年,第 19 页;威廉姆·斯科特(William Rufus Scott):《贪婪的手:美国小费习惯调查》(The Itching Palm:A Study of the Habit of Tipping in America),费城:佩恩出版社 1915 年,第 9 页,第 33—34 页,第 50 页,第 90 页;克

里·西格雷夫(Kerry Segrave):《小费:美国赏钱社会史》(*Tipping:An American Social History of Gratuities*),杰斐逊:迈克法兰德出版公司1998年,第53页。

[21] 《纽约时报》,1913年6月3日;卢普金:"打造穷人的车",第87页;考夫特·尼科尔(Courtland Nicoll):"纽约出租车概况"("New York Cab Situation"),《全国市政评论》(*National Municipal Review*),1913年4月,第101—102页;罗格夫:"经济管理理论",第59—66页;施里波尔:"出租车行业管理的效果",第37页。

[22] 维迪奇:《出租车司机及其乘客》,第6—7页;哈泽德(Hazard):《在纽约开出租》(*Hacking New York*),纽约:斯克里布纳出版社1929年,第54页。有关"出租车司机大宪章",可参见《纽约时报》1936年11月22日。

[23] 施里波尔:"出租车行业管理的效果",第44—46页。

[24] 有关有犯罪前科的人,可参见《纽约时报》,1912年2月22日。10年后也有类似的报道,参见1921年10月12日该报的报道。有关抢劫,可参见詹姆斯·科林斯(James H. Collins):《不寻常的出租车抢劫案:一个真实的侦探故事》(*The Great Taxicab Robbery:A True Detective Story*),纽约:约翰·莱恩出版公司1912年;凯文·芒福特(Kevin Mumford):《交叉地带:20世纪初在芝加哥和纽约的黑白性别地带》(*Interzones:Black/White Sex Districts in Chicago and New York City in the Early Twentieth Century*),纽约:哥伦比亚大学出版社1997年,第23页。对这起策划案,可参见《出租车监察员指导手册》。

[25] 《十四人委员会档案》(*Committee of Fourteen Records*),第34盒,纽约公共图书馆草稿集。有关委员会的意图和历史,参见刘易斯·恩瑞伯格(Lewis A. Ehrenberg):《外出娱乐:纽约的夜生活和美国文化的转变,1890—1930》(*Steppin' Out:New York Nightlife and the Transformation of American Culture,1890-1930*),康涅狄格州韦斯特波特:格林伍德出版社1981年,第62—64页。

[26] 《十四人委员会档案》,第34盒。

[27] 有关被借的出租车,参见科尼利厄斯·维勒穆斯(Cornelius W. Willemse):《在绿灯后面》(*Behind the Green Lights*),新泽西:花园城市出版社1931年,第100—101页。

[28] 南希·格罗斯(Nancy Groce):《纽约市的歌曲》(*New York:Songs of the City*),纽约:沃森-格普蒂尔出版社1999年,第123页;维勒穆斯:《在绿灯后面》,第83页。

[29] E. S. 克洛斯(E. S. Clowse):"纽约城的交通事故"(Street Accidents-New York City),《美国统计联合会出版物》(*Publications of the American Statistical Association*),第13卷,第449—456页。

[30] 罗斯:《工人阶级的好莱坞》,第43—45页。

[31] 《美国电影学院美国产电影目录:故事片,1911—1920年》(*The Ameri-*

can Film Institute Catalog of Motion Pictures Produced in the United States: Feature Films,1911 - 1920),伯克利:加利福尼亚大学出版社 1971 年,第 29、4、5、29、102、161、183、215、240、304、362、442、505、645、730、880 页。

[32] 《美国电影学院美国产电影目录,1911—1920 年》,第 41、132 页。

第二章 爵士乐时代的出租车司机:1920—1930 年

[1] 《出租车新闻报》(Cab News),1922 年 5 月。

[2] 戴夫·哈泽德(Dave Hazard),《在纽约开出租》(Hacking New York),纽约:斯克里布纳出版社 1919 年,第 127—128 页;贝茨:《对此我很幸运》;《出租车周刊》(Taxi Weekly),1928 年 10 月 15 日。

[3] 哈泽德:《在纽约开出租》,第 24—25、50—51、211 页。

[4] 哈泽德:《在纽约开出租》,第 54、137—138 页;贝茨:《对此我很幸运》,第 112 页。

[5] 哈泽德:《在纽约开出租》,第 108—111 页。

[6] 《出租车时报》,1928 年 7 月 9 日。

[7] 哈泽德:《在纽约开出租》,第 24、31—33、112—114、149—158 页。

[8] 贝茨:《对此我很幸运》,第 249 页。

[9] 莫里斯·马基(Morris Markey):《曼哈顿报告》(Manhattan Reporter),纽约:道奇出版社 1935 年,第 266—274 页。

[10] 《纽约时报》,1919 年 2 月 27 日到 4 月 19 日;1920 年 2 月 22 日、24 日;1921 年 9 月 20 日到 10 月 4 日;1922 年 4 月 1 日;《纽约先驱报》,1919 年 2 月 27 日、28 日。

[11] 维迪奇:《纽约出租车司机及其乘客》,第 81—82 页。有关 1920 年代民众对小费的看法,参见:多萝西·科布尔(Dorothy C. Cobble):《和盘托出:20 世纪的女服务员和他们的工会》(Dishing it Out: Waitresses and Their Unions in the Twentieth Century),厄巴纳:伊利诺伊大学出版社 1991 年,第 41—42 页。

[12] 《纽约时报》,1923 年 2 月 4 日至 25 日;罗格夫:"经济管理理论",第 68 页。

[13] 罗格夫:"经济管理理论",第 65—69 页;施赖贝尔:"出租车行业的管理效果",第 51—55 页。

[14] 罗格夫:"经济管理理论",第 68 页。《纽约时报》,1921 年 10 月 12 日、1923 年 2 月 2 日;《纽约美国人》(New York American),1923 年 2 月 4 日。

[15] 《纽约时报》,1925 年 2 月 22 日;沃克:《夜总会时代》,第 246—248 页;马基:《曼哈顿通讯》,第 55—58 页;路易丝·伯利纳(Louise Berliner):《德克萨

斯·吉南:夜总会女王》(Texas Guinan:Queen of the Night Club),奥斯汀:得克萨斯大学出版社 1993 年,第 96—105 页;卡罗琳·韦尔(Caroline F. Ware):《1920—1930 年的格林威治村:战后美国文明社会评论》(Greenwich Village, 1920 – 1930: A Comment on American Civilization in the Postwar Years),波士顿:胡弗顿·米夫林出版社 1935 年,第 275 页,357—359 页;斯蒂芬·格雷厄姆(Stephen Graham):《纽约夜生活》(New York Nights),纽约:乔治·多兰出版公司 1927 年,第 90—94 页。

[16] 有关警察控制的法律和辩论,参见《纽约时报》,1925 年 4 月 8、9、12、14、17、18、24 日。有关保险的裁决:参见《纽约时报》,1927 年 5 月 1 日。

[17] 《纽约先驱论坛报》(New York Herald Tribune),1926 年 12 月 14、15、16 日;《纽约邮报》(New York Post),1926 年 12 月 15 日;《出租车周刊》,1926 年 12 月 12 日。

[18] 《出租车周刊》,1928 年 7 月 2、9、30 日;《纽约时报》,1927 年 5 月 1 日。

[19] 《纽约时报》,1927 年 1 月 20、26 日,9 月 23 日;《出租车周刊》,1930 年 8 月 6 日。

[20] 有关出租车司机统一制服和行为得体,参见《纽约时报》,1925 年 6 月 4、14 日。有关科蒂,参见《纽约时报》,1924 年 5 月 8、11 日。有关库布勒,参见 1926 年 8 月 19 日。有关报酬,参见 1926 年 7 月 28 日;1926 年 11 月 24 日;1927 年 1 月 15 日、3 月 27 日。有关出租车司机袭击妇女,参见 1926 年 12 月 19、24 日;1927 年 10 月 19 日。有关在计程器上做手脚的案例,参见 1927 年 1 月 24 日、2 月 16 日。

[21] 有关在计程器上做手脚的案例,参见《纽约时报》1927 年 1 月 24 日、2 月 6 日。有关袭击女人,参见 1921 年 5 月 22 日。

[22] "出租车司机的小说、诗歌和行话"("Stories, Poems, Jargon of the Hack Drivers"),《美利坚回忆录:联邦记者手稿》(American Memory Histories: Manuscripts from the Federal Writers' Project),华盛顿:史密森学院,第 3 页。贝茨:《对此我感到很幸运》,第 122 页。

[23] 《十四人委员会档案》(Committee of Fourteen Records),第 34 盒,纽约公共图书馆草稿集;《美国电影学院创作的电影目录》(The American Film Institute Catalog of Motion Pictures Produced in the United States),纽约:R. R. 布劳科出版社 1971 年,第 1814 页;《20 年代繁荣的新闻媒体》(Roaring Twenties Press),贝利·罗斯电影院馆藏,纽约公共图书馆表演艺术类;格雷厄姆:《纽约的夜晚》,第 34 页。

[24] 《十四人委员会档案》,第 34、35 盒;弗里德雷克·艾伦(Frederick Lewis Allen):《只不过是昨天》(Only Yesterday),纽约:哈珀兄弟出版社 1931 年,第 221—253 页;吉米·杜兰特和杰克·科弗德合著(Jimmy Durante with Jack Kofoed):《夜总会》(Night Clubs),纽约:诺夫出版社 1931 年;维勒穆斯:《在绿灯后

面》,第 78、91 页;格雷厄姆:《纽约的夜晚》,第 242—255 页。

[25] 《十四人委员会档案》,第 35 盒。

[26] "出租车司机的小说、诗歌和行话",第 9 页;格雷厄姆:《纽约的夜晚》,第 66 页。

[27] "嗨,出租车",《康拉德·埃肯短篇故事集》(*Short Stories of Conrad Aiken*),纽约:杜尔-首兰-皮尔斯出版社,1934 年,第 107—116 页。

[28] 保罗·克雷西(Paul G. Cressey):《出租车舞会》(*The Taxi-dance Hall*),芝加哥:芝加哥大学出版社 1932 年,第 5、14、142、178、182—185 页;艾伦:《城市方言》第 172 页;马基:《曼哈顿通讯》,第 17—24 页。

[29] 布莱尔·奈尔斯(Blair Niles):《奇怪的兄弟》(*Strange Brother*),纽约:利夫莱特出版社 1931 年,第 37、63、65 页;《美国电影学院创作的电影目录:故事片,1921—1930》(*The American Film Institute Catalog of Motion Pictures Produced in the United States:Feature Films, 1921 - 1930*),伯克利:加利福尼亚大学出版社 1997 年,第 786 页。

[30] 克雷西:《出租车舞者》,第 31、146—177 页。

[31] 芒福特:《交叉地带:20 世纪初在芝加哥和纽约的黑白性别地带》,有关中间人,见第 23 页,有关其他评论,散见于书中。

[32] 哈泽德:《在纽约开出租》,第 18—21、102 页;斯科特·菲茨格尔德(F. Scott Fitzgerald):《伟大的盖茨比》(*The Great Gatsby*),纽约:斯克里布纳出版社 1925 年,第 31 页。格雷厄姆:《纽约的夜晚》,第 53 页。

[33] 奈尔斯:《奇怪的兄弟》,第 182—183 页;格雷厄姆:《纽约的夜晚》,第 53 页。

[34] 格罗斯:《纽约市的歌曲》,第 123 页。

[35] 菲茨格尔德:《伟大的盖茨比》,第 62 页。

[36] 鲁思·普里戈任(Ruth Prigozy):《菲茨格尔德晚年未出版的故事集》(*The Unpublished Stories:Fitzgerald in his Final Stage*),《20 世纪文学作品》(*Twentieth Century Literature*),第 30 卷,1974 年,第 69—90 页。

[37] 乔治·张伯伦(George Agnew Chamberlain):《出租车:浪漫的冒险》(*Taxi:An Adventure Romance*),印第安纳波利斯:鲍勃斯-梅里尔出版公司 1920 年。有关电影版本,可参见:《美国电影学院在美国拍摄的电影目录:故事片,1911—1920》(*The American Film Institute Catalog of Motion Pictures Produced in the United States:Feature Films, 1911 - 1920*),伯克利:加利福尼亚大学出版社 1989 年,第 911 页。

[38] 桑德斯:《赛璐珞天际线》,第 40—41 页;《美国电影学院在美国拍摄的电影目录,1911—1920》,第 787 页。

[39] 《出租车时报》,1928 年 7 月 9、16、23 日,8 月 20 日。

［40］　《出租车时报》,1928年7月30日、8月6日、9月3日、10月22日。
［41］　施赖贝尔:"出租车行业的管理效果",第62—67、71、73页。
［42］　贝茨:《对此我很幸运》,第249—251页。

第三章　大萧条时期寻求秩序:1930—1940年

［1］　参见附录,图5的数据。也可以参见弗雷德里克·宾德和戴维·赖默合著(Frederick M. Binder and David M. Reimer):《天堂下的所有民族:纽约市的种族和民族史》(All the Nations under Heaven: An Ethnic and Racial History of New York City),纽约:哥伦比亚大学出版社1995年,第177—180页。
［2］　马基:《曼哈顿通讯》,第222—224页。迈耶·伯格(Meyer Berger):《八百万》(The Eight Million),纽约:西蒙–舒斯特出版社1942年,第167页。
［3］　罗格夫:"经济管理理论",第81—83页;施赖贝尔:"出租车行业的管理效果",第75—79页。有关沃伦的计划,参见《纽约时报》,1920年5月5日、6月13日。
［4］　霍利·辛普森(Hawley S. Simpson):"出租车行业面临的危机"("The Taxicab Industry Faces a Crisis"),载《美国电气铁路协会》(American Electrical Railway Association),1932年第5期。
［5］　《市长委员会有关出租车的会议纪要》(Minutes of the Meeting of the Mayor's Commission on Taxicabs),1930年9月5—7日、30日,纽约:纽约市,1930年。
［6］　"对出租车管制条例的全国调查"(A Nationwide Survey of Taxicab Regulation),载《美国电气铁路协会公告》(American Electric Railway Association Bulletin 389),第389期,第34—35页。
［7］　《市长委员会有关出租车的报告》(Report of the Mayor's Commission on Taxicabs),1930年9月23日,纽约:纽约市,1930年,第26—27页;施赖贝尔:"出租车行业的管理效果",第72—79页。
［8］　有关报价和证词,参见《市长委员会有关出租车的报告》,第41页。
［9］　威廉姆·诺瑟普和约翰·诺瑟普合著(William B. Northrup and John B. Northrup):《傲慢的官员:西伯里调查报告》(The Insolence of Office: The Story of the Seabury Investigation),纽约:帕特南出版社1932年,第264—268页;赫伯特·米特冈(Herbert Mitgang):《纽约往事:吉米·沃克、富兰克林·罗斯福,与爵士乐时代的最后一次伟大的战役》(Once Upon A Time in New York: Jimmy Walker, Franklin Roosevelt, and the Last Great Battle of the Jazz Age),纽约:自由出版社2000年,第169页;罗格夫:"经济管理理论",第84页;阿瑟·曼(Arthur Mann):《1933年拉瓜迪

亚上台》(*LaGuardia Comes to Power 1933*),费城:J. P. 利平科特出版公司 1965 年,第 38—40 页;雷蒙德·汤普金斯(Raymond S. Tompkins):"出租车也疯狂"(The Taxi Runs Amok),《美国信使》(*American Mercury*),1932 年,第 392—394 页。

[10] "警察局与出租车司机的访谈录,1932 年"("Police Department Interviews with Cab Drivers,1932"),载《市长菲奥雷洛·拉瓜迪亚文件集,1933—1945》(*Papers of Mayor Fiorello LaGuardia,1933 - 1945*),纽约市档案馆。

[11] "警察局与出租车司机的访谈录,1932 年";施赖贝尔:"出租车行业的管理效果",第 92—95 页;罗纳德·贝耶(Ronald H. Bayor):《冲突的邻居:爱尔兰裔、德裔、犹太裔及意大利裔居民在纽约》(*Neighbors in Conflict: The Irish, Germans, Jews and Italians of New York City*),第二卷,厄巴纳:伊利诺伊大学出版社 1988 年,第 10—13 页。有关租马,参见"出租车司机的小说、诗歌和行话",第 9 页;《1930—1931 年的出租车司机指南及出城统一费用》(*Directory for Taximen and Flat Rates for Out of Town,1930 - 1931*),纽约 1930 年。

[12] 《纽约时报》,1934 年 2 月 18 日。有关帕米利车行,参见《出租车行业月刊》(*Taxicab Industry Monthly*),1953 年 9 月版;吉尔伯特和塞缪尔斯合著:《出租车》,第 49—60 页。

[13] 曼:《1933 年拉瓜迪亚上台》,第 110—115 页;贝耶:《冲突的邻居》,第 130—133 页;托马斯·凯瑟娜(Thomas Kessner):《菲奥雷洛·拉瓜迪亚和现代纽约的形成》(*Fiorello H. LaGuardia, and the Making of Modern New York*),纽约:麦格劳·希尔出版社 1989 年,第 250 页。

[14] 有关镍税和接下来的发展状况,参见罗格夫:"经济管理理论",第 85—86 页。

[15] "1933—1949 年运输工人工会剪贴簿"(Transport Workers Union Scrapbook,1933 - 1949),载《运输工人工会草稿》(*Transport Workers Unions Manuscripts*),纽约大学:塔米门特图书馆;《出租车》,1933 年 1 月 9 日;《基层联盟录音磁带》(*Rank and File Coalition Tapes*)第 13 盘,纽约大学:塔米门特图书馆。

[16] 《出租车时代》,1933 年 12 月 29 日。有关这次调查的呼吁和指示,参见《拉瓜迪亚文件集》,第 117 轴和 230 轴:幻灯片 1939—1940。联合党提醒出租车司机,坦慕尼派在次年竞选市审计员的选举中,将支持镍币税。参见纽约历史协会海报集(*New-York Historical Society Broadside Collection*),第 50 号。

[17] "警察局与出租车司机的访谈录,1933 年",和赖斯特·斯通 1934 年 1 月 17 日给拉瓜迪亚提交的备忘录,两者均载于《拉瓜迪亚文件集》;施赖贝尔:"出租车行业的管理效果",第 97 页。

[18] 《纽约邮报》,1934 年 2 月 3 日。

[19] 《纽约邮报》,1934 年 2 月 2 日。

[20] 杰夫·基塞洛夫(Jeff Kisseloff):《你需谨记:1890 年代至第二次世界

大战期间曼哈顿口述史》(You Must Remember This: An Oral History of Manhattan from the 1890s to World War Ⅱ),圣迭哥:哈考特-布雷斯-约万诺维奇出版公司1989年,第466页;《工人日报》(Daily Worker),1934年2月3日。

[21] 《的士罢工文件夹》(Taxi Strike Folder),载《拉瓜迪亚文件集》。

[22] 美国汽车司机和车主协会给市长菲奥雷洛·拉瓜迪亚的信(United Auto League, Inc. of Drivers and Owners to Mayor Fiorello LaGuardia),1934年2月4日;哥伦布广场的士团给市长菲奥雷洛·拉瓜迪亚的信(Columbus Circle Taxi Group to Mayor Fiorello LaGuardia),1934年2月6日,两者都载于《拉瓜迪亚文件集》,第230轴。另见马修·琼斯(Matthew J. Jones):《司机22921给市长拉瓜迪亚的信》(Driver 22921, to Mayor LaGuardia),1934年2月6日,载《拉瓜迪亚文件集》,第230轴;《出租车时代》(纽约),1934年2月5日、12日,3月13日;《纽约邮报》,1934年2月2日,3日。

[23] 《纽约时报》,1934年2月3日、4日;《纽约邮报》,1934年2月2日;凯瑟娜:《菲奥雷洛·拉瓜迪亚》,第353—354页。

[24] 《纽约时报》,1934年2月5、6、7、8日;《纽约邮报》,1934年2月7日;《拉瓜迪亚文件集》,缩微胶卷240轴;《出租车时代》,1934年2月12日打击破坏罢工者行为的完整清单。有关哈莱姆车行,参见朱丽叶·沃克(Juliet E. K. Walker):《美国黑人商业史:资本主义、种族、创业》(The History of Black Business in America: Capitalism, Race, Entrepreneurship),纽约:麦克米伦图书馆参考目录,第196页。

[25] 弗里曼:《1933至1966年纽约市市内交通行业工人工会》,第43—73页。

[26] 《工人日报》,1934年2月5、6、7、8日。

[27] 《勇士》(The Militant)(纽约),1934年2月2日,4月7日,引自纳什:"纽约市出租车司机工会的形成",第132—134页。

[28] 《纽约时报》,1934年2月12、13、14日。

[29] 《纽约时报》,1934年2月13、15、17、18日,3月5、7、8日;《出租车时代》,1934年2月5、12日;《工人日报》,1934年2月8日。

[30] 《纽约时报》,1934年3月10、16日;《纽约每日新闻》(New York Daily News),1934年3月23日;《出租车时代》,1934年3月13、22日;《工人日报》,1934年3月12、13日。

[31] 《纽约时报》,1934年3月19—26日;施里波尔:"出租车行业的管理效果",第96—101页。

[32] 约瑟夫·诺思(Joseph North),"出租车罢工"("Taxi Strike"),《新大众》(New Masses),1934年4月3日,引自维贾伊·普拉萨德(Vijay Prasad):《棕色人的命运》(The Karma of Brown Folk),明尼阿波利斯:明尼阿波利斯大学出版社

2000 年,第 196—197 页;《工人日报》,1934 年 3 月 15—17 日;《纽约每日新闻》,1934 年 3 月 27 日。

　　[33] 《纽约每日新闻》,1934 年 3 月 27 日;《工人日报》,1934 年 3 月 19—24 日;《拉瓜迪亚文件集》,0117 轴:幻灯片 0203—0216;《运输工人工会档案》,第 47 盒,纽约大学:塔米门特学院,本·约瑟夫森图书馆。对工会敲诈勒索从独立车主那里骗取钱财者的指控一直持续到 1930 年代晚期。参见《纽约邮报》,1938 年 4 月 5 日。

　　[34] 有关吊销、暂停颁发执照,参见《拉瓜迪亚文件集》,第 230 轴。

　　[35] 《纽约时报》,1934 年 3 月 28、30、31 日,4 月 1、11、12 日,7 月 10、11 日,8 月 4 日;《纽约先驱论坛报》,1934 年 3 月 18、21、22、23 日;《出租车时代》,1934 年 4 月 16 日;《纽约每日新闻》,1934 年 3 月 24 日;《纽约邮报》,1934 年 3 月 24 日;《工人日报》,1934 年 2 月 30 日,4 月 2 日;弗里曼:《1933 至 1966 年纽约市市内交通行业工人工会》,第 51 页。

　　[36] 《纽约时报》,1935 年 3 月 8 日,4 月 13 日,5 月 14、16 日,7 月 18、27 日,11 月 7 日。

　　[37] 维迪奇:《纽约出租车司机及其乘客》,第 83—87 页。

　　[38] 约瑟夫·史密斯 1934 年 4 月 2 日和塞缪尔·斯皮罗 1934 年 4 月 16 日给市长拉瓜迪亚的信记录均在《拉瓜迪亚文集》和 1934 年 4 月 23 日的《出租车时代》。

　　[39] 埃伯特·哈尔珀(Albert Halper):"工贼"(Scab),载《美国信使》,1934 年 6 月。

　　[40] 《美国电影学院在美国拍摄的电影目录:故事片,1931—1940》(The American Film Institute Catalog of Motion Pictures Produced in the United States:Feature Films,1931 - 1940),伯克利:加利福尼亚大学出版社 1993 年,第 2132 页。

　　[41] 克利福德·奥德茨的六个剧本(Six Plays of Clifford Odets),纽约:现代图书馆 1962 年,第 5—13 页。有关奥德茨剧本的评论,可参见《纽约先驱报》,1935 年 3 月 27 日;《纽约每日新闻》,1935 年 3 月 27 日;《纽约邮报》,1935 年 3 月 27 日。另可参见威廉姆·斯科特和皮特·鲁特科夫合著(William B. Scott and Peter M. Rutkoff):《现代纽约:艺术和城市》(New York Modern:The Arts and the City),巴尔的摩:约翰·霍普金斯大学出版社 1999 年,第 210—215 页;迈克尔·丹宁(Michael Denning):《文化前沿:20 世纪美国文化探析》(The Cultural Front:the Laboring of American Culture in the Twentieth Century),纽约:弗斯出版社 1966 年版,第 365—366 页;简·利文斯顿(Jane Livingston):《1936—1963 年纽约学校:照片集》(The New York School:Photographs,1936 - 1963),纽约:泰伯 - 张出版社 1993 年版。

　　[42] "论《出租车》的再度公演"(On the re-release of Taxi),载《纽约标准晚报》,1936 年 5 月 21 日;《纽约每日镜报》(New York Daily Mirror),1936 年 5 月 22

日。有关卡格尼,参见罗伯特·斯克拉(Robert Sklar):《城市男孩:卡格尼、博加特、加菲尔德》(City Boys: Cagney, Bogart, Garfield),普林斯顿:普林斯顿大学出版社 1992 年,第 13、37 页;《出租车剪贴簿》(Taxi Scrapbook),比利·罗斯剧院搜集,纽约公共图书馆里有关表演艺术系列。

[43] 斯克拉:《城市男孩》,第 37、49—50 页;《出租车剪贴簿》;鲍德纳:《蓝领的好莱坞》。

[44] 《美国电影学院创作的电影目录,1931—1940》,第 1 卷,第 154—155 页。

[45] 同前,第二卷,第 239 页。

[46] 同前,第二卷,第 916、2173 页。

[47] 同前,第二卷,第 2042—2043 页。也可见第一卷,第 361 页。

[48] 《美国电影学院在美国拍摄的电影目录:国门之内,美国电影中的少数族裔,1911—1960 年》(American Film Institute Catalog of Motion Pictures Produced in the United States: Within Our Gates: Ethnicity in American Films, 1911 - 1960),伯克利:加利福尼亚大学出版社 1997 年,第 971 页。

[49] 《美国电影学院在美国拍摄的电影目录:1931—1940 年》,第 146、1379 页。

[50] 同前,第 444—445、1374、1660 页;鲍德纳:《蓝领的好莱坞》,第 15 页。

[51] "出租车司机的故事、诗歌和行话",第 9—10 页;《纽约时报》,1936 年 11 月 1 日。

[52] 《纽约时报》,1936 年 11 月 22 日。

[53] "出租车司机的故事、诗歌和行话",第 2 页。

[54] 罗格夫:"经济管理理论",第 89—99 页;罗格夫:"纽约出租车行业的管制"(Regulation of the New York City Taxicab Industry),载《城市年鉴》(City Almanac)1980 年,第 15 卷,第 4 页;施赖贝尔:"出租车行业的管理效果",第 110—111 页;《拉瓜迪亚文件集》,第 230 轴;《兄弟会登记册》(Brotherhood Register)(纽约),1937 年 3 月 7 日;《出租车时代》,1937 年 2 月 15、22 日,3 月 5 日,5 月 17 日;《纽约时报》,1937 年 2 月 17 日,3 月 10、31 日,4 月 15 日,5 月 11 日。有关执照,参见郝吉思:《纽约出租马车车夫,1667—1850 年》;罗克:《新共和国的技工》。

[55] 罗格夫:"纽约出租车行业的管制",第 5 页。

[56] 有关 1930 年代末的发展,参见弗里曼:《1933 至 1966 年纽约市市内交通行业工人工会》;《运输工人工会档案》,第 47 盒,塔米门特图书馆;《拉瓜迪亚文件集》,第 230 卷,第 2239 页;《纽约时报》,1937 年 6 月 12、13、24 日,7 月 2、16、30 日,8 月 11、31 日,9 月 1、24 日,10 月 10、14、15、16、18、26 日,12 月 16、17、18、20、22、24、25、29 日,1938 年 3 月 5、6、7、12、13 日,4 月 19 日,5 月 6 日;《纽约先驱论坛报》,1937 年 10 月 14、17 日;《纽约邮报》,1937 年 12 月 15—24 日;《纽约镜报》

(*New York Mirror*),1937 年 12 月 20—25 日;《纽约太阳报》(*New York Sun*),1937 年 12 月 24—26 日;维迪奇:《纽约出租车司机及乘客》,第 86—90 页;《出租车时代》,1937 年 6 月 14、28 日,8 月 30 日,9 月 20 日;《兄弟会登记册》,1937 年 9 月 7 日;"致纽约公众"("To the New York Public"),加利福尼亚:纽约历史社会海报集,第 36 号。

[57] 《运输工人工会档案》,第 47 盒。

[58] 《纽约邮报》,1938 年 4 月 5 日;《运输工人工会档案》,第 47 盒。

[59] 弗里曼:《1933 至 1966 年纽约市市内交通行业工人工会》,第 44—45、132 页。有关谈判小组,参见《纽约时报》,1937 年 12 月 9 日;《运输工人工会档案》,第 47 盒;《拉瓜迪亚文件集》,第 230 卷,幻灯片 2301、2216、2227。康诺利的名字经常出现在 1937 年谈判的报告中。有关对拉瓜迪亚的评论,参见:凯瑟娜:《菲奥雷洛·拉瓜迪亚》,第 386—388 页。弗里曼声称拉瓜迪亚后来对运输工人工会的敌视通常是由于他对迈克·奎尔的仇视引起的。参见《1933 至 1966 年纽约市市内交通行业工人工会》,第 217—218 页。

[60] 弗里曼:《1933 至 1966 年纽约市市内交通行业工人工会》,第 113—125 页。

[61] 《运输工人工会档案》,第 47 盒;"出租车司机的小说、诗歌和行话",第 4 页;维迪奇:《纽约出租车司机及其乘客》,第 90 页。

[62] 布拉德福·金布尔(Bradford F. Kimball):"1920—1935 年迁往纽约州移民的趋势分析"(Trends of Immigration to New York State, 1920 - 1935),载《纽约州立大学报告 1134》(*Bulletin of the University of the State of New York 1134*),阿尔巴尼:纽约州立大学 1938 年,第 32 页。

[63] 费伯的生活被编辑在"曼哈顿出租车"(Manhattan Hackie)里,载《财富》(*Fortune*),1939 年 7 月。有关罗斯福夫人,参见《纽约时报》,1996 年 10 月 5 日。

[64] 《运输工人工会档案》,第 47 盒;《纽约时报》,1939 年 1 月 4、5、6、29 日,4 月 6 日。有关逮捕工会官员和宣判有罪,参见《纽约时报》1939 年 2 月 7、8 日,7 月 1 日。另可参见《午后杂志》(*PM Magazine*),1939 年 4 月 14 日;《纽约先驱论坛报》,1939 年 7 月 2 日。

[65] 雪莉·奎尔编(Shirley Quill):《迈克·奎尔其人:回忆录》(*Mike Quill—Himself, A Memoir*),康涅狄格:德温·阿戴尔出版社 1985 年,第 111—113 页。

第四章 战时繁荣:1940—1950 年

[1] 爱德华·罗格夫:"以纽约出租车系统为例测试经济管理理论",第

124—125 页;查努奇·施赖贝尔:"出租车行业的管理效果",哥伦比亚大学博士学位论文 1973 年,第 105—107 页;《出租车时代》,纽约,1943 年 1 月 11 日,23 日,6 月 7 日,8 月 30 日,1944 年 12 月 4 日;《准驾证章的发行》(Medallion Issues),纽约市政档案(Municipal Archives)1937—1941 年。

[2] 《商业周刊》(Business Week),1940 年 2 月 10 日。

[3] 《纽约时报》,1940 年 4 月,第 25—29 页;运输工人工会档案,第 47 盒。

[4] 关于这次罢工,见《纽约时报》,1940 年 5 月 6 日,12 日,26 日,28 日,29 日;《纽约先驱论坛报》,1940 年 5 月 28 日;《纽约每日新闻》,1940 年 4 月 28 日。关于世界事务问题,见肯尼思·杰克逊主编:《纽约市大百科全书》(Encyclopedia of New York City),第 1275—1276 页。

[5] 《出租车简报》(Taxi Bulletin),1944 年 4 月—5 月;1944 年 6 月 28 日。《出租车时代》,1944 年 11 月 11 日;雪莉·奎尔编辑:《迈克·奎尔其人:回忆录》,第 112 页。

[6] 《纽约时报》,1943 年 4 月 11 日,7 月 3 日。

[7] 施赖贝尔:"出租车行业的管理效果",第 115—116 页;《纽约时报》,1949 年 2 月 20 日。

[8] 戈尔曼·吉尔伯特与罗伯特·塞缪尔斯合著:《出租车:城市交通中的幸存者》,第 76—78 页;《纽约时报》,1942 年 3 月 21 日,8 月 30 日,9 月 10 日;《纽约先驱论坛报》,1941 年 9 月 5 日。关于在暴风雪中合伙搭乘的困难,参见《纽约时报》,1945 年 1 月 17 日。

[9] 鲁思·苏兹贝格:"一个出租车司机的冒险(女性)"(Adventures of a Hackie),《纽约时报》,1941 年 7 月 8 日,9 月 28 日,11 月 28 日;1942 年 2 月 21 日。

[10] 伊迪丝·马尔茨·克拉克(医学博士):《一个年轻女出租车司机的自白》(Confessions of a Girl Cab Driver),纽约:万蒂奇出版社 1954 年,第 18—19 页,80—81 页,128—129 页,137—141 页,171 页,194—195 页。关于出乎意料的约会请求,见第 20 页,28—29 页,40 页,42 页,98 页,104 页,111 页。

[11] 《出租车周刊》,1944 年 8 月 21 日。关于交通信号灯,见 1946 年 4 月 29 日。

[12] 《出租车时代》,1944 年 2 月 23、28 日。

[13] 《美国电影学院在美国拍摄的电影目录:故事片,1941—1950》(American Film Institute, Catalog of Motion Pictures Produced in the United States, Feature Films, 1941 - 1950),伯克利:加利福尼亚大学出版社 1999 年,第 428—429 页,1034 页,1137 页。同时见 1208 和 2164 页。

[14] 同上,第 325 页,1513 页,2445 页;《百老汇的兰花》;《布鲁克林的麦圭林一家》;和《出租车,先生!》纽约表演艺术公共图书馆比利·罗斯剧院馆藏,剪贴簿收藏集。

[15] 约翰·鲍德纳:《蓝领的好莱坞:电影中的自由主义、好莱坞与美国工人阶级》,巴尔的摩:约翰·霍普金斯大学出版社2003年,第79—80页。

[16] 《出租车周刊》,1945年9月3日,10月8日;《出租车,先生!》剪贴簿,比利·罗斯剧院典藏。

[17] 乔治·利普希茨(George Lipsitz):《午夜的彩虹:40年代的劳工和文化》(Rainbow at Midnight:Labor an Culture in the 1940s),厄巴纳:伊利诺伊州立大学出版社1994年版,第282—283页。

[18] 《美国电影学院在美国拍摄的电影目录:故事片,1941—1950》,第1278页。

[19] 《纽约时报》,1946年1月8日。

[20] 《纽约时报》,1945年5月14日,6月10日。

[21] 《纽约时报》,1947年2月24日。

[22] 罗格夫:"经济管理理论",第128—129页。关于战时利润的终结,见《纽约时报》,1946年7月30日,8月19日。关于提高车费的请求,见1947年2月25日;1948年8月14日。关于此问题的学术研究,见1948年5月13日。

[23] 罗格夫:"经济管理理论",第132—134页;施赖贝尔,"出租车行业的管理效果",第115—119页。

[24] 《纽约时报》,1947年2月26日;1948年3月6日。

[25] 怀特:《这就是纽约》(Here is New York),纽约:哈珀出版社1949年,第48—50页;简·莫里斯:《1945年的曼哈顿》,第24—25页。

[26] 《纽约时报》,1949年3月20日。

[27] 乔舒亚·弗里曼:《二战以来纽约市工人阶级劳工及其生活》,第40—43页。

[28] 同上书,第43页。

[29] 《纽约邮报》,1949年4月1日。

[30] 《纽约时报》,1949年4月1日,3日;《纽约邮报》,1949年4月1日。

[31] 见约瑟夫·格莱泽(Joseph Glazer)与约翰·古尔德(John Gould)颇有洞察力的文章:"纽约出租车罢工为什么会失败"(Why the New York Taxi Strike Failed),载于《劳工与国家》(Labor and Nation),1949年7月,第33—34页。同时见《纽约时报》,1949年4月6日,7日,8日。

[32] 《纽约邮报》,1949年4月3日—10日;《纽约时报》,1949年4月10日。

[33] 罗格夫:"经济管理理论",第193—195页;施赖贝尔:"出租车行业的管理效果",第117—120页;《纽约邮报》,1948年7月8日;1949年4月22日,26日,29日,30日,1949年3月1—9日;《纽约邮报》,1949年4月13日;弗里曼,《纽约市工人阶级》,第47—48页。

[34] 《纽约时报》,1949 年 3 月 20 日。关于这个时期其他运输工人的成功,见乔舒亚·弗里曼:《1933 至 1966 年纽约市市内交通运输工人工会》,纽约:牛津大学出版社 1989 年。

[35] 巴德·约翰斯与朱迪思·克兰西(Bud Johns and Judith S. Clancy)合编:《衣衫褴褛的家伙:弗里曼·斯佩科特的著述与绘画》(Bastard in the Ragged Suit:Writings of, with Drawings by, Herman Spector),旧金山:新策吉斯迪克出版社 1977 年。关于出租车司机的声望,见亚伯拉罕·纳什:"纽约市出租车司机工会的形成",第 94—95 页。

[36] 《出租车周刊》,1949 年 9 月 28 日。

[37] 《出租车周刊》,1950 年 3 月 29 日。

[38] 《纽约时报》,1948 年 2 月 3 日;埃利奥特·费伊(Eliot G. Fay):"纽约的圣埃克苏佩里"(Saint Exupery in New York),《现代语言笔记》(Modern Language Notes),1946 年,第 61 卷,第 458—462 页。

[39] 关于坦斯泰德,见《出租车周刊》,1947 年 12 月 11 日;《出租车行业月刊》(Taxicab Industry Monthly),1953 年 12 月,1964 年 9 月。关于全国各地其他成功的非洲裔美国人出租车司机经营者,见朱丽叶·沃克(Juliet E. K. Walker):《美国黑人商业史:资本主义,种族,企业家》(The History of Black Business in America:Capitalism, Race, Entrepreneurship),纽约:麦克米伦图书馆参考资料 1998 年,第 252—254 页。

[40] 朱利安·梅菲尔德:《潮流》(The Hit),纽约:范古尔出版社 1947 年,第 87—88 页。

[41] 关于"唱歌的出租车司机",见《出租车周刊》,1949 年 11 月 16 日。关于福斯特,见 1945 年 4 月 8 日;关于出租车业主互助团,见 1943 年 4 月 13 日。关于奖学金,见 1949 年 9 月 21 日;关于假日,见 1949 年 11 月 30 日。关于电影,见《美国电影协会目录:国门之内:美国故事片中的族裔,1911—1960 年》(American Film Institute Catalog:Within Our Gates:Ethnicity in American Feature Films, 1911 - 1960),伯克利:加利福尼亚大学出版社 1997 年,第 387 页。

[42] 莫里斯:《1945 年的曼哈顿》,第 189—191 页。

[43] 弗里曼:《纽约市工人阶级》,第 36 页;莫里斯:《1945 年的曼哈顿》,第 28—29 页;《这个地方在第三大道:约翰·麦克纳尔蒂的纽约故事》(This Place on Third Avenue:The New York Stories of John McNulty),华盛顿:多维出版社 2001 年,第 147 页。

[44] 麦克纳尔蒂:《这个地方在第三大道》,第 148—150 页。

[45] 达蒙·鲁尼恩:《我们的时光》(In Our Time),纽约:创新时代出版社 1946 年,第 13—15 页;丹尼尔·施瓦茨:《百老汇流行音乐舞会:达蒙·鲁尼恩与纽约市文化的形成》(Broadway Boogie Woogie:Damon Runyon and the Making of New

York City Culture),纽约:帕尔格雷夫出版社 2003 年,第 96 页。

[46] 《出租车周刊》,关于卡罗尔,见 1950 年 12 月 13 日;关于丹吉奥里托,见 1951 年 3 月 21 日;1950 年 9 月 6 日;关于克雷洛夫和费斯塔,见 1951 年 10 月 17 日;关于克龙维茨,见 1951 年 5 月 21 日;关于卡鲁索,见 1951 年 5 月 30 日。

[47] 《纽约时报》,1948 年 4 月 1 日。

[48] 《纽约每日镜报》,1950 年 8 月 25 日,引自于《出租车周刊》,1950 年 9 月 8 日。

第五章　经典出租车司机的形成:1950—1960 年

[1] 简·莫里斯:《1945 年的曼哈顿》,第 166 页,189—191 页。

[2] 关于这一时期工人阶层取得的成就,见乔舒亚·弗里曼:《二战以来纽约市工人阶级劳工及其生活》,第 99—167 页;弗雷德里克·宾德与戴维·赖默斯(Frederick M. Binder and David M. Reimers)合著:《天堂下的所有民族:纽约市的民族与种族史》(All the Nations Under Heaven:An Ethnic and Racial History of New York City),纽约:哥伦比亚大学出版社 1995 年,第 202—203 页。

[3] 查尔斯·维迪奇:《纽约出租车司机及其乘客》,第 173—175 页;爱德华·罗格夫:"以纽约出租车系统为例测试经济管理理论",第 195—197 页;查努奇·施赖贝尔:"出租车行业的管理效果",第 127 页;《出租车周刊》,1953 年 2 月 11 日、18 日、5 月 27 日、6 月 16 日;1956 年 1 月 11 日、18 日、25 日;《纽约时报》,1956 年 3 月 3 日、11 日、14 日、18 日、19 日、20 日、26 日;《纽约先驱论坛报》,1956 年 6 月 18 日、19 日;《纽约每日新闻》,1956 年 1 月 18 日、19 日。

[4] 雪莉·奎尔编辑:《迈克·奎尔其人:回忆录》,第 113—114 页。

[5] "司机的座位:不轻松的生活"(From the Driver's Seat:It's No Easy Life),载于《商业周刊》,1951 年 8 月 23 日。

[6] 《出租车行业月刊》,1958 年 5 月。

[7] 关于约翰·鲍德纳对电影的讨论:《蓝领的好莱坞:电影中的自由主义、好莱坞与美国工人阶级》,第 151—153 页。

[8] 詹姆斯·马雷斯卡:《我的旗帜降下来》,纽约:德腾出版社 1946 年,第 56—59 页,141—150 页;马雷斯卡:《出租车先生》,纽约:班特姆书店 1958 年,第 22—31 页。

[9] 马雷斯卡:《我的旗帜降下来》,第 102 页。

[10] 马雷斯卡:《出租车先生》,第 61 页,102—109 页。

[11] 同上,第 19—20 页,48—50 页,58—59 页,86—87 页。

[12] 《纽约时报》,1960 年 12 月 4 日。阿德勒后来将一部剧本出售给哥伦

比亚广播公司《东边还是西边》(East Side/West Side)的系列片。见《纽约时报》，1963年8月22日。

[13] 《出租车周刊》,1954年3月3日,5月26日。关于乌斯韦尔克,见1958年8月6日,1959年3月11日。同时参见《出租车行业月刊》,1958年5月,1959年4月;《纽约时报》,1958年7月30日。

[14] 理查德·耶茨:《11种孤独》,纽约:葡萄书屋1989年,第189—230页;戴维·卡斯特罗诺沃与史蒂文·戈尔德里夫(David Castronovo and Steven Goldleaf)合著:《理查德·耶茨》,纽约:托尔沃尼出版社1996年,第28页,73—75页;布莱克·贝利(Blake Bailey):《一个悲哀的诚实:理查德·亚特斯的生活与工作》(A Tragic Honesty: the Life and Work of Richard Yates),纽约:皮卡多尔出版社2004年,第103—104页。

[15] 塞林杰:《麦田里的追捕者》,波士顿:利特尔,布朗出版社1951年,第81—82页。

[16] 《出租车周刊》,1961年7月10日;《出租车行业月刊》,1961年8月。

[17] 关于小费的发展,见多萝西·科布尔(Dorothy C. Cobble):《和盘托出:20世纪的女服务员与她们的工会》(Dishing It Out: Waitresses and Their Unions in the Twentieth Century),厄巴纳:伊利诺伊大学出版社1991年,第42页;克里·西格雷夫(Kerry Segrave):《小费:一部关于小费的美国社会史》(Tipping: An American Social History of Gratuities),杰斐逊:迈克法兰出版公司1998年,第88—89页。

[18] 马雷斯卡:《我的旗帜降下来》,第104页;吉恩·斯普瑞恩·威尔逊:《有关小费》,第19页,73页。

[19] 西格雷夫:《小费》,第88页。

[20] 弗雷德·戴维斯:"出租车司机及其乘客:车行关系面面观",1959年,第65卷,第158—165页;利奥·克雷斯皮(Leo P. Crespi):"美国小费的隐含意义"(The Implications of Tipping in America),载于《公共观点季刊》(Public Opinion Quarterly),1947年,第11卷,第4页,第24—35页;西格雷夫:《小费》,第85—88页。

[21] 海·加德纳:《早餐前的香槟》(Champagne before Breakfast),纽约:亨利·霍尔特出版社1954年,第194—195页。

[22] 《出租车周刊》,1961年10月3日;《出租车行业月刊》,1961年10月,12月;1962年2月,3月;《洛杉矶时报》(Los Angeles Times),1962年4月10日,15日;《芝加哥论坛报》(Chicago Tribune),1964年12月13日。关于斯坦利的讣告,见《纽约时报》,1968年2月28日。

[23] 《出租车周刊》,1953年1月14日,28日(书评);《出租车行业月刊》,1953年1月;20世纪福克斯电影公司《出租车》的最新剧本,版权所有;纽约表演艺术公共图书馆,比利·罗斯剧院馆藏,出租车小费文档;有关此事后来的评论,

见《出租车周刊》,1957 年 7 月 31 日;关于 50 周年庆典,见《出租车周刊》,1959 年 11 月 25 日;关于大萧条,见 1961 年 8 月 14 日;关于科莫,见《出租车行业月刊》,1958 年 1 月;关于麦圭尔,见 1958 年 11 月,12 月。

[24]《加德纳的纽约非常指南》(Hy Gardner's Offbeat Guide to New York),纽约:格罗西特与邓拉普出版社 1964 年,第 41—43 页。

[25]《加德纳的纽约非常指南》,第 42 页;海·加德纳:《那么还有什么其他新事物》(So What Else is New),恩格尔伍德-克利夫斯:普伦蒂斯-霍尔出版社 1959 年,第 18—20 页。

[26] 加德纳:《早餐前的香槟》,第 126 页。

[27] 华莱士·马克菲尔德:《至清晨的坟墓》,纽约:西蒙-舒斯特出版社 1964 年,第 124—133 页。

[28] 朱利安·梅菲尔德:《潮流》,第 91—93 页。关于阿莫斯,见梅尔文·帕特里克·伊利(Melvin Patrick Ely):《阿莫斯与安迪的冒险:一个美国现象的社会史》(The Adventures of Amos' N'Andy: A Social History of an American Phenomenon),纽约:自由出版社 1991 年。

[29]《出租车周刊》,1954 年 11 月 24 日。关于菲什拜因,见 1956 年 2 月 5 日。关于代替生病的丈夫,见《出租车行业月刊》,1958 年 4 月。

[30] 乔治·利普希茨:"记忆的意义:早期网络程序中的家庭,阶级和种族"(The Meaning of Memory: Family, Class, and Ethnicity in Early Network Programs),《文化人类学》(Cultural Anthropology),1985 年,第一卷,第 355—387 页。

[31] 梅菲尔德:《潮流》,第 161 页;《出租车周刊》,1953 年 7 月 22 日,8 月 12 日。

[32]《纽约时报》,1958 年 6 月 23 日,1959 年 2 月 18 日,3 月 11 日,6 月 25 日,8 月 14 日,10 月 31 日和 12 月 31 日;《出租车行业月刊》,1958 年 2 月,3 月,1959 年 3—5 月。

[33]《纽约时报》,1960 年 12 月 4 日。

第六章 组建工会的努力与困境:1960—1980 年

[1] 罗格夫:"经济管理理论",第 135—137 页;施赖贝尔:"出租车行业管理的效果",第 142—149 页;《出租车周刊》,1961 年 11 月 6 日;1962 年 2 月 26 日,4 月 23 日,5 月 7 日;《纽约时报》,1960 年 9 月 17 日;1961 年 9 月 3 日;《出租车行业月刊》,1960 年 7 月,11 月,12 月。

[2]《出租车行业月刊》,1962 年 8 月;1963 年 2 月,4 月,9 月,10 月;《读者文摘》(Reader's Digest),1965 年 2 月。

[3] 《出租车行业月刊》,1963年12月。

[4] 同上,1960年7月,1963年7月。

[5] 亚伯拉罕·纳什(Abraham Nash):"纽约市出租车司机工会的形成"(The Making of the New York City's Taxi Driver's Union),哥伦比亚大学硕士论文,1967年,第94—95,108—112页。

[6] 有关范阿斯代尔的经历的讨论,见吉恩·鲁菲尼(Gene Ruffini):《小哈里·范阿斯代尔:劳工主席》(Harry Van Arsdale, Jr. : Labor's Champion),纽约州阿蒙克:M. E. 夏普出版社2003年,第1—11章。

[7] 《出租车行业月刊》,1965年3月。范阿斯代尔和瓦格纳的相关内容,见乔舒亚·弗里曼(Joshua B. Freeman):《纽约工人阶级:二战以来的生活和劳工》(Working—Class New York: Life and Labor Since World War II),纽约:新出版社2000年,第103页;鲁菲尼:《小哈里·范阿斯代尔》,第179页。访谈部分,见纳什:"纽约市出租车司机工会的形成",第190—193页。

[8] 约翰·埃利斯(John Ellis):"33年后的胜利"(Victory after 33 years),《自由劳工世界》(Free Labor World),1967。

[9] 罗格夫,"经济管理理论",第198—200页。

[10] 《纽约时报》,1962年3月15日,8月14日;1963年2月24日,9月3日;1964年7月29日,9月15、26日,11月1、2、20、3日;《出租车行业月刊》,1965年4月。中央劳工委员会部分,见弗里曼:《纽约工人阶级》,第100页。

[11] 鲁菲尼:《小哈里·范阿斯代尔》,第179—181页。

[12] 罗格夫:"经济管理理论",第152,200—202页。有关罢工部分,见《纽约时报》,1965年3月24日,5月17、18日,6月28—30日,7月1—5日;《纽约邮报》,1965年3月24、25、28日,5月19、20日,6月25、28、29、30日;《纽约每日新闻》(New York Daily News),1965年3月25日,5月16日;《出租车行业月刊》,1965年5月、6月、8月、9月、10月和11月。

[13] 曼(Mann)引自鲁菲尼:《小哈里·范阿斯代尔》,第184—185页。

[14] 《纽约时报》,1967年1月5日,5月15、24日,6月12日,11月22日。

[15] 《出租车司机之声》(Taxi Drivers' Voice),1968年6月至1969年3月。

[16] 斯特恩引自鲁菲尼:《小哈里·范阿斯代尔》,第187页。

[17] 《纽约时报》,1969年8月4日。

[18] 有关兼职司机和学生之间其他的紧张关系,见弗里曼:《纽约工人阶级》,第228—256页。

[19] 《纽约时报》,1973年2月12日。

[20] 哈里·蔡平(Harry Chapin):《出租车》(Taxi)(乐谱),纽约:华纳兄弟出版公司1975年。

[21] 《纽约时报》,1970年12月17日。

[22]《纽约时报》,1965年11月3日。

[23]关于坎布里奇的经历,见《纽约邮报》,1969年12月26日;《纽约时报》,1969年12月26日,1973年3月21日。

[24]威利·莫里斯(Willie Morris):《纽约时光》(*New York Days*),波士顿:小布朗出版社1993年,第138—139页。

[25]罗格夫:"经济管理的理论",第164—168页;施赖贝尔:"出租车行业的管理效果",第129—136页。一个较早的例证,见《纽约时报》,1961年3月27日。关于布思的经历,见《纽约时报》,1966年3月5日,4月8日;《出租车行业月刊》,1965年1月。

[26]《纽约时报》,1968年2月28日,7月9、10日。罗格夫:"经济管理的理论",第170—171页;施赖贝尔:"出租车行业的管理效果",第166—167页。

[27]《纽约时报》,1970年8月27日,9月28、30日。涉及威廉斯的部分,见《纽约时报》,1971年1月20日;维迪奇:《纽约市出租车司机及其乘客》,第161页。关于其他谋杀者的情况,见《出租车司机之声》,1968年3月20日,6月6日;《时代》,1967年2月3日,1970年9月21日。3个失业者因谋杀一个出租车司机而被捕,见《纽约邮报》,1968年6月15日。关于戈尔生平的更多情况,见《出租车新闻》,1977年3月15日。

[28]《纽约时报》,1970年12月4、6、8、21、22日。

[29]施赖贝尔:"出租车行业的管理效果",第185—189页;《纽约时报》,1971年1月21、22日,2月20日,3月2—3日。

[30]《纽约时报》,1971年1月20日,1973年10月1日,11月13日。

[31]施赖贝尔:"出租车行业的管理效果",第133页。

[32]《纽约时报》,1972年5月18、22日,7月16日,8月4日,9月9日,12月4日;1976年7月23日;维迪奇:《纽约市的出租车司机》,第101页。

[33]施赖贝尔:"出租车行业的管理效果",第131、140、145页。

[34]《出租车行业月刊》,1963年4月,1965年3月。

[35]施赖贝尔:"出租车行业的管理效果",第193,204—205页;吉尔伯特和塞缪尔斯合著:《出租车》,第92页。

[36]《时代》,1974年4月8日。

[37]《时代》,1976年6月21日。

[38]埃米利奥·安巴兹(Emilio Ambasz):《出租车设计:今天现实的解决方案》(*The Taxi Project: Realistic Solutions for Today*),纽约:现代艺术博物馆1976年。有关阿瑟·戈尔(Arthur Gore)的评论,见《纽约时报》,1975年7月9日;有关车行漠不关心的报道,见1976年6月16日。

[39]鲁菲尼:《小哈里·范阿斯代尔》,第189页;《电椅》(*Hot Seat*),1972年6月。关于基层联盟的一个最近评论,见《乡村之声》(*Village Voice*),2006年2

月15日。

[40] 维迪奇:《纽约市出租车司机》,第110—116页;十字路口的出租车行业(Taxi at the Crossroads),纽约:基层联盟1974年,第3页;基层联盟的录音磁带1、3和14,1978年3月21日,塔米门特图书馆。

[41] 约翰·戈登(John Gordon):"在电椅上:纽约市出租车司机基础联盟的经历"(In the Hot Seat:The Story of the New York Taxi Rank and File Coalition),《激进美国》(Radical America)1983年17卷:第27—43页。

[42] 《十字路口的出租车行业》,第7—9,23—28页。

[43] 罗格夫:"经济管理的理论",第204—205页;施赖贝尔:"出租车行业的管理效果",第156—157页;《纽约时报》,1971年4月18日;反对范阿斯代尔,见1971年的10月14日,11月15日。合同,见1972年12月28日。

[44] 《纽约时报》,1974年7月7日,9月13日;也见于1976年5月23日,11月24日。关于谢尔(Scher),见1976年8月9日,9月19日;关于交警,见1976年12月21日;关于麦考尔(McCall),见1976年12月22日。

[45] 《纽约时报》,1979年12月2日。其他故事,见1977年10月17日,1979年4月11日。

[46] 布鲁斯·沙勒(Bruce Schaller):《纽约市出租车司机实录》(The New York City Taxicab Fact Book),第三版,纽约:沙勒咨询室2004年,第25页。

[47] 罗格夫:"经济管理的理论",第157—159页;《出租车管理问题委员会草案》(Committee on Taxi Regulatory Issues,Preliminary Paper),1981年10月22日,纽约:纽约市出版社1981年,第17—19,25—26,30页;沙勒:《纽约市出租车司机纪录》,第25页。

[48] 格里·赫尔希(Gerri Hirshey):"尴尬的乘客:出租车的困境"(Uneasy Riders:The Taxi Perplex),《纽约杂志》(New York Magazine),1980年5月。

[49] 赫尔希:"尴尬的乘客"。黄金连线,见《纽约时报》,1977年2月3日;汤姆·沃尔夫(Tom Wolfe):《空之篝火》(Bonfire of the Vanities),纽约:法勒,斯特劳斯-吉鲁出版社1987年。关于对普通人的刺激,见《纽约时报》,2002年6月30日。

[50] 莫里斯:《纽约时光》,第156页。

[51] 阿尔·赫尔德(Al Held):《出租车》(Taxi Cabs),纽约:罗伯特·米勒美术馆1959年。

[52] 阿瑟·丹托,蒂莫西·海曼,马科·利文斯顿(Arthur G. Danto,Timothy Hyman and Marco Livingstone):《雷德·格鲁姆斯》(Red Grooms),纽约:里兹普莱出版社2004年,第8—9,233—234页。

[53] 弗兰克·洛夫斯(Rank Lovece)和朱尔斯·佛朗哥(Jules Franco):《打的:电视剧本》(Hailing Taxi:The Official Book of the Show),纽约:普伦蒂斯-霍尔

出版社 1988 年,第 3,194—198 页。

[54] 在理查德·埃尔曼(Richard Elman)的改编小说里,贝齐让特拉维斯有时间打电话给她,留下了一个和解的开始。理查德·埃尔曼:《出租车司机》(*Taxi Driver*),纽约:班特姆出版社 1976 年,第 146 页。

[55] 鲍德纳:《蓝领的好莱坞》,第 185—188 页;桑德斯:《赛璐珞天际线:纽约和电影》,第 136 页;科林·麦克阿瑟(Colin McArthur):"中国亭子和俄罗斯美女:追寻难解的电影之城"(Chinese Boxes and Russian Dolls: Tracking the Elusive Cinematic City),引自戴维·克拉克(David B. Clarke)编辑:《电影之城》(*The Cinematic City*),伦敦:劳特利奇出版社 1997 年,第 31 页。

[56] 埃尔曼:《出租车司机》,第 20,31 页。

[57] 施拉德(Schrader)引自桑德斯:《赛璐珞天际线》,第 395 页。坎迪的评论,见《纽约时报》,1976 年 2 月 15 日。

[58] 沙勒:《出租车司机纪实》,第 18,37 页。

第七章　承租司机和无产阶级:1980—2006 年

[1] 罗格夫:"经济管理理论",第 206—207 页;《纽约时报》,1979 年 2 月 15 日。

[2] 艾伦·拉塞尔·史蒂文斯(Allen Russell Stevens):"对租车制的研究"(A Study of Leasing),纽约城市大学博士论文,1991 年,第 20,95—105 页;《纽约时报》,1980 年 12 月 14 日、10 月 24 日、8 月 6 日、2 月 21、22、28 日;有关观光巴士,见 1989 年 7 月 27 日。有关工会部分,见布鲁斯·沙勒:《纽约市出租车司机纪实》,第三版,纽约:沙勒咨询 2004 年,第 27 页。

[3] 史蒂文斯:"对租车制的研究",第 50 页;《纽约时报》,1980 年 3 月 6 日。

[4] 史蒂文斯:"对租车制的研究",第 56—70 页;克里斯蒂娜·奥科森伯格(Christina Oxenberg):《出租车》(*Taxi*),伦敦:四重奏书局 1986 年,第 7 页;艾娃·皮卡科娃(Iva Pekarkova),1993 年 2 月 6 日,作者原创,版权所有。关于这次诉讼,见《纽约法律月刊》(*New York Law Journal*),1993 年 4 月 21 日。

[5] 比尤·马修(Biju Mathew):《出租车!纽约市的出租车和资本主义》(*Taxi! Cabs and Capitalism in the New York City*),纽约:新出版社 2005 年,第 64—68 页;《出租车管理问题委员会草案》,1981 年 10 月 22 日,纽约:纽约市出版社 1981 年,第 35—38 页。

[6] 沙勒:《纽约市出租车司机实录》,第 25 页;"出租车委员会文件"(Taxi and Limousine Commission Files),爱德华·科克市长的公文,1980—1992 年,卷

220,纽约市政档案资料局;《全国法律月刊》(National Law Journal),2005 年 1 月 24 日。

[7]《纽约时报》,1980 年 4 月 7 日,5 月 21 日,8 月 6 日。袭击事件,见《纽约时报》,1981 年 10 月 19、22 日,12 月 30 日。关于非洲裔美国人和贷款,见《纽约时报》,1983 年 1 月 8 日。出租车司机的培训学校,见 1983 年 9 月 28 日;1984 年 4 月 8 日。关于统一着装法令,见 1987 年 8 月 22 日,6 月 18 日,及"出租车委员会文件",科克公文,卷 220。

[8]《纽约时报》,2006 年 2 月 16 日。关于切克尔车,《见纽约时报》,1997 年 3 月 27 日。

[9] 沙勒:《纽约市出租车司机实录》,第 28 页。

[10]《纽约时报》,2005 年 6 月 11、17、26 日,11 月 14 日。

[11] 关于科克的计划,见《纽约时报》,1985 年 1 月 16 日。关于牌照费用,见 1985 年 12 月 16 日。贝克(Baker),见 1985 年 10 月 12 日。关于堵路事件,见 1986 年 12 月 3 日,11 月 18 日。关于斯托普尔曼(Stoppelmann)致吉尔伯特(Gilbert)的信件,见"出租车委员会文件",科克公文,卷 220。

[12] 沙勒:《纽约市出租车司机实录》,第 28 页。可使用轮椅的出租车,见《纽约时报》,2004 年 8 月 26 日,9 月 24 日,10 月 10 日。

[13]《纽约时报》,1980 年 2 月 28、29 日,3 月 2 日。

[14]《出租车管理问题委员会》,第 47—51 页;《纽约时报》,1980 年 3 月 13、23 日,10 月 23 日;罢工,见 1983 年 3 月 17 日,4 月 8 日。

[15] 杰克·勒斯克(Jack Lusk):《出租车资费调查:资费分析和建议》(Taxi Fare Review: Fare Analysis and Recommendations),纽约市出租车委员会,1989 年 10 月 12 日,纽约:纽约市出版社 1989 年。

[16]《纽约时报》,1982 年 2 月 19 日;1987 年 4 月 4 日;沙勒:《纽约市出租车司机实录》,第 26 页。

[17] 艾娃·皮卡科娃(Iva Pekarkova):《给我钱:一个捷克出租车司机眼中的大苹果》(Gimme the Money: The Big Apple as Seen By a Czech Taxi Driver),伦敦:赛尔彭特故事出版社 2000 年,第 89—93 页。又见弗拉基米尔·洛巴斯(Vladimir Lobas):《地狱里来的出租车:一个俄国出租车司机的自述》(Taxi from Hell: Confessions of a Russian Hack),纽约:苏荷书局 1993 年,第 96—100 页。

[18] 关于盲人妇女,见《纽约时报》,1983 年 3 月 7 日。关于女演员,见 1983 年 3 月 15 日。关于对打的难的不满,见 1984 年 7 月 10 日,8 月 7 日,9 月 12 日。关于钱晓的经历,见戴维·阿古什(R. David Arkush)和李欧梵(Leo Ou-fan Lee):《真实的国度:19 世纪中期至今中国人对美国的印象》(Land without Ghosts: Chinese Impressions of American from the Mid-Nineteenth Century to the Present),伯克利:加州大学出版社 1989 年,第 283 页。

[19] 科尔森·怀特黑德(Colson Whitehead):《纽约巨人》(Colossus of New York),纽约:双日出版社 2003 年,第 63—64 页。皮卡科娃:《给我钱》,第 47—48 页。

[20] 关于这些典型的乘客,见《纽约时报》,1981 年 3 月 3、8 日。

[21] 帕特·哈克特(Pat Hackett)编:《安迪·沃霍尔日记》(The Andy Warhol's Diaries),纽约:沃纳书局 1989 年。

[22] 伯尼斯·坎纳(Bernice Kanner):"出租车工作:开出租车的伯尼斯·坎纳"(Hack Work: Bernice Kanner Drives a Cab),《纽约杂志》(New York Magazine),1988 年 5 月。

[23] 奥科森伯格:《出租车》,第 16—17 页。关于艾森斯坦,见《纽约时报》,1983 年 1 月 4 日,1984 年 3 月 7 日。关于利文森,见《乡村之声》,1998 年 4 月 7 日。

[24] 《纽约时报》,1980 年 8 月 3 日。

[25] 坎纳:"出租车工作",第 50 页;格里·赫尔希:"尴尬的乘客:出租车的困境",《纽约杂志》,1980 年 5 月。

[26] 关于在社区中的工作,见哈洛奇·特勒(Hanoch Teller):"嘿! 出租车"(Hey, Taxi!),载于《司机描叙的出租车里的故事》(Tales Told in Taxis and Recounted by Cabbies),纽约:纽约城市出版公司 1990 年,第 277 页。关于大学的论述,见尼克·科恩(Nik Cohn):《世界的心脏》(The Heart of the World),纽约:克诺夫出版社 1992 年,第 5 页。关于马克思等人,见安纳莉斯·奥列克(Annelise Orleck):"俄国犹太人"(The Soviet Jews),载于南希·丰纳(Nancy Foner)编:《纽约的新移民》(New Immigrants in New York),纽约:哥伦比亚大学出版社 1987 年,第 288—289 页。

[27] 奥科森伯格:《出租车》,第 19 页。

[28] 阿希什·拉贾德希亚克沙(Ashish Rajadhyaksha)和保罗·维勒曼(Paul Willemen)合编:《印度电影百科全书》(Encyclopedia of Indian Cinema),新德里:牛津大学出版社 1994 年,第 42,316 页;马修:《出租车!》,第 151—153 页。

[29] 《纽约时报》,1995 年 1 月 22 日;菲德尔·德尔瓦尔(Fidel Del Valle):"谁在纽约开出租?:出租车司机申请人概评"(Who's Driving New York?: A Profile of Taxi Driver Applicants),《移民世界》(Migration World) 1995 年,第 23 卷,第 12—15 页;狄迪梯·米特拉(Diditi Mitra),"轮回的生活:纽约市的印度裔出租车司机"(Rotating Lives: Indian Cabbies in New York City),天普大学博士论文,2002 年,第 79—91 页。

[30] 米特拉:"轮回的生活",第 75—77 页;罗杰·瓦尔丁格(Roger Waldinger):《仍是希望之乡:非洲裔美国人和后工业化纽约市的新移民》(Still the Promised City: African Americans and the New Immigrants in Postindustrial New York),

剑桥:哈佛大学出版社1996年,第141—153,219—253页。

[31] 米特拉:"轮回的生活",第63—70,92—99,115—124页;马修:《出租车!》第26页。

[32] 马修:《出租车!》,第21—26,177页。

[33] 沙勒:《出租车和专车司机变化的面貌》(The Changing Face of Taxi and Limousine Drivers),纽约:沙勒咨询室2004,第31—35页。

[34] 同上,第25—30页。

[35] 皮卡科娃:"艾娃的书"(The Book of Iva),未出版;同前,《卡车停在彩虹边》(Truck Stop Rainbows),纽约:法勒,斯特劳斯-吉鲁出版社1992年;同前,"财富之轮"(Wheels of Fortune),《纽约时报周日杂志》(New York Times Sunday Magazine),1994年1月16日;同前,《给我钱》;沙勒:《出租车和专车司机变化的面貌》,第29页。

[36] 坎纳:"出租车世界",第47页。

[37] 同上,第47页。

[38] 同上,第49—51页。

[39] 洛巴斯:《地狱里来的出租车》,第98页。

[40] 奥科森伯格:《出租车》,第26—27,40—41,45—46,49页。

[41] 丹尼丝·莱弗托夫(Denise Levertov):"诗人的力量"(Poet Power),载于《水中的呼吸》(Breathing the Water),纽约:新方向出版社1987年,第6页。

[42] 奥科森伯格:《出租车》,第72,78,81页。

[43] 戴维·布拉德福德(David Bradford):《开车拍照:一个纽约出租车司机的摄影》(Drive-By Shootings: Photographs by a New York Taxi Driver),德国科恩:康纳曼出版社2000年。"摄影者",见奥科森伯格:《出租车》,第16—17页。

[44] 瑞安·韦德曼(Ryan Weideman):《在我的出租车里:工余的纽约》(In My Taxi: New York after Hours),纽约:雷声之口出版社1991年;《纽约时报》,2002年12月13日。关于希金斯,见《纽约杂志》,1999年1月11日。

[45] 安布罗斯·克兰西(Ambrose Clancy)和彼得·多纳霍(Peter M. Donahoe):《夜路:一份工作回忆录》(The Night Line: A Memoir of Work),纽约:新阿姆斯特丹书局1990年。

[46] 有关阿兰(Allan)和他自费出版的书籍的讨论,见《纽约时报》,2000年4月20日。

[47] 戴维·欧文(David Owen),"老的哥"(Old Hack),《纽约人杂志》(New Yorker Magazine),2004年1月26日;《纽约时报》,1990年11月15日;1998年1月6日。有关的哥算数的才能,见《纽约时报》,2005年5月29日。

[48] 吉姆·皮奇(Jim Pietsch),《出租车司机笑话集》(The Cab Driver's Joke Book),纽约:沃纳书局1986—1988年,第2卷第56,68,122页;《纽约时报》,1987

年12月9日;2005年7月8日。

[49] 里莎·米肯伯格(Risa Mickenberg):《出租车司机的智慧》(*Taxi Driver Wisdom*),旧金山:编年史书局1996年。

[50] 《纽约时报》,1996年4月2日;皮卡科娃,《给我钱》,第48—49页。

[51] 《纽约时报》,1996年8月11日。关于《我的生活在转折中》,见1994年6月12日。

[52] 汤姆·扎尼埃洛(Tom Zaniello):《蓝领工人,工会女仆,赤色分子和群氓:有关劳工电影的一个宽泛的导读》(*Working Stiffs, Union Maids, Reds and Rifraff: An Expanded Guide to Films about Labor*),伊萨卡:ILR出版社2000年,第364—365,386—387页;《纽约每日新闻》,2001年8月19日。

[53] 维贾伊·普拉萨德(Vijay Prasad):《棕色皮肤民众的羯磨》(*The Karma of Brown Folk*),明尼阿波利斯:明尼苏达大学出版社2000年,第195—203页;马修:《出租车!》,第11—35,129—141页;《美国律师》(*American Lawyer*),2003年6月;《华尔街日报》,1998年5月14、15日;密永·赵(Milyoung Cho),"纽约出租车司机开始了有组织的行动"(New York Cabbies Start an Organizing Drive),《第三种力量》(*Third Force*)1993年1卷第5页。关于女性的领导,见米特拉:"轮回的生活",第14—17页。拉扎勒斯(Lazarus),见《乡村之声》,2006年2月15日。

[54] 弗里曼:《纽约劳动阶级》,第327页。对市长反驳言论的深入探讨,见《纽约每日新闻》,1998年5月19日。关于法庭裁决,见《纽约时报》,1998年6月26日。关于车行业主的抱怨,见米特拉:"轮回的生活",第55—58页。

[55] 《纽约时报》,1987年12月10日;1988年1月12日;1993年12月20日;1994年12月4、5日;康奈尔·韦斯特(Cornel West):《种族问题》(*Race Matters*),波士顿:比肯出版社1993年,第15页;关于霍尔德(Holder),见奥科森伯格:《出租车》,第91页;吉尔·纳尔逊(Jill Nelson):"我知道你的牌照号"(I've Got Your Number),《乡村之声》,1983年4月。关于马拉布尔,见《高等教育黑人月刊》(*Journal of Blacks in Higher Education*),1998年21期第68页。

[56] 《纽约时报》,1999年12月6日,11月7、11日。

[57] 沙勒:《纽约市出租车司机实录》,第15、19页。

[58] 关于格洛弗(Glover),见《纽约每日新闻》,1999年11月21日。关于其他引文,见米特拉,"轮回的生活",第57—59页。

[59] 《纽约时报》,1999年11月12、13、19日。关于德赛的概评,见《纽约时报》,1999年12月8日;《世界新闻评论》(*World Press Review*),2000年5月。

[60] 《新闻时间》(*Newsday*),1999年11月19日。

[61] 《纽约时报》,1999年11月13、19日;洛巴斯,《地狱里来的出租车》,第97—99页。

[62] 《纽约时报》,2004年1月25日。

［63］ 马修:《出租车!》,第131—136页。
［64］ 南希·丰纳(Nancy Foner):《从艾利斯岛到肯尼迪机场》(From Ellis Island to JFK),纽约:哥伦比亚大学出版社2000年,第157—160页。
［65］ 迭戈·甘贝塔(Diego Gambetta)和希瑟·哈米尔(Heather Hamill):《街头智慧:出租车司机如何取得顾客们的信赖》(Streetwise: How Taxi Drivers Establish Their Customer's Trustworthiness),纽约:拉塞尔·塞奇基金,2005年,第160—170页;伊恩·艾尔斯(Ian Ayers),弗雷德里克·瓦尔斯(Frederick E. Vars)和纳塞尔·扎基瑞亚(Nasser Zakiriya),"保持偏见:出租车小费中的种族差异"(To Insure Prejudice: Racial Disparities in Taxicab Tipping),《耶鲁法律月刊》(Yale Law Journal),2000年5月114期第1613—1673页;格伦·劳里(Glenn C. Lourie):《剖析种族不平等》(The Anatomy of Racial Inequality),剑桥:哈佛大学出版社2002年,第30—31,59页。
［66］ 马修:《出租车!》,第3—5,153—155页。
［67］ 《纽约时报》,2004年1月29日;马修:《出租车!》,第5—7页。

后记

［1］ 例如:一位出租车司机把一名女性乘客赶下车,然后驱车离去,当时后车门是开着的,而且这名乘客的小孩还在车后座上面,这一事件引起轰动。《纽约时报》,2006年2月17、22日。
［2］ 马修:《出租车!》,第166—175页。
［3］ 萨斯基安·萨森(Saskia Sassen):《全球化城市:纽约、伦敦、东京》,普林斯顿:普林斯顿大学出版社1991年。关于建议,参见《纽约时报》,2005年8月9日。关于对话的缺失,参见《纽约时报》,2003年7月17日。
［4］ 布鲁斯·沙勒:《纽约市出租车司机实录》,第三版,第1—2页。
［5］ 《纽约时报》,2005年11月14日,2006年7月31日。
［6］ 《乡村之声》,2006年5月31日。

推荐阅读书目

出租车和出租车司机在文字及影像资料中就像他们在大街上一样，随处可见。了解出租车司机最重要的途径是通过他们自身的描述。尽管出租车司机自传对了解出租车司机而言已经成为一种有价值的体裁，不过在种类繁多的手稿和杂志里面都可找到关于他们的描述。在撰写本书时，有关 1920 年代的出租车司机我主要倚重于两部经典性著作：Robert Hazard 的 *Hacking New York*（New York：Scribner's, 1929）和 *I'm Lucky At That, by David Betts the Taxi Philosopher*（Garden City, NY：Doubleday, Doran, 1930）。没有关于 1930 年代的出租车司机的自传，但一篇文章很有价值，即 1939 年 5 月刊登在《财富》上 Harry Farber 的"Manhattan Hackie"。有关出租车司机对罢工和大萧条的回忆可参见 *American Memory Histories：Manuscripts from the Federal Writers' Project* （Washington, DC：Smithsonian Institution）上的"Stories, Poems and Jargon of the Hack Drivers"。对于 1930 年代有关出租车工作艰辛状况带有强烈感情色彩的著作可参见 Bud Johns and Judith S. Clancy 合编的 *Bastard in the Ragged Suit：Writings of , with Drawings by, Herman Spector* （San Francisco：Synergistic Press, 1977）。这本书后来再版时收录了 Spector 对于出租车司机特征的批判性评论和他那令人追忆往事的描述。在 1940 年代早期，女性司机开始参与出租车行业。有关这一方面，可参见 1943 年 11 月份刊登在《纽约时代杂志》上 Ruth Sulzberger 的"Adventures of a Hackie（Female）"和 Edith Martz Clark, M. D. 的 *Confessions of a Girl Cab Driver*（New York：Vantage Press, 1954）。对理解 1950 年代自作聪明的出租车司机最重要的书是 James Maresca 写的两

本自传: *My Flag is Down* (New York: E. P. Dutton, 1946) 和 *Mr. Taxicab* (New York: Bantam Books, 1958)。在纽约大学塔米门特图书馆的美国运输工人工会档案是一个有关出租车司机组织的重要资料汇编, 它涵盖了从 1930 年代到 1970 年代出租车司机组织的大部分材料, 其中包括 1970 年代与出租车司机访谈的 Rank and File Coalition audiotapes。对理解世纪末出租车司机状况的主要著作有: Vladimir Lobas 的 *Taxi From Hell: Confessions of a Russian Hack* (New York: Soho Books, 1993); Hanoch Teller 的 *"Hey Taxi!" Tales Told in Taxis and Recounted by Cabbies* (New York: New York City Publishing Company, 1990); Andrei Frolov 的 *The Stories of a Taxi Driver* (New York: Vantage Press, 1994) 和 Iva Pekarkova 有关在纽约开出租的小说 *Gimme the Money: The Big Apple as Seen By a Czech Taxi Driver* (London: Serpent's Tale Books, 2000)。

如同出租车司机是健谈者一样, 他们也是铁杆的摄影师。由出租车司机所创作的最好的摄影集有: Ryan Weideman 的 *In My Taxi: New York After Hours* (New York: Thunder's Mouth Press, 1991); Ambrose Clancy and Peter M. Donahoe 合著的 *The Night Line: A Memoir of Work* (New York: New Amsterdam Books, 1990); 以及 David Bradford 的 *Drive-by Shootings: Photographs by a New York Taxi Driver* (Kohn, Germany: Konneman, 2000)。出租车司机也记录下了他们的幽默故事。有关这一方面, 可参见 Jim Pietsch 的 *The New York City Cab Driver's Book of Dirty Jokes* (New York: Warner Books, 2005), 还可参见: Risa Mickenberg 的 *Taxi Driver Wisdom* (San Francisco: Chronicle Books)。

有关出租车司机的大量文章被发现在诸如《纽约时报》、《纽约日报》、《纽约邮报》、《纽约先驱论坛报》和《华尔街日报》这样的纽约每日的报纸上, 这些报纸上都有针对出租车司机的专栏。缩微胶卷的《出租车周刊》(原《出租车消息与出租车时代》) 和《出租车行业月刊》都收藏在纽约公共图书馆科技分馆里面, 是记载出租车司机必不可少的文献,二者皆于 1920 年代创刊。在纽约公共图书馆科技栏里面,我还发现了工会报纸,包括 *Taxi Bulletin*, *Taxi Driver's Voice* 及 *Brotherhood Register* 等报纸。在纽约大学的运输工人工会集里还收藏有 1970 年代较为激进的 *Hot Seat* 文档。

纽约大学的运输工人工会文件并不是有关出租车司机仅有的档案资料。位于下曼哈顿地区的纽约记录和档案委员会里收藏的詹姆斯·沃克、菲洛里奥·拉瓜迪亚及爱德华·科克市长文件里都包含了大量有关出租车规章和活动的材料。

对出租车的学术研究始于 Gorman Gilbert and Robert F. Samuels 的 *The Taxicab: An Urban Transportation Survivor*(Chapel Hill; University of North Carolina Press,1982)。有关纽约出租车管理的优秀博士论文有:Edward G. Rogoff 的"Theories of Economic Regulation Tested on the Case of the New York City Taxicab Industry"(Ph. D. diss., Columbia University,1980),其部分总结整理后以"Regulation of the New York City Taxicab Industry"为名被收录到 *City Almanac* 15:3(August 1980)里面。其他有关出租车管理较有价值的博士学位论文包括 Chanoch Shreiber 的"The Effect of Regulations on the Taxicab Industry"(Ph. D. diss., Columbia University,1973)和 Allen Russell Stevens 的"Taxi Driving: A Study of Leasing in New York City"(Ph. D. diss., City University of New York, 1991)。对 20 世纪中叶出租车司机和工会组织有生动描述的是 Abraham Nash 的"The Making of the New York City Taxi Driver's Union"(M. A. thesis, Columbia University,1967)。在 Joshua Mark Lupkin 的"Constructing the 'Poor Man's Automobile':Public Space and the Response to the Taxicab in New York and Chicago"(Ph. D. diss., Columbia University,2001)对出租车行业的早期演变作了一个很好的历史回顾。有关近期的出租车司机状况,可参见 Diditi Mitra 的"Rotating Lives: Indian Cabbies in New York City"(Ph. D. diss., Temple University, 2002)。Bruce Schaller 对出租车司机的主要研究被汇编在他的基本读物:*New*

York City Taxicab Fact Book, 3rd ed. (New York: Schaller Consulting, 2004). 最后,任何对当代出租车司机感兴趣的人,及对纽约出租车司机工人联盟改善其命运所作的勇敢尝试关注的人都应该读一读 Biju Mathew 的 *Taxi! Cabs and Capitalism in New York City* (New York: New Press,2005)。

索　引

（索引后的页码为本书边码）

Abbott, Berenice 艾博特, 贝雷尼斯, 61
Abbott and Costello 艾博特和科斯特洛, 82
Adler, Edward 艾德勒, 爱德华, 107, 121-122
Adventure Shop, The 《冒险店》, 25
Affair, A Catered 《逢迎之事》, 105
African Americans 非洲裔美国人, 12, 37, 46, 95-96, 99, 128, 132, 137, 146, 172
　　as cabdrivers 作为司机, 55, 58, 79, 95, 116, 131, 137, 158, 160
　　discrimination against 被歧视, 131, 150, 170-171
Afrians, as cabdrivers 非洲人作为司机, 161, 168, 180
Aiken, Conrad 艾肯, 康拉德, 39
Ali, Muhammad 阿里, 默罕默德, 173
Alias, Boston Blackie 《别名波士顿的黑人》, 84
Alias, Mary Dow 《别名玛丽·道》, 64
Allan, Mark 阿兰, 马克, 166
Allen, Charles C. 艾伦, 查尔斯, 8
Allen, Harry S. 艾伦, 哈里, 8-9, 14-15
Allied Garage 联合车行, 67
Allied Industrial Workers 产业工人联盟, 101
Ameche, Don 阿米奇, 唐, 64, 143
American Federation of Labor-Council of Industrial Organization (AFL-CIO) 劳联-产联, 120, 123, 127
American Federation of Labor (AFL) 美国劳工联合会, 59
American Labor Party 美国劳工党, 69
American Mercury 《美国信使》, 60
Anand, Chetan 阿南德, 凯坦, 159
Anand, Dev 阿南德, 德夫, 159
Anscombe, G. B. M. 安斯科姆 G. B. M., 163
Apollo Theater 阿波罗剧院, 95

Babs' Burglar 《巴布斯家的窃贼》, 26
Baker, Mrs. Edith 贝克, 伊迪丝, 30
Baker, Russell 贝克, 拉塞尔, 152
Bald, Vivek Renjou 巴尔德, 维韦卡·雷约, 168
Bangladeshis, as cabdrivers 孟加拉人作为出租车司机, 160-161
Barrymore, John 巴里摩尔, 约翰, 25
Belfast, Ireland 贝尔法斯特, 爱尔兰, 174
Belmore Cafeteria 贝尔莫尔饭馆, 145-146

索引 255

Bendix, William 本迪克斯,威廉,82
Benedetti, Mario 贝内德蒂,马里奥,164
Berger, Meyer 伯杰,迈耶,107
Berle, Milton 伯利,米尔顿,94
Berman, Stanley 伯曼,斯坦利,112 – 113
Betts, Dave 戴夫,贝茨,29,37
　on customers 关于消费者,29
　on drunks 关于饮酒,29
　on rich people 关于富人,30
　on women 关于妇女,30
　on work 关于工作,29 – 30
bicycles 自行车,11
Big City《大都市》,63
Big Clock, The《大钟》,84
Bishop, Julie 毕晓普,朱莉,82
Black and White Chauffeurs Union 黑白司机工会,33
Black and White Taxicab Company 黑白出租车公司,32
Black Pearl Company 黑珍珠公司,134 – 135。另参见 livery services
Bliss, Willard 布利斯,威拉德,59
Blondell, Joan 勃朗德尔,琼,63
Bodnar, John 鲍德纳,约翰,64,105,145
Bonfire of the Vanities, The《空之篝火》（汤姆·沃尔夫 [Tom Wolfe] 著）,142
Booth, William 布思,威廉,131 – 132,170
Bootlegging 非法买卖酒类,34,38
Borgnine, Ernest 博格宁,欧内斯特,105
Bradford, David 布拉德福德,戴维,165

Brady, Diamond Jim 布兰迪,戴蒙德·吉姆,9
Brian, Mary 布赖恩,玛丽,82
Broadway Gondolier《百老汇平底船夫》,63
Bronx, New York 纽约市布朗克斯区,131,161
Brooklyn, New York 纽约市布鲁克林区,14,89,116,129,131,133 – 135,167
Brooklyn Dodgers 布鲁克林市道奇人队,93 – 94
Brooklyn Orchid《布鲁克林的兰花》,83
Brooklyn Private Car Company 布鲁克林私人汽车公司,135
Brotherhood of Sleeping Car Porters 卧车行李搬运工兄弟会,125
Brotherhood Register《兄弟会登记册》,66,另参见 Parmelee Fleet Company
Broun, Heywood 布龙,海伍德,34
Brown, Hugh A. 布朗,休·A.,36
Bruno, Louis 布鲁诺,路易斯,168
Bye, Bye Braverman《拜拜,勇士》,116,130

Cabbyitis "的哥焦虑症",5,111
Cabby Prince, The《出租车王子》,166
Cab News《出租车新闻报》,28 – 29
Cagney, James 卡格尼,詹姆斯,62 – 63,145
Cahn, Sammy 卡恩,萨米,164
Cambridge, Godfrey 坎布里奇,戈弗雷,130 – 131
Candy, Vincent 坎迪,文森特,145
Candid Camera "纪实影像",122

Carrington, J. B. 卡林顿 J. B. , 37
Carroll, Edward J. 卡罗尔, 爱德华·J. , 98
Carson, Jeannie 卡森, 珍妮, 117
Caruso, Anthony 卡鲁索, 安东尼, 98
Carver, Randall 卡弗, 兰德尔, 144
Catcher in the Rye, The (J. D. Salinger)《麦田里的追捕者》(塞林杰著), 109
CBS Television 哥伦比亚广播公司, 121
Central Park 中央公园, 1, 93
Chandler, Helen 钱德勒, 海伦, 64
Chapin, Harry 蔡平, 哈里, 129
Charge It to Me《由我付费》, 26
Chauffeurs and Helpers Union 司机和施助者工会, 17
Checker Cab Manufacturing Company 切克尔出租车制造公司, 102 - 103; Checker cabs 切克尔牌出租车, 29, 33, 40 - 41, 43, 51, 72 - 73, 77, 98, 102, 136, 150
Chinatown 唐人街, 17, 95, 175
Chinese Americans 华裔美国人, 30
Cinderella Jones《灰姑娘琼斯》, 82
City College of New York 纽约市立学院, 37
City Wide Taxi Workers Union 全市出租车工人工会, 86, 98, 另见运输工人工会
Civic Repertory Theater 城市专属剧院, 60
Clancy, Ambrose 克兰西, 安布罗斯, 65 - 66
Clark, Edith Martz 克拉克, 伊迪丝·马尔茨, 81
Class 阶级, 3 - 6, 189 注释 6

anxieties 阶级焦虑, 63 - 65, 107 - 109, 114, 144
middle 中产阶级, 15, 16, 29
nostalgia 怀旧情结, 2
petite bourgeoisie 小资产阶级, 15, 23, 74, 91, 105, 109
proletarian 无产阶级, 146, 148, 179
unity 阶级团结, 172 - 174
upper 上层阶级, 14, 110, 179
working 工人阶级, 19, 24 - 25, 62, 76, 83, 94, 96 - 97, 117, 139
Classic Cab Company 标准出租车公司, 125
Closing Net, The《封闭的网》, 25
Cobb, Ty 科布, 泰, 19
Colbert, Claudette 科尔伯特, 克劳德特, 64
Coleman, Robert 科尔曼, 罗伯特, 99
Columbus Circle Taxi Group 哥伦布广场的士团, 54
Committee of Fourteen 十四人委员会, 21, 37 - 38
Communist Party 共产党, 55 - 59, 69 - 70, 89
Como, Perry 科莫, 佩里, 115
Conaway, Jeff 科纳韦, 杰夫, 144
Coney Island 科尼岛, 72, 74
Confessions of a Girl Cab Driver (Edith Martz Clark)《一个年轻女出租车司机的自白》(伊迪丝·马尔茨·克拉克著), 81
Congress of Racial Equality 种族平等权大会, 134
Connolly, Eugene P. 康诺利, 尤金·P. , 69
Conspiracy Theory《阴谋理论》, 167

Coogan, Jackie 库根,雅姬,84
Cool Algonquin(Mark Allan)《冷酷的阿尔贡金人》(马克·阿兰著),166
Cooper, Jackie 库珀,雅姬,84
Cornell University School of Industrial and Labor Relations 康奈尔大学产业和劳工关系学院,122-123
Costa, Ida 科斯塔,艾达,130
Crawford, Joan 克劳福德,琼,40
Cromer, Ted 克罗默,特德,61
cruising 巡行,33,40,47-48,141,172
Cue Magazine 《线索杂志》,114
Curtis, Tony 柯蒂斯,托尼,111

Daly, John 戴利,约翰,35-36
Damico, Santa 圣达米科,37
Damsel in Distress, The 《处女历险》,26
Dance Hall Hostess 《舞女》,64
Dangerously They Live 《他们充满危险的生活》,84
Dangerous Profession, A 《一个危险的职业》,84
Danger! Women at Work 《危险!工作中的女人》,82-83
D'Angiolitto, Angelo 丹吉奥里托,安吉洛,98
Daniels, Kate 丹尼尔斯,凯特,2
Danza, Tony 丹扎,托尼,144
Darling, Herbert T. 达林,赫伯特,36
Davis, Bette 戴维斯,本,105
De Champs, Leonard 德尚,伦纳德,134
Democratic Party 民主党,51-52
Dempsey, Jack 登普西,杰克,63
De Niro, Robert 德尼罗,罗伯特,145
"Depression Virtuosos" "萧条一代学者",71,91,93,129,138,158

Desai, Bhairavi 德赛,巴伊拉维,169-170,172,176,180
DeSoto Skyliner 德索托斯基威尔牌出租车66,78,102-113,136
Detmar, Gustave 德特马,古斯塔夫,121
De Vito, Danny 德维托,丹尼,144
Diaman, Alexander 迪亚曼,亚历山大,37
Dickey, James 迪基,詹姆斯,131
Dictator, The 《独裁者》,25
Dinkins, Mayor David 丁金斯,戴维市长,170
Diogardi, Johnny (Johnny Dio) 戴艾尔格迪,约翰尼,101
Donahoe, Peter M. 多纳霍,彼得·M.,165
Donlevy, Brian 顿利维,布莱恩,64
doormen 门卫,12,72-73,113,153,163
Dover Garage 多弗车行,144,149
Downs, Hugh 唐斯,休,115
Dubinshy, David 杜宾斯基,戴维,另可参见 International Ladies Garment Union
Du Bois, W. E. B. 杜波伊斯·W. E. B.,170
Duke of Iron 钢铁杜克,95
Durante, Jimmy 杜瑞,吉米,38

Eager, Johnny 《约翰尼的怒潮》,84
East Side West Side 《东边西边》,121,另参见 Edward Adler Edwards, Ralph,93
Eisenstein, Ira 艾森斯坦,艾拉,157-158

Electric Carriage and Wagon Company 电力车-货车公司,13
Eleven Different Kinds of Loneliness（Richard Yates）《11 种孤独》（理查德·耶茨著）,107 – 109
Elliott,Robert 埃利奥特,罗伯特,38 – 39
Ellison,Ralph 埃利森,拉尔夫,3
Empire State Building 帝国大厦,1,46
Empty Cab,The 《空出租车》,25
Engle,Benny 恩格尔,班尼,74
Ernst,Morris 厄恩斯特,莫里斯,56
Esposito,Giancarlo 埃斯波希托,贾恩卡洛,167
Esterhazy,Brunhilde"Hildy" 艾什泰哈齐,布伦希尔德·"希尔德",82
ethnicity 族裔,3,7,15,24,62,96,99,147,158,168 – 169,174,另可参见具体族裔社团

Faber,Esther Weitzman 费伯,埃丝特·韦茨曼,74
Faber,Harry 费伯,哈里,71 – 74
Fairbanks,Douglas,Jr. 费尔班克斯,小道格拉斯,164
Farley,James 法利,詹姆斯,120
Faust,John Howard 福斯特,约翰·霍华德,93
Fay,Larry 费伊,拉里,34 – 35
Federal Emergency Management Agency（FEMA）联邦紧急事务局,175
Feininger,Lyonel 法宁格,莱昂内尔,86
Festa,Umberto 费斯塔,昂伯塔,98
Fifth Element 《第五元素》,167
Fishbein,Betty 菲什拜因,贝蒂,117

Fitzgerald,F. Scott 菲茨杰拉德,斯科特,41 – 42
Five Borough Garage 第五区车库,74
Fix,Paul 菲克斯,保罗,84
fleet drivers 车行司机,4,51,71,75,90,103,154 – 155
fleet owners 车行老板,47 – 49,51 – 52,59,68,86,102 – 103,120,125 – 126,135 – 136,151
Foner,Nancy 丰纳,南希,174
Fontaine,Joan 方丹,琼,130
Forbes,Alistair 福布斯,阿利斯泰尔,164
Ford,Richard 福特,理查德,135
Ford Motor Company 福特汽车公司,136
　　Crown Victoria 皇冠维多利亚,151,179
　　Explorer 皇冠探险者,151
Fortune Magazine 《财富》,71
For Two Cents Plain（Harry Golden）《只为了两美分》（哈里·戈尔登著）,115
Foster,Jodie 福斯特,朱迪,145
Frady,Marshall 弗雷迪,马歇尔,131
Frame Up,The 《阴谋》,25
Frank,Robert 弗兰克,罗伯特,61
Franko,Nathan 弗兰克,内森,36
Freeman,Joshua 弗里曼,乔舒亚,6,87,90,169,199 注释 59
Funt,Allen 丰特,艾伦,122
Fusion Party 联合党,52

Gandall,William 甘达尔,威廉,52,54
Gardner,Hy 加德纳,海,112
Garfield,John 加菲尔德,约翰,75,108

Garrett, Betty 加勒特, 贝蒂, 82
Gaynor, Mayor William 盖纳, 市长威廉姆, 17
George Washington Bridge 乔治·华盛顿大桥, 46
Germans 德国人, 12
Gibson, Mel 吉布逊, 梅尔, 167
Gideon, Melville 吉迪恩, 梅尔维尔, 24
Gilbert, Gorman 吉尔伯特, 戈尔曼, 152
Gilbert, Joseph 吉尔伯特, 约瑟夫, 56, 59
Gimme the Money (Iva Pekarkova)《给我钱》(艾娃·皮卡科娃著), 154–155
Ginsberg, Allen 金斯伯格, 艾伦, 165
Girl in Room 20《住在20号房的那个女孩》, 96
Giuliani, Mayor Rudolph 朱利亚尼, 鲁道夫市长, 169–172, 174, 177
Glover, Danny 格洛弗, 丹尼, 171–172
Gold, Ben 戈尔德, 本, 59
Goldberg, Ben 戈德堡, 本, 154
Goldberger, Paul 戈德伯格, 保罗, 152
Golden Harry 戈尔登, 哈里, 115
Gore, Arthur 戈尔, 阿瑟, 132, 137
Graham, Stephen 格雷厄姆, 斯蒂芬, 39, 41
Grand Central Station 中央总站, 16, 34
Grant, Lee 格兰特, 李, 121
Great Depression, The 大萧条, 46, 50, 70, 72
Greater New York Taxi League 大纽约出租车联盟, 32。另参见 owner-drivers
Great Gatsby, The (F. Scott Fitzgerald)《了不起的盖茨比》(斯科特·菲茨杰拉德著), 41, 87
Greenberg, William (Bill Green) 格林伯格, 威廉 (又称比尔·格林), 93
Greenwich Village 格林威治村, 35, 60
Gromyko, Andrei 葛罗米柯, 安德烈, 99
Grooms, Red 格鲁姆斯, 雷德, 143–144
Group Theater 剧院联盟, 61, 75
Guadalcanal Diary《瓜达康纳尔岛日记》, 83
Guinan, Texas 吉南, 得克萨斯, 34
gypsy cabs 吉普赛出租车, 5, 132, 134, 138, 152。另参见 limousine services; livery services

Haas, Lewis 哈斯, 刘易斯, 66
Haas Act《哈斯法案》, 47, 66–67, 150;
　Passage of 获得通过, 66
Hacking New York (Robert Hazard)《在纽约开出租》(罗伯特·哈泽德著), 29
Hackman's Political Party 出租车司机政党, 43
hack stand hoodlums 出租车站点霸王, 142
hack stand 出租车停靠点, 17, 33
Haitians, as cabdrivers 海地人作为出租车司机, 168, 172, 174, 180
Half an Hour《半小时》, 25
Halper, Albert 哈尔珀, 艾伯特, 60
Haring, Keith 哈林, 基思, 164
harlem 哈莱姆, 40, 67, 88, 131, 138
Harper's Magazine《哈珀杂志》, 131
Hart-Cellar Act of 1965《1965年哈特-塞拉尔法》, 158

Harvard Club 哈佛俱乐部,71-73
Hastings, John 黑斯廷斯,约翰,49
Hazard, Robert 哈泽德,罗伯特,29,40-41
　on rich people 关于富人,30
　on women 关于妇女,29-30
　on work 关于工作,29
Hearst, William Randolph 赫斯特,威廉·伦道夫,8
Held, Al 赫尔德,阿尔,143
Helen Maintenance Company 海伦养护公司,136
Hellinger, Mark 赫林格,马克,34
Henner, Maeilu 埃内尔,马埃吕,144
Hey, Jeannie 《嗨,珍妮》,117
Higgins, Michael 希金斯,迈克尔,165
High Gear 《高速档》,63
Hirsch, Judd 赫希,贾德,144
Hispanics, as cabdrivers 西班牙人作为出租车司机,158
Hit, The (Julian Mayfield) 《潮流》(朱利安·梅菲尔德著),95-96,117
Hogan, Austin 霍根,奥斯汀,69
Holder, Geoffrey 霍尔德,杰弗里,170
Hollander, Mrs. Helen 霍兰德,海伦,81-82
Hope, Bob 霍普,鲍勃,113,157
Horis, Warren G. 霍里斯,沃伦·G.,69
Horse-hiring 租马,4,50,135;
　legalized as leasing 出租合法化,147。另参见 leasing
horses 马匹,11,34
hotels: Algonquin 阿尔贡金酒店,71
　Diplomat 外交官,93
　Knickerbocker 尼克博克,9,19

Lexington 列克星敦,121
Martinique 马丁尼克,22
Plaza 广场,8-9
Royalton 罗亚尔顿,71
Seymour 西摩,71
Waldorf Astoria 沃尔多夫·阿斯托里亚,16,19,55,75,93,112
Hot Seat 《电椅》,137-139
Humphrey, Hubert 汉弗莱,休伯特,127
Hutton, Marion 赫顿,马里恩,82
Hylan, Mayor John 哈兰,约翰市长,35
Hy Ya! Sailor 《你好!水手》,82

Illustrious Prince, The 《杰出的王子》,25
I'm Lucky at That (Dave Betts) 《对此我很幸运》(戴夫·贝茨著),29
Impelliteri, Anthony 因佩利特里,安东尼,126
independent contractors 独立承租人,参见 lease drivers
independent taxi owners 自有出租车司机,135,137。另参见 owner-drivers
Indians, as cabdrivers 印第安人作为出租车司机,147,159-161,172,174
In Our Town (Domon Runyon) 《我们的城镇》(达蒙·鲁尼恩著),97
In Society 《上层社会》,82
International Brotherhood of Electrical Workers (IBEW) 国际电气工人兄弟会,123,127
International Ladies Garment Union 国际女装工会,125
Iranians, as cabdrivers 伊朗人作为出租车司机,168
Irish 爱尔兰人,51,62,64;

as cabdrivers 作为出租车司机,12, 15,56
Clan na Gael 盖尔帮,55
Italians 意大利人,52
　as cabdrivers 作为出租车司机,16, 52

Jacobson, Mark 雅各布森,马克,144
Jacobson, Samuel L. 雅各布森,塞缪尔·L.,36
Jagger, Dean 耶格,迪安,64
Jamaica, Queens 皇后区牙买加,89
Jarmusch, Jim 雅尔姆斯,吉姆,167
Jews 犹太人,51 – 52,62,74；
　cabdrivers 作为出租车司机,16,30, 36,38,52,116,130,173
　voters 作为投票者,51 – 52。另可参见 Russian Jews
Johnson, J. Seward 约翰逊,苏厄德, 167
Johnson, President Lyndon 约翰逊,总统林登,112

Kanner, Al 坎纳,阿尔,137
Kanner, Bernice 坎纳,伯尼斯,156 – 157,162 – 163
Keeler, Ruby 基勒,鲁比,34
Kennedy, Jacqueline 肯尼迪,杰奎琳, 112
Kennedy, President John F. 肯尼迪,总统约翰,112
Kennedy, Robert F. 肯尼迪,罗伯特, 112 – 113,127
Keystone Transportation Company 基斯顿运输公司,51
Kheel, Ted 基尔,特德,125

Kheel Report 基尔报告,125
Kilroy Was Here 《基尔罗伊在此》,84
King, Martin Luther, Jr. 金,小马丁·路德,127
Kirstein, Lincoln 克斯坦,林肯,62 – 63
Klatzgow, Louis 克拉兹高,路易斯, 93 – 94
Knox, Elyse 伊利斯,诺克斯,82
Koch, Mayor Edward 科克,市长爱德华,152,170,173
Konaplanik, Mitchell 科纳普拉尼科,米海尔,140
Koto, Yaphet 科托,亚夫特,168
Kreloff, Harold 克雷洛夫,哈罗德,98
Kronowitz, Herbie 克龙维茨,赫比,98
Kroy Service Company 克罗伊公司, 121
Kuebler, William L. 库布勒,威廉·L.,37
Kurland, Herman 库兰德,赫尔曼,18

"Lady was a Bostonian, They Call Them, The" (John McNulty) 《这位女士是波士顿人,他们这样称呼她》(约翰·麦克纳尔蒂著),97

LaGuardia, Fiorello 拉瓜迪亚,菲奥雷洛市长,51 – 59,66,68,70,76
La Roy, Kenneth 拉·罗伊,肯尼斯,37
Lazarus, Leo 拉扎勒斯,利奥,169
League of Mutual Taxi Owners (LOMTO) 出租车业主互助团,65,93,99,172
Lease Act of 1979 《1979年租车法》, 147 – 150,176
Lease brokers 出租车经纪人,149 – 159
Lease Drivers 承租司机,148；

conditions of 生活工作状况, 148 – 149
Lease Drivers' Coalition 承租司机联盟, 168。另参见 Taxi Workers Union
leasing 承租, 147 – 150;
　fees 费用, 148 – 149
Lemmon, Jack 莱蒙,杰克, 143
Lepke, Louis 莱普克,路易斯, 59
Levenson, Larry 利文森,拉里, 157
Levertov, Denise 莱弗托夫,丹尼丝, 164
Lewis, A. D. 刘易斯 A. D., 89
Lewis, Jerry 刘易斯,杰里, 113
Lewis, John L. 刘易斯,约翰·L., 88 – 89
Lewis, Otto 刘易斯,奥托, 36
limousine services (black cabs) 豪华轿车服务(黑色出租车), 154
Lindsay, Mayor John 林赛,约翰市长, 127 – 128, 134
Lipsitz, George 利普希茨,乔治, 118
livery services 出租服务, 5, 133, 135
Lloyd, Harold 劳埃德,哈罗德, 42
Lobas, Vladimir 洛巴斯,弗拉基米尔, 162, 173
London, England 英国伦敦, 14;
　cabdrivers in 出租车司机, 14 – 15, 122, 137
Los Angeles Times 《洛杉矶时报》, 113
Lourie, Glenn 劳里,格伦, 175
Lowich, Bobby 洛维奇,博比, 166
luftmenchen 自负、虚幻、若即若离的人, 6
Lulziell, Davison 卢泽尔,戴维森, 8
Mack, Ben "Redcap" 麦克,"红帽子"

本, 130
Madame Spy 《女间谍》, 84
Madison Square Garden 麦迪逊花园广场, 52, 54, 125
Mad Pat 疯狂的帕特, 157
Mann, Michael 曼,迈克尔, 126
Marable, Manning 马拉布尔,曼宁, 170
Maresca, James 马雷斯卡,詹姆斯, 96, 105 – 106, 108, 112, 117, 163
Markey, Morris 马基,莫里斯, 31, 34
Markfield, Wallace 马克菲尔德,华莱士, 116
Markin, Morris 马肯,莫里斯, 51, 166
Mathew, Biju 马修,比尤, 160, 168, 176, 178
Mayfield, Julian 梅菲尔德,朱利安, 95, 117
McCall, Carl 麦考尔,卡尔, 140
McGuerins of Brooklyn, The 《布鲁克林的麦圭林一家》, 83
McGuire, Frank 麦圭尔,弗兰克, 115
McKee, interim Mayor Joseph 麦基,过渡市长约瑟夫, 50
McNulty, John 麦克纳尔蒂,约翰, 96 – 97
Meaney, George 米尼,乔治, 127
medallions 准驾证章, 66 – 67, 76
　cost of 花费, 77, 85 – 86, 120, 136, 150, 179, 184 – 185 表 2
　expansion of numbers 数量的激增, 152 – 153
Metropolitan Taxicab Board of Trade 大都市区出租车行业公会, 132, 152
Mickenberg, Risa 米肯伯格,里莎, 167
Midnight 《午夜时分》, 64
Midnight Taxi 《午夜出租车》, 64

Miller, Jake 米勒, 杰克, 72
mini-fleets 迷你车行, 140 – 141, 150
Modern Screen 《现代荧屏》, 82
Mogul Checker Cab Company 莫格尔 – 切克尔牌出租车公司, 33, 73
Montani, Geno 蒙塔尼, 格诺, 21
Moore, Michael 莫尔, 迈克尔, 168
Morgan J. Pierepont 摩根, 皮尔蓬特, 31
Morning Telegraph 《晨早快讯》, 107
Morris, Chester 默里斯, 切斯特, 63
Morris, Jan 莫里斯, 简, 96, 100
Morris, Willie 莫里斯, 威利, 131, 143
Morris Seaman Company 莫里斯·西门公司, 10, 20
Motion Pictures 电影, 24 – 25
  对出租车司机的描绘, 5, 24 – 26, 60 – 65, 76, 82 – 85, 96, 105, 114 – 115, 144 – 146, 167 – 168。另参见具体电影名
Mr. Taxicab (James Maresca)《出租车先生》(詹姆斯·马雷斯卡著), 106
Murray, James 默里, 詹姆斯, 63
Museum of Modern Art 现代艺术博物馆, 136, 152
My Flag Is Down (James Maresca)《我的旗帜降下来》(詹姆斯·马雷斯卡著), 105, 112
My Life's in Turnaround 《我的生活在转折中》, 167
My Little Sister 《我的小妹妹》, 25

Nash, Abraham 纳什, 亚伯拉罕, 124
National Cab Company 全国出租车公司, 78, 102, 120
National Labor Relations Board 国家劳资关系委员会, 124 – 125, 127
National Recovery Act (NRA) 国家复兴法, 56 – 57
Needleworkers Union 针织工人工会, 59
Nelson, Jill 纳尔逊, 吉尔, 170 – 171
New Theater 《新剧场》, 62
New York American 《纽约美国人》, 34
New York City, history of 纽约市历史, 11 – 12, 16, 24, 28 – 29, 46, 87 – 91, 100
New York City Bureau of Licenses (hack bureau) 纽约市出租车执照局 (出租车局), 18, 30, 35 – 36, 43, 48, 60, 79, 85 – 86, 94, 98, 118 – 120, 125, 159
New York City Cab Driver's Book of Dirty Jokes (Jim Pietsch)《出租车司机笑话集》(吉姆·皮奇著), 167
New York Central Labor Council 纽约市劳工中央委员会, 124
New York City Police Department 纽约市警察局, 1, 50, 53, 55, 125 – 126, 134, 150;
  regulation of cabs 对出租车的管理, 35
New York daily Mirror 《纽约每日镜报》, 99
New York Daily News 《纽约每日新闻》, 82, 117
New Yorker, The 《纽约人》, 2, 31, 165
New York Evening Standard 《纽约标准晚报》, 62
New York Journal American 《纽约的美国报人》, 114
New York Post 《纽约邮报》, 88
New York State Supreme Court 纽约州

最高法院,18,66

New York Taxicab Chauffeurs and Service Men 纽约出租车司机和服务工人工会,67

New York Taxicab Company 纽约出租车公司,10

New York Telegram (*World Telegram*)《纽约电讯报》(《纽约世界电讯报》),29,120

New York Times 《纽约时报》,21,33 – 34,50 – 51,85,87,90,92,119,129,145,156,158,161,165

nickel tax 镍币税,52 – 56

Nieland, Marshall 尼兰德,马歇尔,43

Night on Earth (Jim Jarmusch)《大地之夜》(吉姆・雅尔姆斯著),167

Niles, Blair 奈尔斯,布莱尔,40 – 41

non-medallions taxis 没有准驾证章的出租车。另参见 gypsy cabs; limousine services; livery services

Norelli, Gianfranco 诺雷利,詹弗兰科,168

Nuchow, William 纽乔,威廉,101

O'Brien, John 奥布里恩,约翰,51 – 52

Odets, Clifford 奥德茨,克利福德,60 – 62。另参见 *Waiting for Lefty*

O'Dwyer, Mayor Paul 奥德怀尔,保罗市长,88

Office of Defense Transportation (ODT) 国防交通办公室,77,80;
 wartime restrictions 战时限制,80

Official New York Taxi Drivers' Guide 《纽约市官方出租车司机指南》,162

100 Blacks in Law Enforcement 100 位在执法机关工作的黑人,171

On the Town 《寻欢作乐》,82 – 83

Operation Refusal 拒绝行动,171,173 – 174

Orner, Samuel 奥诺,塞缪尔,54,59

O'Ryan, John 奥瑞安,约翰,56

owner-drivers 自有车司机,4,17,32,44,51,54,59,66,85,98 – 99,132,136,179

Oxenberg, Christine 奥科森伯格,克里斯蒂娜,157,163 – 164

Paar, Jack 帕尔,杰克,114 – 115

Packard Federal Corporation 帕卡德联邦公司,85

Pakistanis, as cabdrivers 巴基斯坦人,作为出租车司机,147,159 – 161,172,174,178

Parmelee Fleet Company 帕米利车行公司,49,51,57 – 58,66 – 67,71 – 73,78 – 80,101 – 102

part-time drivers 兼职司机,68,125,128
 law legalizing 兼职司机合法化,28
 styles 形式,128

Passenger Bill of Rights 乘客权利法案,151

Paterson, David 佩特森,戴维,171

"Pearl and the Fur, The" (F. Scott Fitzgerald) "珍珠和毛皮"(斯科特・菲茨杰拉德著),42

Pekarkova, Iva 皮卡科娃,艾娃,149,154 – 155,161 – 162

Pele 佩莱,173

"Pete Hankins" (Damon Runyon) "皮特・汉金斯"(达蒙・鲁尼恩著),97

索引 265

Peters, William H. 皮特, 威廉, 55
Philadelphia, PA 费城, 81
Phillips, Mrs. Ruby 菲利普斯, 鲁比女士, 82
Pickup 《偶然的相识》, 64
Pietsch, Jim 皮奇, 吉姆, 166-167
Poet Power (Denise Levertov) 《诗人的力量》(丹尼丝·莱弗托夫著), 164
Police 警方。另参见 New York City Police Department
Pollock, Dave 波洛克, 戴夫, 172
Poltzer, George 波尔采尔, 乔治, 103-105
Poltzer, Martha 波尔采尔, 马撒, 103-105
Powell, Dick 鲍威尔, 狄克, 63
Premise, Josephine 普瑞米斯, 约瑟芬, 95
Pretenders, The 《伪君子》, 25
Primus, Pearl 普里穆斯, 珀尔, 95
Producers Releasing Company 制片人发行公司, 82
Prohibition 禁酒, 28, 34, 37
prostitutes 妓女, cabdrivers and 与出租车司机, 21-22, 38-40, 46, 73
Puerto Ricans 波多黎各人, 129, 160, 174
Punjabis 旁遮普人, 160。另参见 Indians; Pakistanis

Queen Elizabeth II 女王伊丽莎白二世, 113
Queen Latifah 奎因, 拉季法, 167
Quill, Mike 奎尔, 迈克, 67-70, 73, 75-76, 78-79, 101-102

Raft, George 拉夫特, 乔治, 34-35, 64
Rainer, Luise 雷纳, 卢斯, 63
Rajogopal, Arvind 拉贾戈帕, 阿尔温德, 173
Ramos, Sixto 拉莫斯, 西斯托, 129
Randolph, A. Phillip 伦道夫, 菲利普, 125
Rank and File Coalition 基层联盟, 137-139
Reader's Digest 《读者文摘》, 121
Reese, Pee Wee 里斯, 佩厄·威, 94
Regional Office of Wage Stabilization 地区工资稳定办公室, 87
Resnick, Eli 雷斯尼克, 伊莱, 157
Riesel, Victor 里赛尔, 维克托, 101
Rio Rita 《里奥·丽塔》, 84
Rivera, Benjamin 里韦拉, 本杰明, 133
Robards, Jason 罗巴兹, 贾森, 64
Robinson, Jackie 鲁宾逊, 雅姬, 94
Roe, Preacher 罗, 普里彻, 94
Roosevelt, Mrs. Franklin D. 罗斯福, 富兰克林女士, 73
Roth, Arthur J. 罗思, 阿瑟·J., 109-110
Ruark, Robert 鲁亚克, 罗伯特, 111
Runyon, Damon 鲁尼恩, 达蒙, 97
Russian Jews, as cabdrivers 俄罗斯犹太裔人, 作为出租车司机, 158
Russians, as cabdrivers 俄罗斯人, 作为出租车司机, 37, 147, 161
Ruth, Babe 鲁思, 贝比, 42

Sacher, Harry 萨克尔, 哈里, 69
Saint-Exupéry, Antoine de 圣埃克苏佩里, 安托万, 95
Salinger, J. D. 塞林杰, 109

Sanders, James 桑德斯，詹姆斯, 145
Santo, John 桑托，约翰, 69
Sarnoff, Dorothy 萨尔诺夫，多萝西, 93-94
Saturday Evening Post 《星期六晚间邮报》, 42
Scab (play) 《工贼》(戏剧), 60
Schaller, Bruce 沙勒，布鲁斯, 161
Scher, Bruce 谢尔，布鲁斯, 140
Schrader, Paul 施拉德，保罗, 146
Schreiber, William 施赖贝尔，威廉, 130-131
Scientific American 《科学美国人》, 13
Scorsese, Martin 斯科塞斯，马丁, 144-145
Scott, William Rufus 斯科特，威廉·鲁弗斯, 19
Scull, Robert 斯卡尔，罗伯特, 136
Seabury Commission 西伯里委员会, 49
Selden, Edgar 塞尔登，埃德加, 24
Shannon, Robert Terry 香农，罗伯特·特里, 40
Sharpton, Reverend Al 沙普顿，雷韦朗·阿尔, 171
Shepard, Cybil 谢泼德，赛比尔, 145
Sherwood, Mary-Elizabeth "Boo" 舍伍德，玛丽-伊丽莎白·"布", 117
Shotton, Burt 肖顿，伯特, 94
Sidney, Sylvia 西德尼，斯拉维亚, 64
Sigal, Clancy 西格尔，克兰西, 3
Silver, Florence 西尔弗，弗洛伦斯, 118
Sinatra, Frank 西纳特拉，弗兰克, 82
Sisto, J. A. 西斯托·J. A., 49
Skelton, Red 斯克尔顿，雷德, 94, 114
Smith, Governor Al 史密斯，艾尔州长, 43

Smith, Constance 史密斯，康斯坦斯, 114
Smith, Joseph 史密斯，约瑟夫, 60
Spector, Herman 斯佩克特，赫尔曼, 91-93
Speedy 《超速》, 42
Spiro, Samuel 斯皮罗，塞缪尔, 60
Spurs of Sybil 《女巫的魔杖》, 25
Stallone, Sylvester 斯塔隆，西尔韦斯特, 167
Star for a Night 《一夜明星》, 64
Step Lively, Jeeves 《加快油门，吉夫斯！》, 64
Stern, Irving 斯特恩，欧文, 127
Stone, Lester 斯通，莱斯特, 53
Stoppelmann, Donald 斯托普尔曼，唐纳德, 152
Stork Club 斯托克俱乐部, 112
St. Patrick's Cathedral 圣·帕特里克大教堂, 133
Strange Brother (Blair Niles) 《奇怪的兄弟》(布莱尔·奈尔斯著), 40-41
strikes by taxicab drivers 出租车司机的罢工: (1908), 9-10, 17; (1909-1910), 17; (1919), 32; (1934), 47, 53-60, 65; (1938), 75-76; (1939), 78; (1949), 88-90; (1956), 101; (1964), 124-126; (1970), 129; (2004), 169-170
　reprisals against strikers 对罢工者的报复行为, 60
　wildcat strikes 野猫罢工, 127, 133
Sullivan, Big Tim 沙利文，大提姆, 8
Sullivan, Ed 沙利文，艾德, 34
Sulzberger, Ruth 苏兹贝格，鲁思, 80
Sunshine-Radio System 阳光-无线电

系统,66-68
Susan Maintenance Company 苏珊维护公司,162
Sweet Smell of Success 《成功的甜蜜气息》,111

Taft-Hartley Act 塔夫脱-哈特利法,124
Take Me 'Round in a Taxicab (Edgar Selden and Melville Gideon) 《乘出租遨游》(埃德加·塞尔登和梅尔维尔·吉迪恩著),24
Taxi (Cagney film) 《出租车》(卡格尼主演),62,145
Taxi (Dailey film) 《出租车》(戴利主演),114
Taxi (Queen Latifah film) 《出租车》(奎因·拉季法主演),167
Taxi (newspaper) 《出租车》(报纸),52
Taxi (1934 strike film) 《出租车》(1934年的罢工影片),60
Taxi (novel by George Agnew Chamberlain) 《出租车》(乔治·张伯伦的小说),42
Taxi (sculpture by J. Steward, Johnson) 《出租车》(史迪威·约翰逊的雕刻),167
Taxi (song) 《出租车》(歌曲),41
Taxi (song by Harry Chapin) 《出租车》(哈里·蔡平创作的歌曲),129
Taxi (television show) 《出租车》(电视节目),144,149
Taxi Age 《出租车时代》,55,79,82
Taxi and Limousine Commission 出租车委员会,134-135,137-138,140,142,147,151-153,159,162-170,172,174,176,179
 creation of 产生,134
Taxicab Confessions 《出租车的自白》,168
Taxi Cab Control Bureau 出租车管制局,48-50
taxicab drivers 出租车司机; competition among 相互竞争,33
 crimes against 犯罪,131-133,140,150
 as criminals 被当作罪犯,37-39,47,69,128,134,140,150
 definitions of 定义,4
 fare refusal by 乘客被拒载,131,138,152,171-174
 female 女性司机,30,80-82,117,129-130,161
 hippie 嬉皮士司机,128-129
 on homosexuals 同性恋者,106-107
 limits of 对出租车司机数量的限制,33,35,47,59,66
 numbers of 数量的变化,33-34,44,46,50-51,66,77,130,188 表5
 perceptions of riders 乘客的印象,3,12,15,21,37,46,53,94,107,111,115,121,156
 on race 种族问题,2,38,40,56,118,130-132
 regulation of 管理,18,35,48-49,59,66-68,80,132
 representation of 代表人物,1,5,6,13,25,129
 self-perceptions of 自我认知,2,87,91-93,121-123
 slang 俚语,65,96,159-161

uniforms 制服,9,29,35,150
wages of 工资,9,17 – 18,50 – 51,68,70,72,87,115,120,123,127,146,187 表4
writings of 著述,6,29,91 – 93,122。另可参见 fleet drivers; fleet owners; lease drivers; owner-drivers; strikes
Taxicab Industry Monthly 《出租车行业月刊》,95,103,114
taxicabs 出租车; conditions of 状况,136 – 137,151
costs of 费用,102,135
fares 车费,152 – 153,186 表3
insurance of 保险费,33,153
numbers of 数量,183 表1
operating costs 运营费用,48,135,147
regulation of 管理,28 – 29,33,153
types of 出租车类型: Brown and White 褐色和白色出租车,40
Chevrolet 雪佛兰,136
Dodge 道奇,136,151
electric 电动,13 – 14
French Darracq 法国的达拉克,8,16
Honda 本田,151
Isuzu 五十铃,151
Maxwell 麦克斯韦,13
Packard 帕卡德,85
Pierson 皮尔逊,13
Plymouths 普利茅斯,151
Studebakers 史蒂贝克,136
Toyota 丰田,151
另可参见 Checker; Desoto Skyliner; Ford Motor Company; Yellow Cab Company

"Taxi Dance"(poem by Donald Westlake)《出租车之舞》(唐纳德·韦斯特莱克的诗作),158
taxi-dance halls 出租车舞厅,39 – 40
Taxi-Dancer, The(Robert Terry Shannon)《出租车舞者》(罗伯特·香农著),40
taxi-dancers 跳舞的出租车司机,39 – 40
Taxi Dreams《出租车之梦》,168
Taxi Driver(Dev Anand)《出租车司机》(德夫·阿南德著),159
Taxi Driver(Martin Scorsese)《出租车司机》(马丁·斯科塞斯主演),144 – 146
Taxi Driver Alliance 出租车司机联盟,123
Taxi Driver Institute 出租车司机学院,162
Taxi Workers Alliance 出租车工人联盟,168,172,174 – 176,180,另可参见 Lease Drivers Coalition
Taxi Drivers Organizing Committee 出租车司机组织委员会,126
Taxi Drivers Union 出租车司机工会,54,57 – 58,60
Taxi Drivers' Voice 《出租车司机之声报》,127
Taxi Driver Wisdom(Risa Mickenberg)《出租车司机的智慧》(里莎·米肯伯格著),167
Taxi Emergency Council 出租车紧急委员会,57
Taxi League 出租车联盟,32
Taxi, Mister!《出租车,先生!》,83
Taxi Project: Realistic Solutions for To-

day, The 《出租车规划：今天现实的解决方案》,137

Taxi Suites(Al Held) "出租车组画"（阿尔·赫尔德作）,143

Taxi Talk 《出租车讲坛》,172

Taxi 13(Marshall Nieland)《13号出租车》（马歇尔·尼兰德著）,43

Taxi Vala(Vivek Renjou Bald) 《出租车瓦拉》（维韦卡·雷约·巴尔德）,168

Taxi Weekly 《出租车周刊》,35 – 36,43 – 44,81,93 – 95,98,101,114 – 115,118,127,132,137

Taxi Workers Union(Local 3036,CIO) 出租车工人工会（美国产业工会联合会3036号地方分会）,135,138 – 141,147 – 148,153

Tchen,Jack 切恩,杰克,173

Teamsters Union 卡车司机工会,9,32,67,101,119 – 120

Tennent,Victoria 坦南特,维多利亚,155

Terminal Transportation System 终点站出租车公司,20,49,51,58,66,78,86,93,120

Theater Union 剧院联盟,60

Thenstead,Adolph 坦斯泰德,阿道夫,95

They Met in a Taxicab 《他们在出租车里相遇》,63

This Is Your Life 《这就是你的生活》,93

Thomas,Norman 托马斯,诺曼,59,67

Thompson,Vince 汤普森,温斯,14

Time Magazine 《时代》杂志,136

Times Square 时代广场,1,16,23,34,46 – 47,54,57 – 58,81,128

Times Square in the Rain(Red Grooms) "雨中的时代广场"（雷德·格鲁姆斯著）,143

tips and tipping 小费,2 – 3,19 – 20,33,53,72,110 – 111,122,157

To an Early Grave(Wallace Markfield) 《英年早逝》（华莱士·马克菲尔德著）,116,130

Tracy,Spencer 屈塞,斯宾塞,63

Transport Workers Hall 运输工人大厅,67,75,102

Transport Workers Union (TWU, also Transit Workers Union) 运输工人工会,67 – 70,73,76,78 – 80,86,90,101。另参见 City Wide Taxi Workers Union

TV Nation(Michael Moore)《全国电视概览》（迈克尔·莫尔著）,168

United Auto League of Drivers and Owners 美国汽车司机和车主协会,54

United Automobile Workers of America 汽车工人联合会,101

United Food and Commercial Workers International Union 食品和商业工人联合国际工会,127

United Mine Workers 矿业工人联合会,88 – 90,100

United Nations 联合国,107

United Taxi Council 联合出租车委员会,85

Uswelk,Albert 乌斯韦尔克,艾伯特,107

Van Arsdale,Harry 范阿斯代尔,哈里,

120,123 – 124,126 – 127,137,139
Varconi, Victor 瓦尔科尼, 维克托,63
Verdi, Giuseppe 威尔第, 朱塞佩,164
Vidich, Charles 维迪奇, 查尔斯,59
Vishinsky, Andrei, Ambassador 维斯金斯基, 安德烈大使,107
Volkswagen 大众汽车公司,136
Volstead Act 沃尔斯特法案,28,37
Volvo automobiles 沃尔沃汽车,137

Waddell and Mahon 沃德尔 – 马洪公司,10
Wagner, Mayor Robert, Sr. 瓦格纳, 市长罗伯特,100,120,121,123 – 127
Wags Transport Company 瓦格斯运输公司,102
Waiting for Lefty (Clifford Odets) 《等待莱夫蒂》(克利福德·奥德茨著),60,62,70,244
Walker, Mayor James 沃克, 詹姆斯市长,34,47,49
Walker, Stanley 沃克, 斯坦利,7
Warhol, Andy 沃霍尔, 安迪,156
War Production Board 战时生产委员会,84
Weegee 韦格,61
Weideman, Ryan 韦德曼, 瑞安,165
Weiller, Lazarre 韦勒, 拉扎罗,8
Weinstock, Louis 温斯托克, 路易斯,59, 另可参见 Rank and File Coalition
West, Cornel 韦斯特, 康奈尔,170
Westlake, Donald 韦斯特莱克, 唐纳德,158
Whalen, Grover 惠伦, 格罗弗,47
White, E. B. 怀特·E. B.,87
Whitehead, Colson 怀特黑德, 科尔森,

155 – 156
White Horse Company 白马公司,44
WHN Radio Station WHN 广播公司,121
Who Framed Roger Rabbit? 《谁陷害了兔子罗杰?》,167
Willemse, Cornelius W. 维勒穆斯, 科尼利厄斯,23 – 24
Williams, Bradley 威廉斯, 布拉德利,135
Williams, Calvin 威廉斯, 卡尔文,133 – 135。另参见 Black Pearl Company
Willis, Bruce 威利斯, 布鲁斯,167
Wilner, Martin 威尔纳, 马丁,92
Winchell, Walter 温切尔, 沃尔特,34
Wing, Fred 温, 弗瑞德,22
Winters, Shelley 温特斯, 谢利,113
Wissak, Stanley 维桑科, 斯坦利,128
Wolfe, Tom 沃尔夫, 汤姆,142
Works Progress Administration (WPA) 工程振兴局,59,65,70
World's Fair of 1939 1939 年世界博览会,75,78
World Trade Center, attacks on 世界贸易中心被袭,175,179
World War II 第二次世界大战,77 – 80,85,133
Wray, Fay 雷, 费伊,63

Xiao Qian 钱晓,156

Yates, Richard 耶茨, 理查德,107
Yellow Cab Company 黄色出租车公司,20;
Yellow cabs 黄色出租车,29,40 – 41,

73

Yellow Cab Man 《开着黄色出租车的男人》,94
Young, Loretta 扬,洛蕾塔,62
Your Night Out "你在外的夜晚",94

Zeller, Miss Alice M. 泽勒,艾丽斯小姐,81
Zipper Man 拉链人,157

图书在版编目(CIP)数据

出租车！纽约市出租车司机社会史/〔美〕格雷厄姆·郝吉思著；王旭等译.—北京：商务印书馆，2010
（城市与社会译丛）
ISBN 978-7-100-06765-2

Ⅰ.出… Ⅱ.①郝… ②王… Ⅲ.出租汽车—驾驶员—研究—纽约 Ⅳ.D771.261

中国版本图书馆 CIP 数据核字（2009）第 166405 号

所有权利保留。
未经许可，不得以任何方式使用。

城市与社会译丛
出租车！
纽约市出租车司机社会史
〔美〕格雷厄姆·郝吉思 著
王旭 等译

商 务 印 书 馆 出 版
（北京王府井大街36号 邮政编码100710）
商 务 印 书 馆 发 行
北京民族印务有限责任公司印刷
ISBN 978-7-100-06765-2

2010年3月第1版　　　　开本 787×960 1/16
2010年3月北京第1次印刷　　印张 18　插页 4

定价：30.00元